U1010760

米夏埃尔·马丁内克 著　田士永 译

德意志法学之光

巨匠与杰作

法律出版社
LAW PRESS · CHINA

米夏埃尔·马丁内克教授

米夏埃尔·马丁内克（Michael Martinek）

法学博士和政治学博士；德国萨尔大学民法、商法、经济法和国际私法以及比较法教席教授，中南财经政法大学文澜教授；著名的《施陶丁格民法典评注》的作者和编辑之一。重点研究领域为民法、商法、反垄断法、比较法和冲突法。截至目前，已出版二十五本专著、发表三百多篇学术论文。先后被法国、波兰、罗马尼亚、中国的多所大学授予荣誉法学博士学位。

田士永

法学博士，中国政法大学教授，代表作为《物权行为理论研究》。

谨以此文集祝贺

马丁内克教授受聘中南财经政法大学文澜教授

序

米夏埃尔·马丁内克的法学文集——《德意志法学之光:巨匠与杰作》即将在中国出版,当为中德法学界的一件大事。敝校法学院院长徐涤宇教授嘱我为之作序,本人荣幸之至。我与马丁内克教授交往几近二十年,既为耳顺同龄之人,又负民商同道之谊,在此放言为友者序。

马丁内克教授是有国际影响力的著名学者。他先后在柏林自由大学、施派尔行政学院获得法学博士和政治学博士学位,并于1986年起任德国萨尔大学民法、商法、经济法以及国际私法教席教授,兼任欧洲法研究所所长,是著名的《施陶丁格民法典评注》的作者和编辑之一。他重点研究民法、商法、反垄断法、比较法和冲突法,迄今为止,已经出版25本专著,发表论文三百余篇。他学术造诣很深,在国际法学界享有盛名,先后被法国、波兰、罗马尼亚以及中国多所著名大学授予荣誉法学博士学位。

马丁内克教授是毕生从教的杰出师者。他自获得博士学位三十余年来,一直从事法学教育工作,先后在德国多所著名大学任教,仅在萨尔大学的15年间就指导了四十多篇博士论文。此外,他还受聘南非兰德南非白人大学、英国沃里克大学、中国中南财经政法大学担任客座教授,并先后出访四大洲数十所大学作学术讲座,培养外国学生、从事国际合作项目是他教师生涯的重要组成部分。

马丁内克教授是中德法学教育的卓越使者。自20世纪90年代以来,他先后在中国政法大学、河南大学、云南大学等校从事学术访问。我与他的交往、我校与萨尔大学的交流就是从那个时候开始,启动了双方最为稳定、最为长久的国际合作。近二十年来,我校先后有6批数十位学者在德国作短期学术访问,也有二十余位博士生、研究生在他的门下攻读。他本人6次来访我校讲学,并通过德国学术交流中心赠送图书百余册。鉴于他的学术成就和对中德法学教育合作的重要贡献,经国家教育部批准,我校于2002年授予马丁内克教授名誉法学博士学位。时值今年马丁内克教授荣休,他又欣然应允担任我校文澜教授,表示将全职移教于中南。我等景仰,萨尔学术之树将在中南园地长青。

以此盛言谨为序。

中南财经政法大学文澜资深教授　吴汉东

目　录

Friedrich Karl von Savigny

1779—1861

弗里德里希·卡尔·冯·萨维尼

1779—1861

一、导论

弗里德里希·卡尔·冯·萨维尼(*Friedrich Karl von Savigny*)*——德国最伟大的法学家和科学理论者之一。作为著名法学文献的作者,作为学者和导师,他已经载入了德国科学史的史册。上天给了他五十年左右的时间从事科学活动——这五十年左右的时期内,他的见解虽有部分转变,但也有许多中心议题伴随了他一生。[1]关于萨维尼的见解总是被人们分享,尤其是在他所处的时代。他的学生们惊诧于他自信的行为、清晰的语言和丰厚的学养。与此同时,他的批评者在他身上看到的却是非常保守,服务于宫廷,而最引人注目的则是其无用性。

下文将给出萨维尼的生平和作品。同时还将探讨他的个人和职业经历及其对德国法学发展的影响——从很多角度来看,他的创造在当代仍然发挥着作用。接着将重新介绍萨维尼最重要的作品。还要提到,萨维尼的思想财富从其萌芽开始就受到了什么样的批评。最后,将特别根据挑选出来的几个法律制度探讨萨维尼对《德国民法典》的一般性影响。

---

* 也有人写为"Friedrich Carl von Savigny"。——译者注

二、生平

弗里德里希·卡尔·冯·萨维尼1779年2月21日出生于美茵河畔法兰克福(Frankfurt am Main)。父母较为富有,他是父母的二儿子。他的家族最初来自于洛林(Lothringen),在前黑森—拿骚(Hessen - Nassau)省是具有较高声望的旧贵族。父母和唯一的兄长在萨维尼14岁前去世。此后他就在监护人——位于韦茨拉尔的帝国法院陪审推事康斯坦丁·冯·诺伊拉特(*Reichskammergerichtsrat Constantin von Neurath in Wetzlar*)叔叔那里长大。父母留给萨维尼一笔可观的财产,其中包括在格尔恩豪斯的特拉格斯(in Trages bei Gelnhausen)的一座庄园。[2]萨维尼后来曾经回到这里以促进其研究工作。萨维尼没有去过学校,只是在家里,后来在监护人那里,听过家庭教师的课。此外,在萨维尼向其监护人提出第一个法律问题的时候就已经接触到了拉丁语和法语。

萨维尼从16岁开始学习法律,最初是在马尔堡(Marburg)。他在这里受到了罗马法学家菲利普·弗里德里希·魏斯(*Philipp Friedrich Weis*)(1766—1808年)在法源上的指导,发现了自己在历史思考上的兴趣。后来他又在哥廷根(Göttingen)继续学习,此后紧接着又经过埃森纳赫(Eisenach)、魏玛(Weimar)、耶拿(Jena)、莱比锡(Leipzig)、德累斯顿(Dresden)和布拉格(Prag)学习。最终,他于1800年在马尔堡完成了博士学位论文,并以该论文开始了其科学生涯。他选择的是一个刑法题目:《同一行为违反数项刑法的竞合问题》(De concursu delictorum formali)。完成博士学位论文后,萨维尼以编外讲师开始了自己的教学活动。他虽然还开了两个学期的刑法讲座,但最终转向了罗马法。学习结束后,他最初作为编外讲师开始教学活动,1803年起开始在马尔堡担任法学副教授。萨维尼著名的专著《占有法》(Das Recht zum Besitz)就是1803年在那里发表的。借此萨维尼开始为人所知,并远远超越德国国界而被称为“我们的第一民法学家”。[3]同时,1803年萨维尼收到了海德堡(Heidelberg)大学的聘任,虽然他表示拒绝,但该聘任一直对他敞开着。不过,该聘任最终还是被取消了,这样安东·弗里德里希·尤斯图斯·蒂堡特(*Anton Friedrich Justus Thibaut*)而不是萨维尼才突然可能在海德堡庆祝其教学成果了。部里害怕对这两位伟大的法学家排名,但这对萨维尼来说显然是多余的。除此之外,萨维尼在1808年接受了巴伐利亚州的兰茨胡特大学的聘任,直到1810年他都在那里担任法律教师。

萨维尼生活的时代,主要是德意志民族文化扩展的高潮时期,他认识这一巅峰时期几乎所有的重要人物并与之保持着联系,其中包括浪漫主义者、哲学家、语言学家、民主主义者,无疑还包括所有重要的德意志法学家和普鲁士宫廷。在此期间,萨维尼与威廉·格林(*Wilhelm Grimm*)和雅各布·格林(*Jakob Grimm*)及路德维希·格林(*Ludwig Grimm*)兄弟保持着密切联系。他还与克罗伊策(*Creuzer*)堂兄弟、阿西姆(*Achim*)和贝蒂娜·冯·阿尼姆(*Bettina von Arnim*)和布伦塔诺(*Brentano*)兄妹保持着深厚友谊。1804年,萨维尼与克莱门斯·布伦塔诺(*Clemens Brentano*)的妹妹库尼贡德(*Kunigunde*)结婚。他们两人婚姻幸福,白头偕老。他们夫妇共育有5个孩子,4个儿子和1个女儿。[4]尽管有这些以及其他大量朋友,萨维尼从未完全克服过可能是由于父母早亡而经历的孤独。[5]

1810年,萨维尼收到洪堡的邀请,欢迎他加入新成立的柏林大学。这所大学是一所“改革的大学”,旨在实现洪堡提出的教育理念。[6]萨维尼在同年10月接受该邀请,并开始了在柏林的教学生涯,在这里他取得了巨大的成就。[7]1812—1813年,萨维尼作为费希特

(*Fichte*)的继任者担任柏林大学校长。此后数年间,萨维尼在柏林生活、教学并且进行研究。在此期间,他撰写了著名的《当代罗马法体系》(System des heutigen Römischen Rechts)。此外,他还编辑了《历史法学杂志》(die Zeitschrift für geschichtliche Rechtswissenschaft)。1817 年,他被任命为普鲁士国务委员会成员(Mitglied des preußischen Staatsrates)。该机构在那时负责对普鲁士君主的立法计划进行研讨。[8]1819 年,萨维尼成为莱茵省上诉与复审法院的法官(Geheimer Oberrevisionsrat am Revisions – und Kassationshof für die Rheinprovinz),1826 年,他成为曾经设立的立法—上诉委员会(Gesetzgebungs – Revisionskommission)成员。应其仰慕者和资助人弗里德里希·威廉四世(*Friedrich Wilhelm IV.*)的请求,萨维尼在 1842 年放弃了法学教授职位,同时担任了法律上诉部部长(Minister für die Gesetzesrevision)。他否定了审查《普鲁士一般邦法》的计划,却引导立法委员会走上了起草单行法律的道路。这是草拟 1896 年 6 月 18 日《民法典》(BGB)的基石。萨维尼主持该部制定了 1848 年《票据法》(die Wechselordnung)并在 1851 年制定了《普鲁士刑法典》(das preußische Strafgesetzbuch)。在后者基础上制定了后来的《帝国刑法典》(Reichsstrafgesetzbuch)。[9]此外,他还在 1847 年 10 月被任命为国务委员会主席,几天后被任命为国务部主席(Präsidenten des Staatsministeriums),该职位可以与总理相比。

1848 年 3 月 20 日,萨维尼的事业突然结束了,他由于突然爆发的革命而辞掉了所有职位。此后,他生活在柏林。离开政府后,萨维尼的学术活动持续到七十多岁。他完成了八卷本著作《当代罗马法体系》(System des heutigen Römischen Rechts)(1840—1849 年)后,又开始撰写《作为当代罗马法部分的债法》(Obligationenrecht als Theil des heutigen Römischen Rechts),并出版了两卷(1851/1853

年)，当然很明显他计划的东西更多。最后他被授予功勋勋章(Pour – le – Mérite – Orden)。萨维尼于1861年10月16日去世，[10]享年82岁。

三、萨维尼作为“历史法学派”的创始人

萨维尼在法学史上被作为所谓“历史法学派”的创始人。这一表达具有萨维尼自己的烙印，是从法的确立和形成的特定角度来说的。萨维尼由此得出了影响深远的法学方法和法律政策上的结论。历史法学派的出发点是当代法乃是通过法学的历史性而不是通过理性法的抽象或者开明立法者的命令而预先确定的。

为了正确地将萨维尼的活动在历史语境中进行归类，有必要将被称为“德意志民族神圣罗马帝国”时期德国的法律秩序和政治秩序进行概括介绍。萨维尼思想出发点的基础在于复辟时期开始的法律和法学(1814年)。15世纪后半叶开始，越来越多的法律争议是按照罗马法进行裁决，而罗马法的形态又体现在查士丁尼的《民法大全》(Corpus Iuris Civilis)(公元530年左右)中。对这些法律规范自由解释，使得法律实务因之而改善。这些进行裁决的规则是与时代相联系的，它们自然有些不能满足完整性、方法清晰性的要求，从而也就不能满足科学性的要求。因此，在17世纪出现了自然法学派的自由思想，它们不同于前文所述的现代实证主义所具有的概念上的精确区分以及严格体系。以该学说为根据，主要是在18世纪，产生了很多各不相同的法典，例如，《巴伐利亚民法典》、《普鲁士一般邦法》和《法国民法典》。拿破仑的统治崩溃之后，各地方在法律上四分五裂，这使得很多德国人都萌生了制定一部整个德国统一适用的民法典的希望。特别重要的是其设想中要求废除罗马法。这种观点最著名的代表人物是蒂鲍特(*Thibaut*)。基于这样一种考虑，发生了德国立法

史上最著名的争论:法典化之争。

蒂鲍特和萨维尼之间1814年进行的法典化之争是很多研究的对象,几乎所有论述都给19世纪立法史以突出地位。[11]蒂鲍特和萨维尼争论的是,在德国是否需要引入一般性法典。所有这些都始自蒂鲍特1814年发表题为《论一般民法对德国的必要性》(über die Nothwendigkeit eines allgemeinen bürgerlichen Rechts für Deutschland)的作品。他在该文中要求创制这样一部一般民法典。对此,萨维尼不久就在同年出版了著名的论战性文章《论立法与法学的当代使命》(Vom Beruf unsrer Zeit für Gesetzgebung und Rechtswissenschaft),这也是他的内容广泛的方法性文章,[12]他在其中论述了自己关对法和法学的形式的完全不同的建议。他所考虑的难点是,一般性民法能够为德国带来什么?作为结论,萨维尼当然是对此表示反对。他问道,他所处的时代是否有能力和可能制定这样一部法典,甚至这是否值得追求。他对这两个问题都作出否定回答。他提出了一个基于深邃的法学的构想。[13]

至少有一种联系显而易见,这就是两位法学家其实在追求同一个目标。萨维尼反对民法领域的任何立法,他并不仅仅意指全德立法,也包括地方立法。立法之外,其目的还包括德意志的统一。尽管蒂鲍特和萨维尼之间存在一致性,但二者实现目标的道路却并不相同。[14]萨维尼不仅进行了法律上的论证,他还为其理想找到了政治出发点。他反对德国的法律分裂,从中看到了对德意志作为一个民族休戚相关的危险。但是,他所追求的法律统一,并不是像蒂鲍特及其支持者们要求的那样是通过统一的法典来实现,而是通过继续实行“共同法”来实现,[15]因为它能唤起德意志种族中尚未消失的一致性。[16]

萨维尼的历史法学派奠基的基本思想,植根于所有个体对共同生活的民族精神的信仰,由民族精神产生了实证法。[17]他思考的核心内容表现为这样一种“观点,即所有法律首先是通过习俗和民族信仰然后是通过法学产生出来的,也就是通过内部的、悄无声息起作用的力量而不是通过立法者的恣意所产生出来的”。[18]产生法律的力量、法的渊源,在萨维尼看来——在这点上他与18世纪的自然法学家有明确的区别——存在于民族自身。在他看来,法首先是习惯法而不是制定法。[19]因此,萨维尼提出他自己关于法律制度的图景也就不再使人感到奇怪。他认识到,法律制度可以与那些有生命的有机体相比,也会发育、繁荣并最终死亡。[20]这里就可以看出萨维尼对“有机”这个概念的偏爱,他后来的作品中反复使用这一概念。[21]萨维尼想暗示法与自然生物界,最终与人类本身之间的相似性。对此,按照萨维尼的论述,所有历史生成者都是“必要的”并且其自身就包含着理性。因此,法学也就是历史的科学,是“历史法学派”。[22]

萨维尼认为法可以与语言相比较,因为不管是语言还是法都不可能停止发展,二者都有相同的运动和发展。[23]按照萨维尼的见解,“法是由语言构成的,符合科学方向”。在《当代罗马法体系》中,萨维尼认为这种联系要求“优秀的法典”有外在的、特别重要的语言要求。[24]萨维尼自己使用的语言以准确、精美著称,直到今天人们对此仍高度肯定,这也成为贯穿其全部作品的一条红线。布伦奇利(*Bluntschli*)是他的一位听众,后来成为了国家法教师。关于萨维尼的讲座课,布伦奇利说:“他的报告表达清楚而熟练,令人钦佩,形式设计精巧以至于人们可以毫不迟疑地逐字逐句记住他讲的话,而且他讲得还很随意以至于他的报告给人留下了一种直接、现成的脑力劳动的印象。听众们都认为他是法学思维的完美典范。”这表明萨维尼赋予语言以无法估量的意义。他将语言置于与文化、习俗和组织的大联系中。因此,通过将语言从法本身内容的纯粹工具的提升,他设置了一条界线。这样，他就在纯粹拉丁文翻译中有所改变，并形成一种自己的新风格，从而确立了嗣后法律语言风格的标准。

四、萨维尼的学说及其思想基础

萨维尼关于法律的想法和构想，有些是以17、18世纪的蓝本为基础的。根据萨维尼的记述，人们可以想到诸如孟德斯鸠（*Montesquieu*）[25]、默泽（*Möser*）和胡果（*Hugo*）[26]等著名的名字，他们已经先认识到了历史法学派的主要思想，但却还未能形成一个完整的体系。[27]萨维尼虽然原则上否定了理性法，但却从17、18世纪的自然法学说中接受了很多内容。能使其有机生长的论点完全与自然法标准相适应的，是运用了笛卡尔（*Descarte*）的数学哲学排列式。萨维尼还考虑了自然法的某些内容，他关于某些法律概念的思考，例如权利能力的概念，就是从思考出生和死亡而提出来的。[28]他还从自然法学说中接受了一些具体的法律规范，并且从中得出了自己关于某些一般性基本概念的定义，如法律关系、行为能力、意思表示和法律行为。[29]萨维尼认识到，任何实证法中都存在共同的思想，[30]尤其是在法律调整什么的问题上。独立于实证法的法律关系，在他看来包括诸如婚姻、父权和监护，[31]显然就是家庭法中的制度，它们全都存在于重要的历史语境中，用萨维尼的话来说就是“有机成长”的。他称这些法律制度具有“独立于实定法的必要性”，虽然他也“承认这些制度的具体形式，根据不同民族的实定法是多种多样的”。萨维尼在一定程度上使用了依赖于自然法的概念，人们大体上可以说，他“转用了科学传统中自然法学的概念和体系构造”。[32]

萨维尼从法学之外的渊源中大量汲取营养，充满诗意的浪漫主义更是给他以启发的重要的大杂烩。浪漫主义对他形成关于民族精神和法有机成长的想法起着决定性作用。[33]这里特别要指出赫德

(*Herder*),他被认为是浪漫主义之父。[34]关于习俗、语言和法的发展以及流行性意识的成长等学说,都可以回溯到他那里。在萨维尼《当代罗马法体系》中可以读出赫德的某些思想,例如,习俗,还有语言,与法律一样,都独立于偶然事件,也独立于个体的自由选择,它是从所有个体共同作用的民族精神的活动中产生出来的。[35]与萨维尼的学说密切相关的另一位大哲学家是伊曼纽尔·康德(*Immanuel Kant*)。康德属于自然法学派的代表人物,而萨维尼看起来好像坚决反对自然法学派。但是,康德的思想对萨维尼的影响显然非常明显。这一点在萨维尼的学说中可以清楚看出,他和康德集中研究的都是法律制度的逻辑、一贯的构建问题,在法律制度中人们之间不同的意思范围不存在相互冲突的切点。法律行为学说也是如此,萨维尼将符合当事人自由意思作为决定性标准。同样,他还按照康德的理念行事。[36]最后还要提到 16 世纪的人文主义作家,其中诸如多内鲁斯(*Donellus*)的名字,萨维尼在《论立法与法学的当代使命》中就曾经提到过。[37]萨维尼很早就强调过,多内鲁斯是唯一能科学地透彻研究罗马法并集中研究罗马法本质的法学家,这正是令其钦佩之处。

五、批评者

在生前广受称赞的同时,萨维尼也未能免受辛辣的批评。[38]黑格尔(*Hegel*)称其为有害的立法寂静主义。人们指责萨维尼散布神秘的、模糊不清的学说,主要是指他的民族精神学说。马克思(*Marx*)从民族精神学说中看到的是历史主义的纯粹的自身目的。尤其是坎特罗维奇发表了如下批评意见,萨维尼的学说认为德国法学家在继受罗马法中作为民族精神的代表,这是一种“幻想”;他将萨维尼对罗马法的热爱看作是一种托词。[39]批评者曾经并且现在也认为萨维尼的行为是非历史的,并且与历史事实不符。与此相关,可以说,萨维尼的学说推动了法史学家探求各项法律制度的历史根源,从而忽视了研究现行法,尤其是研究16世纪至18世纪的现行法。[40]

有一种严厉的抨击认为,如上文所述,萨维尼拒绝自然法学派,但在其作品中却使自然法学说成为一个整体。从某种角度上,可以将萨维尼看作自然法学说(不自觉的)精神继承人。例如,吉尔克(*Gierke*)就谴责萨维尼对自然法的否定,认为这样做主要是由于他没有看到其中所表达的日耳曼法律思想。[41]当然吉尔克错误地认为,萨维尼的学说虽然是无意识的,但事实上却有很大部分是以自然法思想为基础的。另外一个常被提及的批评涉及萨维尼作为实践家的能力。坎特罗维奇甚至认为萨维尼的整个思想都不实用,甚至与实践相冲突,他是脱离生活的概念法学和建构法学之父。[42]施特尔策尔(*Stölzel*)从相同的角度进行攻击,主张萨维尼在其刑法领域的上诉工作缺乏一个实践家的必要能动性,以顺利推进工作。[43]

值得注意的是,事实上萨维尼自己坚决反对理论和实践相互分离。在《论立法和法学的当代使命》中,他就要求,"我们的理论应当是实践的,我们的实践应当是科学的"[44]。有人说,[45]他使"学者与实践者相互和好",从理论与实践的疏远中直接发现了过去法律状态的主要弊端。[46]因此,萨维尼自己也尝试与法律实践相结合,这就毫不令人惊讶了。这就可以说明他作为由柏林大学法律系组成的判决咨询委员会成员的活动。他为该判决咨询委员会撰写了超过130份报告。他与实践相联系的另一个表现是1819年起担任莱茵省上诉与复审法院成员。

六、萨维尼重要作品概览

萨维尼的处女作在他24岁时完成,即1803年出版的《占有法》。[47]该书在6周内写就,这使萨维尼令整个世界大吃一惊。被认为萨维尼之后德国最伟大的罗马法学家耶林(*Ihering*)称赞萨维尼的作品是“对渊源进行了完全独立、没有偏见的利用,尤其是以不同方式遵循罗马法学家的思路并且从各个要点和各种征兆重新发现学说的原始思路和基本理念的能力,罗马法的思考、罗马的构思的再构思,简言之,是罗马法学的精神的复苏,并由此展示了对其作品的内心深处的理解,所有这些用可能是非法学家所写的一句话,旨在有吸引力……”[48]这本名著立即受到所有法学家的巨大重视,传播范围空前广泛,翻译成几乎所有欧洲语言。由于可能是德语民法专著中最模范的而紧凑的优雅语言风格,萨维尼确定了其独特的印记。

萨维尼在其作品中将占有看作是一种“事实”。从该命题出发,萨维尼前后一致地得出结论,占有与所有权处于一种逻辑上的对立。它不应被归入物法,而应归入侵权法。[49]占有的法律意义在学说史上第一次被毫无疑义地明确提出了,而不是否定它。以该书为背景,1835年左右爆发了萨维尼与其黑格尔主义反对者爱德华·甘斯(*Eduard Gans*)之间关于占有权问题的争论。[50]该争论是显而易见的,这并不仅仅是因为其法律内容,而是因为占有保护问题就已表明了这是一项激烈的争论,其他法学家逐渐也参与到这场争论中来,他们中有些是萨维尼的支持者和学生,有些是甘斯命题的拥护者。站在萨维尼一边的是他的学生普赫塔(*Puchta*)和鲁多夫(*Rudorff*)。关于占有保护的特征问题,普赫塔和鲁多夫之间也没有最终达成一致。[51]关于占有的辩论好像从未如此激烈,似乎是因为没有深层基础:哲学的法律关系和历史的法律关系之间的对立。对此可以将这些不同点彼此区分开并借助例证进行讨论。甘斯于1839年去世,他和萨维尼之间这场争论就以一种令人遗憾的方式结束了。

萨维尼的代表作之一是1815年出版的《中世纪罗马法史》(Die Geschichte des römischen Rechts im Mittelalter)。萨维尼早就表现出

他与历史成长的联系,因此,他这样努力深入研究法的历史也就不令人惊讶了。萨维尼想将中世纪法学知识建构在符合渊源的基础上。他访问了很多图书馆和档案馆,旨在收集并利用流传下来的手稿。经过深入研究后的结果是对中世纪法学形成的广泛的、渊源批评性的论述,及其各代表人物的传记和文章。[52]《中世纪罗马法史》很快被用作该领域研究工作的基础。萨维尼展示的信息十分丰富,包括了5世纪以来的法律渊源和法庭组织、中世纪早期的法律课程、民族大迁移国家的罗马法、意大利和法国的早期大学、注释法学派法学家本人及作为教师和学者注释法学家,他还介绍了14世纪和15世纪的法学家。[53]在某种程度上该书直到今天仍然是罗马法研究的重要基础。[54]古代和中世纪之间存在清楚的法学连续性这一命题,这才是其作品真正的核心,但对此却几乎没有评价或者完全没有讨论。

萨维尼在罗马法领域第二部代表作《当代罗马法体系》中则采取了另外一种方式。[55]他处理了德国法学家当代仍然作为私法总则的大量论述:法律渊源学说、法律行为学说和主观权利学说。[56]值得注意的是,萨维尼在该书中权威地确定了国际私法在其早期阶段的发展。提到《当代罗马法体系》,有三点特别值得注意:第一,萨维尼这部著作由于对渊源采取了有所裁减的特殊论述,尤其是对《学说汇纂》。如上文所述,这种对渊源的转换在17世纪和18世纪几乎毫无意义。第二,他从这些渊源中创制出一套体系。该书讨论了私法规则及其基本的法律制度,但在这些论述中,萨维尼并没有讨论个别规则,而是有序地考察了那些基础性实质问题。萨维尼的体系构成了19世纪私法科学涉及罗马共同法之处的基础。第三,萨维尼从根本上影响了学说汇纂法学。他的作品的影响超越了国界,尤其是因为他对国际私法的论述。

萨维尼另一部重要的教义学作品是1851年至1853年出版的2

卷本《作为当代罗马法部分的债法》。由于系高龄而作,该书体现鲜明的现代性。萨维尼在其中深入研究了债务关系的不同侧面,包括债的发生、标的以及代理的可能性等。值得注意的是,萨维尼讨论的某些内容是罗马法中所没有的,例如,他详细讨论了通过无记名证券的有体化及可转让性问题。[57]

萨维尼的作品除了教义文章之外,还有其他大量出版物,例如1814年最先出版的纲领性文章《论立法和法学的当代使命》,对此上文已有论述。萨维尼明确处于蒂堡特的对立位置,[58]表示反对民法法典化。但萨维尼并未将反对法典化的立场适用于刑法和诉讼法领域。人们提到萨维尼经常想到的是极端反对任何法典化,这种印象应该得到纠正。[59]萨维尼的法律观点在另一篇文章中得到论述,即1815年萨维尼创办《历史法学杂志》的发刊词。在这篇文章中,萨维尼一方面界定了作者的法哲学和法政治立场,另一方面勾画出继续研究的纲领。随着时间的推移,不计其数的作者深入研究了这两份文章,[60]反复论述作为萨维尼作品的基础的论题。根据该论题,任何法律制度都与此前各世代法律制度构成有机整体,其中不仅能发现自己所处时代法律确定的影响,而且还是从现有传统中创造出来的。萨维尼总是将民族精神作为法的渊源,总是指出法的有机结构。萨维尼将法学的使命界定为,坚持将尚存法律制度的内容作为历史发展的产物,并因此发现和表达出组成各法律制度的规则。此外,将法学固有各项制度结合形成内部体系,[61]也是法学的任务。

七、萨维尼对过去法和当代法的影响

(一)基础

萨维尼的影响,包括在对法学和法政治的整体方面,同样也包括个别的教义学学说。萨维尼的思想对罗马法继受起了纯化作用,使罗马法继受摆脱了大量的误解。[62]他所起的决定性作用是使法学世界告别学说汇纂现代应用法学(Usus modernus Pandectarum)[63]并回转到自然法学说。关于民法法典化的思想在他生前几乎要被抛弃了,虽然后来又被重新考虑。这些新思想和几乎与之同时存在的法学的日耳曼分支,其代表人物是萨维尼的朋友艾希霍恩(*Eichhorn*)和雅各布·格林,使用的方法相同,它们和学说汇纂法学一样,使德国私法达到其全盛时期。第一次从概念—体系以及历史等广泛的角度对法进行了论述和介绍。法的历史性反思几乎反映在19世纪所有法学重要流派中。不管是民族精神学说,还是耶林的法律目的、吉尔克的社会和共同体法、贝泽勒(*Beseler*)的民众法或者普赫塔的法学家法,它们都有一个共同之处:包含了法的历史性和民族内在联系的社会性的法律自主意识的思想。

同样,很多具体法律制度和思想也体现了萨维尼的特征。例如,将"心素"(animus)和"体素"(corpus)作为占有的必要构成,具有萨维尼特征的表达方式"物权合同"[64]以及国际私法中的法律关系"本座"学说。[65]萨维尼的私法体系以法律关系的概念为基础。萨维尼认为主观权利是个人意思独立支配的力量。萨维尼是以不同标的为出发点的,这些标的受意思支配并由意思而产生的处分权决定——物以及债,也就是他人行为,该他人的自由部分地从他那里分离出来并使自己的意思部分处于他人意思之下。[66]萨维尼一直被认为是实践法律的权威,这种威信直到今天都没有丧失,他以自己的命题、概念和内容广泛的研究工作而从不同角度影响了1900年《德国民法典》。《德国民法典》的规定、体系及其原则,不管是否明确表达出来,都应归于萨维尼,立法者的很多具体规定也是如此。[67]对于《德国民法典》制定史比较重要的是,《德国民法典》第一委员会(1874年至1880年)三位成员,帕佩(*Pape*)、温德沙伊德(*Windscheid*)和普朗克

(*Planck*),其中两位曾经听过萨维尼著名的学说汇纂讲座课,他们有着内容丰富的私人笔记。从《德国民法典第一草案》可以发现"学说汇纂"的各种特点,它是学说汇纂法学留给当代现行法的遗产。我们对它的赞扬和挑剔,很大部分都落到了温德沙伊德和他著名的《学说汇纂教科书》,[68]这就又回到了萨维尼。萨维尼"关于制定法"的教义见解同样指引着《德国民法典》的起草者。这表现在《德国民法典》包含着一个权利体系。权利体系并不是一堆杂乱无章的法律规范,而是由内部相互结合的规范组成的有机结构。[69]

(二)方法

萨维尼对于法学方法论曾经并且在当代仍然具有重要影响,虽然关于方法问题的章节在他的作品中只是一小部分并且经常与需要从其具体语境中分离出来。萨维尼对方法论并没有较高要求,认为它包括感觉到引导性原则,"发现出有机原则"或者"通过其变迁发现现实甚至探究它自民族本性中的确立",将其"化为一个内在的统一体"。[70]萨维尼的抽象化和简约化的方法,使得为几乎所有法律领域创设总则成为可能,在总则中概念是共同的,它们置于起首并要求有广泛的有效性。[71]此外,萨维尼这种研究方法并不限于制定法,他还用前述不同方式方法详细讨论法律概念。例如,《占有法》中的讨论就表明,对占有进行体系化思考就可以用统一的概念将其表示出来。

对当代法在适用时进行解释所依据的方法,可以回溯至萨维尼。[72]作为萨维尼出发点的原则是,应当对制定法各组成部分进行严格的逻辑分析,"法官的工作是纯粹的逻辑解释"。法律解释的"经典"原理是萨维尼于 1840 年引入法学的。[73]他列出的四种方法是文义解释、历史解释、体系解释和逻辑解释,他同时指出,这四种方法在具体使用时并非相互独立的,"为成功解释法律,必须将它们结合到一起。”[74]通过列举解释原则并将(法的)历史的经验事实和抽象的哲学和法哲学联系到一起,萨维尼发展出他最后称之为“真正的历史的”法或者方法。虽然没有哪一部法律限定必须采用上文所提到的这四种解释标准,但今天几乎所有的法律适用者都在按照萨维尼提出的准则行事。在解释中,按照萨维尼的见解并没有哪种解释方法优先,在具体解释时必须考虑所有方法。按照他的见解,“……有时这个方法重要,有时那个方法重要并且逐渐显得较为明确,因此,只有全面考虑各个方面这种不变的思路才是必要的”。[75]

这四条解释标准经常被称作“解释准则”,直到今天仍被认为是有效的并且应用于法律解释中。[76]不过,萨维尼的逻辑解释在为目的解释所代替,即探求待解释规范的目的。萨维尼本人虽然反对目的解释,但也认为特定情形可以存在某些例外。他反对目的解释的理由是,法律目的已经超出了解释任务的范畴。[77]近代以来,除了萨维尼提到的方法,人们还讨论了作为一种解释方法的比较解释。

对于“类推问题”,萨维尼也进行指导性研究。“现在……法律对某种情形没有规定,该如何处理?”——这是萨维尼在其方法论的框架内提出的问题,他对此也找到了一个答案。他区分了类推的情形和法律解释的情形,明确强调在类推中根本就不取决于解释问题。相反,他主张在类推的情形,待决的情形是被法律“忘记了”。隐藏在其背后的逻辑,可以通过萨维尼关于民族精神的学说和罗马法继受来进行补充。如果人们发现法律渊源对于待决法律问题并未涉及,按照萨维尼的见解,[78]这时就存在漏洞,需要用法律类推的方式解释。它通常可以通过对产生该漏洞的实证法的补充来实现,实证法存在一种有机形成力。以这种方式补充而发现的法律规则与实证法之间的关系对类推产生着影响,凭借类推就可以填补所发现的漏洞。[79]

(三)法律行为学说和错误学说

法律行为和合同的概念,出现在萨维尼的作品中,也出现在今天几乎所有法律领域中。萨维尼法律行为学说的基础是法律行为上的自由,因此“在评判法律行为时,应当将个人意思是否充分自由作为标准”。[80]值得注意的是,萨维尼将意思表示的概念和法律行为的概念作含义相同者处理,但他自己在后来也未能坚持这一点。19世纪末,在法学和立法中,意思表示和法律行为在概念上和内容上都得到了区分。在当代看来,简单地说,如果有多个当事人参加,法律行为就被看作多个相互一致的意思表示。在单方法律行为中,意思表示做出与做出法律行为是相一致的。在需要受领的意思表示中,仅仅有表示还不够,表示的受领人具有重要作用。萨维尼的学说在其中的意义在于体系性地区分了法律行为和其他事实。涉及合同时,萨维尼第一次承认并说明了物权合同与债权合同的区别。无论是在法学上还是在立法上,这一点都一直被接受,我们今天的《德国民法典》就是以这种区别为出发点的,这一点虽然没有明确说出来,但至少其内容上是这样的。

关于错误问题,萨维尼认为它“在各种法律上的关系中都是一种重要因素”。[81]当然,他也肯定错误在法律行为学说中具有重要意义。萨维尼将错误的概念界定为“对标的的真实陈述受到不真实陈述所掩盖和排除的一种意识状态”。[82]萨维尼说明错误及其效力学说的理由是行为学说,尤其是意思表示学说。他的法学贡献在于借助意思标准来构想错误学说并将其体系化。对此,萨维尼区分了意思表示障碍的不同种类。表示障碍或者产生于意思本身的障碍,或者产生于意思形成中的障碍。这些障碍将产生不同的法律效果。《德国民法典》之父们分享了萨维尼关于意思表示的学说,认为错误存在于表示所表达出的表意人意思。据此,《德国民法典》以认识理论为基础在相当程度上接受了萨维尼的学说,当然并没有完全接受。《德国民法典》基本上遵循了萨维尼的体系,错误的规则体现在总则部分的“法律行为”一章中。按照萨维尼的学说,基本上是区分表示错误和动机错误,原则上不予考虑动机错误,但如果动机错误涉及交易中认为重要者也应该予以考虑。萨维尼的学说在其他地方还提到过,是否考虑某项错误并不取决于过失。

(四)代理

法律行为的代理学说的现状还得回到19世纪开始的教义发展过程。早在1803年,蒂堡特就在其《学说汇纂体系》总则中“合同效力”题目下讨论了其代理学说。[83]值得注意的是,由代理人代理被代理人直接设定法律关系,长期以来受到学说否定。准确地讲,订立合同所想要的法律效果只有通过所谓代理人的“让与”(Cession)才能使委托人取得代理人所取得的权利。[84]萨维尼最终以一种新的方式方法解决了代理问题。萨维尼在其《当代罗马法体系》中将代理置于总则中,从而使其归入行为学说中。[85]这样就扩展了“人通过其自由行为改变其法律状态的自然能力”,[86]“这就可以代理进行法律行为了”。萨维尼从罗马法引申出可以允许这种代理形式。对于该代理形式只能进行取得行为和只能通过“独立的人”来实施这种限制,他并未接受,而是扩展到“不受限制地允许自由代理”。[87]按照萨维尼的见解,代理仅取决于从事该行为的人的意思。值得注意的是,萨维尼后来对此表示批评,他对其渊源进行了某些限制。[88]萨维尼甚至已经注意到需要对罗马法进行一种新的继受,需要对它进行偏离才符合人们的期望。让与学说的出发点是只有表意人才可以取得权利或者负担义务。萨维尼的见解恰恰相反,他认为合同效力直接归属于被代理人。他认为代理人是“缔约人的机关”,[89]仅仅是与对方当事人相对的被代理人的纯粹的意思转运人，但他有自己的决定空间。萨维尼在一定程度上并没有区分本来意义上的代理和单纯的传达，不管是代理人、简单地传达某个决定的传达人还是可以从所包含诸多被代理人决定中进行选择，他认为都无关紧要。[90]

萨维尼在其讲座课上曾经提到过，在权利以权利人的人格为条件的情形不可能选择代理制度，即高度人身性的法律行为，这和我们今天使用的名称一样。对于委托和代理之间，萨维尼并没有进行区分。相反，他说"给以委托而代理"并且认为代理和传达具有相同的法律地位。根据他的见解，代理"在债法中和在所有权取得中相比有些不同"。他将代理人看作取代书信的"没有意思的工具"。对于代理人不仅仅是表明被代理人的意思而是需要自己决定行事的情形，"其内容是危险的"。[91]萨维尼之后，人们同意了以下见解：在代理的情形代理人参与法律行为，他仅仅代表被代理人（"代表理论"），他做出自己的表示并与传达人相区别。创制《德国民法典》的第一委员会成员们也是从代表理论出发的。[92]与此相适应，《德国民法典第一草案》第115条是这样表述的："只要不与法律规定或者法律行为的性质相冲突，法律行为就可以代理人或者向代理人做出。"在法律行为对被代理人的效力问题上，采用的仍然是萨维尼的学说。这些规则在总则中的地位也是采用了萨维尼的体系。

（五）所有权和所有权取得

早在1803年《占有法》第一版中人们就可以读到，"所有权是一种对某物按照自己的意思发生作用并排除他人使用该物的法律上的可能"。[93]后来萨维尼又完全是在这种意义上说，所有权是"人对物的不受限制且排他的支配"。[94]该概念直到今天仍然包含着所有权人所有的权利和义务。萨维尼第一次，也可以说是他的发现，将"交付"

(traditio)作为抽象转让合同。[95]法律行为性质的转让(或者负担他人权利)是债法负担行为之外一种独立的合同,这种观念源自于萨维尼。这就是极具《德国民法典》特色的一项原则,分离原则。该原则的表述体现在《德国民法典》第929条以下和第873条以下。尽管处分的单独概念并不是萨维尼提出来的,但显然他对此后形成该概念产生了重要影响。《德国民法典》第185条就已经表达了单独的处分行为的意义。

萨维尼的学说认为“交付”是一项“真实的合同”。[96]他得出这种结论的根据是,对于交付而言,需要以“指向现在转让占有和所有权的意思表示”为前提,因此也就包含了合同的所有特征。萨维尼将这项合同的形式称为物权合同,[97]旨在与债权合同在概念上进行区分,正如我们今天所做的这样。萨维尼还承认,交付的效力绝不取决于作为其基础的债法合同的效力。交付可能以债权合同为基础,但并不必须这样。这种思想被今天的《德国民法典》以所谓抽象原则的形式采用作为其基础。

(六)债权让与和无记名证券

债法中不存在“真正的出让”这种认识应当归功于萨维尼。然而,“需要将其债权出让给一个新的债权人的债权人需要追究该债权的,也就是需要提出债务诉讼的,可以达成为自己保持讼争标的协议而托付给他人”。[98]这一过程被冠以“让与”的名称。萨维尼特别强调,让与不同于所有权转让之处在于,最初的债权人不能进入债务关系产生的最后结果。如果考虑到债务人曾经对抗让与人及其本人的抗辩权现在可以对抗受让人的情形,这一点就很清楚了。关于让与形式及其“在大量错综复杂的交易性行为中的”实际转化困难,萨维尼立即考虑到了债有体化为证券的问题,以便能更好地满足商事交往中对流通能力的要求。[99]萨维尼研究了所有权转让规则对于书面化的债权的适用性问题。萨维尼的结论说明了直到当代的《德国民法典》在相关问题上的连续性。债权的可让与性以及无记名证券的转让这些归根结底受规则影响的制度,萨维尼在他所处的时代就已经提出来了。

(七)不当得利

萨维尼关于不当得利法的基本想法是将罗马法上的请求返还之诉的类型在统一的教义表述下进行归纳概括。这种基本思想的结果就是今天《德国民法典》第812条和第814条。萨维尼论述的基础直到今天仍然是通说的否定式表述,“一方获得财产利益而另一方没有法律基础地减少财产”[100]即存在不当得利。这种表述中仍然反映着萨维尼的努力:构建出一项尽可能抽象的规则体系,对所有可能的情形都事先完整地提供答案。整个《德国民法典》,不仅仅是不当得利法,直到今天仍然遵循这种抽象原则。萨维尼最先说明以罗马法上的请求返还之诉为基础的法律规则,承认财产法领域中的财产运动如果没有法律基础就可以由失利人请求返还得利。

其中的新颖之初、重要意义及其创造性在于,抛弃了诸如“自某物”、“作为损失”和“以不公平方式”而得利的自然法的积极表述,创造了“没有法律根据”这个抽象的否定标准。这样萨维尼就结束了迄今为止的无用尝试,以一种令人印象深刻的方式方法抽象出积极的一般特征。[101]结果,这种综合表述具有双重特性,一部分被直接表述为积极特征,而另一方面的重要特征则被称为待填补范围。这些也采用到《德国民法典》中。

这里特别令人瞩目的又是不同寻常的敏感性,萨维尼在深入分析中借此对不同案件的各种特征进行一般化从而发展出其表述方式。他通过将相关案件、法律和原则彼此结合而表现出高超的法学方法,这一点经常受到人们称赞是不无道理的。[102]应当说明的是,尽管存在这么多赞扬,不当得利法的新文本和解释还是带来大量问题,那些法律适用者们直到今天还不得不去面对这些问题。关于不当得利法的文献非常多,但关于其规定的解释和适用仍然在反复讨论。

八、概述与评价

弗里德里希·卡尔·冯·萨维尼是他的时代最伟大的法学家和法学教师。不管是在法学还是在法律实践和立法中都有他留下的痕迹。他的学说在当代虽然扮演着无关紧要的角色,但他的遗产对与德国法以及国家法都具有重要意义。萨维尼在当代不仅仅是作为历史法学派的创始人而著名,他还经常被称为现代法学的缔造者。[103]尽管欧洲法学被分为各个国家的法学,但萨维尼的思想涉及了整个欧洲。他划定了《法国民法典》的势力范围,并且继续遵循罗马法这一基础,这一点不同于大多数其他大陆国家。萨维尼起决定性作用并参与形成的学说汇纂法学在后来对其他一些国家立法起到了作用,这里仅举出以下例子:奥地利、瑞士、意大利和所谓的斯堪的纳法学。萨维尼从开始就接受了将“历史的”方法和“体系的”方法结合起来的要求,他是第一个发展出体系化的、内容广泛的方法的人,在任何一部法律确立同时就将其置于特定历史环境之中。因此,围绕思考法律关系的重要特征,他扩大了对符合历史的法学的理解,这种法学同时也就超出了单纯历史科学的范围并形成一种区分,法学作为一门学科就是建立在其独立性基础上的。

萨维尼在当代的影响还有什么?萨维尼的作品直接产生作用的时代已经过去了。虽然今天几乎任何一个图书馆都有他的作品,但除了总结 19 世纪之外人们已经很少再使用。我们当代的私法学有了更多基础。但是,在国际私法和中世纪法学史中,萨维尼的作品迄今当然仍属于直接的基础文献。当代法学方法论上的许多基础要归功于萨维尼的创造和活动。除了关于法律体系的建构之外,他有关各法律制度的学说仍然具有意义。[104]同样还包括解释问题、抽象化和简约化的方法以及法律规定类推适用的可能性等。他的法律行为学说、代理学说、意思表示因错误而撤销学说迄今仍然为人们所承认。人们也可以说,《德国民法典》总则部分中有很大一部分是以萨维尼的学说为基础的。作为实践家,萨维尼也做出了贡献,他在履行立法委员会成员职能时对当时立法程序的出色表现作出了贡献,给人留下了深刻印象。在法学中保持理论和抽象化之间的平衡,对萨维尼一直非常重要,这种抽象化的另一方面是实践。

概括而言,弗里德里希·卡尔·冯·萨维尼对19世纪的科学产生了深远影响,这一点不仅体现在法学领域,而是兼跨历史、法律和哲学不同领域。直到今天,人们关于他还谈了许多,这就是明证。

注释

1 哈滕豪尔(*Hattenauer*),导论,载《蒂堡特和萨维尼:他们的纲领性文章》(Einführung,in:*Thibaut* und *Savigny*. Ihre programmatischen Schriften),1973年,第23页;埃里克·沃尔夫(Erik Wolf),后记,载《弗里德里希·卡尔·冯·萨维尼:历史法学派的基本思想》(Nachwort, in: Friedrich Karl von *Savigny*. Grundgedanken der historischen Rechtsschule),1948年,第37页。

2 科英(*Coing*),《法学教育》(JuS),1979年,第86页(第87页),布伦奇利/布拉特尔(Bluntschli/Brater)(编),《德国国家词典》(Deutsches Staats－Wörterbuch),第9册,1865年,词目"萨维尼"(*Savigny*)。

3 约胡姆(*Jochum*),"弗里德里希·卡尔·冯·萨维尼的遗产"(Das Erbe

Friedrich Karl von *Savignys*),载《新法学周刊》(NJW),2004 年,第 568 页(第 569 页);哈滕豪尔,前言,载《蒂堡特和萨维尼:他们的纲领性文章》,1973 年。

4 格米尔(*Gmür*),《萨维尼和法学发展》(*Savigny* und die Entwicklung der Rechtswissenschaft),明斯特(Münster),1962 年。

5 哈滕豪尔,第 21 页。

6 明克(*Mincke*),"蒂堡特对萨维尼"(*Thibaut* vs. *Savigny*),载《法学工作报》(JA),1985 年,第 150 页(第 151 页)。

7 约胡姆,"弗里德里希·卡尔·冯·萨维尼的遗产",载《新法学周刊》,2004 年,第 568 页(第 569 页)。

8 科英(*Coing*),前言,载《共同法》(Ius Commune),马克斯—普朗克欧洲法律史研究所出版物,第 8 册,《弗·卡·冯·萨维尼诞辰 200 周年的报告》(Vorträge zu 200. Geburtstag von F. C. von *Savigny*),1979 年。

9 约胡姆,"弗里德里希·卡尔·冯·萨维尼的遗产",载《新法学周刊》,2004 年,第 568 夜(第 570 页)。

10 其他一些作品称萨维尼的去世时间为 1861 年 10 月 28 日,参见哈滕豪尔,导论,载《蒂堡特与萨维尼:他们的纲领性文章》,1973 年,第 31 页。

11 舍勒(*Schöler*),《德国法律统一,地方和国家立法》(Deutsche Rechtseinheit, Partikulare und Nationale Gesetzgebung),2004 年。该书有其他大量证明。

12 格米尔,《萨维尼和法学发展》,1962 年,第 28 页。

13 萨维尼的见解表现在:《论立法与法学的当代使命》(Vom Beruf unsrer Zeit für Gesetzgebung und Rechtswissenschaft),第 1 版,海德堡(Heidelberg),1814 年,关于法典化之争,还可参见明克,"蒂鲍特对萨维尼",载《法学工作报》,第 150 页及以下。

14 对此,参见舍勒,《德国法律统一》,第 111 页以下。

15 参见舍勒,《德国法律统一》,第 113 页。

16 萨维尼,《论立法与法学的当代使命》,第 79 页。

17 萨维尼,《当代罗马法体系》(System des heutigen Römischen Rechts),第 1 卷,第 14 页。

18 萨维尼,《论立法与法学的当代使命》,第 13 页以下。

19 萨维尼,《论立法与法学的当代使命》,第13页以下。

20 萨维尼,《论立法与法学的当代使命》,第11页。

21 关于萨维尼对“机关”(Organ)、“有机的”(organisch)、“有机体”(Organismus)等概念的使用,参见格米尔,《萨维尼和法学发展》,第13页有许多提示和举例。

22 参见约胡姆,“弗里德里希·卡尔·冯·萨维尼的遗产”,载《新法学周刊》,2004年,第571页有许多关于萨维尼的《论立法与法学的当代使命》的提示。

23 约阿胡,“弗里德里希·卡尔·冯·萨维尼的遗产”,载《新法学周刊》,2004年,第570页。

24 萨维尼,《当代罗马法体系》,第39页。

25 萨维尼曾经提到,《论立法与法学的当代使命》,第41页,第125页。

26 例如,《法学方法学说》(Juritische Methodenlehre),第60页以下;《古斯塔夫·胡果对罗马法史教科书的评论》(Recension des Lehrbuchs der Geschichte des Römischen Rechts von Gustav Hugo),1806年,第2页;《论立法与法学的当代使命》,第14页以下、第120页以下。

27 格米尔,《萨维尼和法学发展》,第21页。

28 萨维尼,《当代罗马法体系》,第2卷,第1页以下。

29 对此,参见格米尔,《萨维尼和法学发展》,第23页;布尔克哈特(*Burckhardt*),《法的方法和体系》(Methode und System des Rechts),苏黎世(Zürich),1936年。

30 萨维尼,《当代罗马法体系》,第1卷,第6页,第52页以下,第286页。

31 萨维尼,《当代罗马法体系》,第1卷,第345页以下。

32 格米尔,《萨维尼和法学发展》,第24页,关于其他提示,参见维亚克尔(*Wieacker*),《创始人与守护人》(Gründer und Bewahrer),1959年,第111页。

33 关于历史法学派与浪漫主义的关系的详细论述,参见兰茨贝格(Landsberg),《德国法学史》(Geschichte der deutschen Rechtswissenschaft),第209页以下,同时参见坎托罗维奇(*Kantorowicz*),《萨维尼对我们是什么:在经济与法中》(Was ist uns Savigny, in Recht und Wirtschaft),1912年,第47页以下,第76页以下。

34 格米尔,《萨维尼和法学发展》,第 24 页。

35 萨维尼,《当代罗马法体系》,第 1 卷,第 15 页。

36 对此,参见康德,《道德形而上学》(Metaphysik der Sitten),第 1 卷,《法学说的形而上学起源》(Metaphysische Anfänge der Rechtslehre),尤其是其中关于的权利学说的导论。

37 萨维尼,《论立法和法学的当代使命》,第 65 页。

38 例如,坎特罗维奇,《萨维尼对我们是什么?》,也讨论过萨维尼时代的批评者,载《萨维尼和历史法学派》(*Savigny* and the historical school of law),第 334 页以下。

39 坎特罗维奇(*Kantorowicz*),《萨维尼和历史法学派》(*Savigny* and historical school of law),第 338 页。

40 坎特罗维奇,《萨维尼对我们是什么?》,第 52 页。

41 吉尔克(*Gierke*),《历史法学派与日耳曼学者》,第 15 页。

42 坎特罗维奇,《萨维尼对我们是什么?》,第 50 页。

43 阿道夫 · 施特尔策尔(Adolf Stölzel),《勃兰登堡—普鲁士法律管理和法律组织》(Brandenburg – Preußens Rechtsverwaltung und Rechtsverfassung),第 2 卷,1888 年,第 583 页以下。

44 萨维尼,《论立法和法学的当代使命》,第 127 页。

45 施廷青(Stintzing),《弗 · 卡 · 冯 · 萨维尼,一篇关于其评价的论文》(F. K. von *Savigny*. Ein Beitrag zu seiner Würdigung),柏林(Berlin),1862 年,第 14 页。

46 萨维尼,《当代罗马法体系》,第 1 页,第 25 页。

47 萨维尼,《占有法》,第 1 版,1803 年。

48 耶林(*Ihering*),《弗里德里希 · 卡尔 · 冯 · 萨维尼》(Karl Friedrich von *Savigny*),第 6 页。

49 莫利亚(*Moriya*),"《占有权》中萨维尼的思想"(*Savigny*s Gedanke im *Recht des Besitzes*),载《萨维尼文献汇编》(*Savigny*ana),2003 年。

50 详细论述,参见布劳恩(Braun),"弗里德里希 · 卡尔 · 冯 · 萨维尼与爱德华 · 甘斯之间的占有权之争"(Der Besitzrechtsstreit zwischen Friedrich Carl

von Savigny und Eduard Gans),载《佛罗伦萨手册》(Quaderni Fiorentini),1980年,第457页以下。

51 对此,参见布劳恩(*Braun*),《犹太教、法学和哲学,法学家爱德华·甘斯(1797年至1839年)生平印象》[Judentum, Jurisprudenz und Philosophie. Bilder aus dem Leben des Juristen Eduard Gans(1797 – 1839)],第99页以下。

52 萨维尼,《中世纪罗马法史》(Geschichte des römischen Rechts im Mittelalter),第1版6卷本,1815年至1831年;第2版7卷本,1834年至1851年。

53 吕克特(*Rückert*),"萨维尼对1900年后德国法学的影响"(*Savignys* Einfluss auf die Jurisprudenz in Deutschland nach 1900),载《法学教育》(JuS),1991年,第624页。

54 科英(*Coing*),"弗里德里希·卡尔·冯·萨维尼"(Friedrich Karl von *Savigny*),载《法学教育》(Jus),1979年,第88页。

55 萨维尼,《当代罗马法体系》(System des heutigen römischen Rechts),8卷本,柏林,1840年至1849年。

56 科英,"弗里德里希·卡尔·冯·萨维尼",载《法学教育》,1979年,第88页。

57 萨维尼,《债法》(Obligationenrecht),第92页至第186页。

58 萨维尼,《论立法与法学的当代使命》,第124页以下。

59 例如,舍勒,《德国法律统一》,第111页以下。

60 这里仅举一个例子,哈滕豪尔,《蒂堡特和萨维尼:他们的纲领性文章》,2002年第2版。

61 科英,"弗里德里希·卡尔·冯·萨维尼",载《法学教育》,1979年,第89页。

62 所谓"罗马法的后继受",参见格米尔,《萨维尼和法学发展》,第32页以下。

63 耶林(*Ihering*),《弗里德里希·卡尔·冯·萨维尼》(Friedrich Karl von *Savigny*),第3页以下;鲁多夫(Rudorff),《弗里德里希·卡尔·冯·萨维尼:回忆其人及其作品》(Friedrich Carl von *Savigny*. Erinnerung an se in Wesen und Wirken),1862年,第18页以下;格米尔,《萨维尼和法学发展》,第32页。

64 萨维尼,《当代罗马法体系》,第3卷,第313页;《债法》,第2卷,第256页以下。

65 萨维尼,《当代罗马法体系》,第8卷,第108页、第120页。对此,还可参见古茨维勒(*Gutzwiller*),《国际私法发展中萨维尼的影响》(Der Einfluß *Savignys* auf die Entwicklung des Internationalprivatrechts),1923 年。

66 萨维尼,《当代罗马法体系》,第 1 卷,第 375 页以下。对其概述,参见基夫纳(*Kiefner*),"19 世纪私法教义中的货币和货币之债"(Geld und Geldschuld in der Privatrechtsdogmatik des 19. Jahrhunderts),载《科学和立法》(Wissenschaft und Kodifikation),第 5 卷,第 27 页以下。

67 吕克特,"萨维尼对德国法学的影响",载《法学教育》,1991 年,第 625 页。

68 温德沙伊德(*Windscheid*),《学说汇纂教科书》(Lehrbuch des Pandektenrechts),3 卷本,1862 年第 1 版。

69 转引自哈门(*Hammen*),《弗·卡·冯·萨维尼对〈民法典〉一般教义基础的意义》(Die Bedeutung F. K. v. *Savignys* für die allgemeinen dogmatischen Grundlagen des Bürgerlichen Gesetzbuches),柏林,1983 年,第 15 页以下。

70 萨维尼,《论立法与法学的当代使命》,第 117 页。

71 例如,《当代罗马法体系》,第 1 卷,第 11 页。

72 萨维尼(*Savigny*),《方法论》(Methodenlehre),第 4 页以下。

73 萨维尼,《当代罗马法体系》,第 1 卷,第 213 页以下。

74 萨维尼,《当代罗马法体系》,第 1 卷,第 213 页以下。

75 萨维尼,《当代罗马法体系》,第 1 卷,第 215 页。

76 这里仅提供以下文献供参考,比德林斯基(*Bydlinski*),《法律方法与法律概念》(Juristische Methodenlehre und Rechtsbegriff),第 428 页以下;拉伦茨/卡纳里斯(*Larenz/Canaris*),《法学方法论》(Methodenlehre der Rechtswissenschaft),第 141 页以下;齐佩利乌斯(*Zippelius*),《法律方法论》(Juristische Methodenlehr e),第 39 页以下。

77 萨维尼,《当代罗马法体系》,第 1 卷,第 217 页。

78 萨维尼,《当代罗马法体系》,第 1 卷,第 290 页。

79 萨维尼,《当代罗马法体系》,第 1 卷,第 291 页。

80 萨维尼,《当代罗马法体系》,第 4 卷,第 5 页以下。

81 萨维尼,《当代罗马法体系》,第 3 卷,第 112 页。

82 萨维尼,《当代罗马法体系》,第 3 卷,第 111 页。

83 蒂堡特(*Thibaut*),《学说汇纂体系》(System des Pandekten – Rechts),第 1 卷,第 142 节,第 110 页。

84 参见普赫塔(*Puchta*),《学说汇纂》(Pandekten),第 273 节,第 217 页。

85 萨维尼,《当代罗马法体系》,第 3 卷,第 90 页以下。

86 萨维尼,《当代罗马法体系》,第 3 卷,第 90 页以下。

87 萨维尼,《当代罗马法体系》,第 3 卷,第 98 页;《债法》,第 2 卷,第 51 页。

88 参见,德恩堡(*Dernburg*),《综合法学批评杂志》(Kritische Zeitschrift für die gesamte Rechtswissenschaft),第 2 卷,1855 年,第 394 页。

89 萨维尼,《债法》,第 2 卷,第 19 页,第 60 页。

90 萨维尼,《债法》,第 2 卷,第 59 页。

91 参见布卢默(*Blume*),《萨维尼的学说汇纂:源自 1818/1819 年冬季学期讲座课的笔记》(*Savigny*s Pandekten, Nachschrift aus der Vorlesung im Wintersemester 1818/1819),第 253 页。

92 对此,参见哈门,《弗·卡·冯·萨维尼对〈民法典〉一般教义基础的意义》,第 144 页还有其他注释。

93 萨维尼,《占有法》,第 2 页。

94 萨维尼,《当代罗马法体系》,第 1 卷,第 367 页。

95 参见萨维尼,《当代罗马法体系》,第 3 卷,第 312 页;《债法》,第 2 卷,第 256 页以下。

96 萨维尼,《当代罗马法体系》,第 3 卷,第 321 页。

97 萨维尼,《当代罗马法体系》,第 3 卷,第 312 页。

98 萨维尼,《债法》,第 2 卷,第 95 页以下。

99 萨维尼,《债法》,第 2 卷,第 99 页。

100 萨维尼,《当代罗马法体系》,第 5 卷,第 110 页。

101 吕克特,"萨维尼对德国法学的影响",载《法学教育》,1991 年,第 625 页。

102 吕克特,"萨维尼对德国法学的影响",载《法学教育》,1991 年,第 625 页。

103 参见拉伦茨(Larenz)《法学方法论》(Juristische Methodenlehre),第 7 页。

104 拉伦茨(Larenz),《法学方法论》(Die Methodenlehre der Rechtswissenschaft),第 11 页以下。

Bernhard Windscheid

1817—1892

伯恩哈德·温德沙伊德

1817—1892

伯恩哈德·温德沙伊德被视为19世纪伟大的德国私法学家,该名誉特别但不仅仅是因为他著名的《学说汇纂教科书》和他对《德国民法典》的重要影响。下文将介绍温德沙伊德其人及其作品。此处将不仅介绍温德沙伊德的个人经历(一),还将根据德国当时的法律状况的描述(二),探讨其基本见解(三)、主要学术活动(四)。最后将描述温德沙伊德的所谓罗马法的"纯洁化"(Reinigung)(五)、他对某些法律问题的立场(六)。第七部分介绍温德沙伊德对今天适用的《德国民法典》的影响。结尾部分将集中讨论其科学方法(八)、同时代人眼中的温德沙伊德(九),最后一段试图概括重要的结论。

一、温德沙伊德其人

约瑟夫·胡贝特·伯恩哈德·温德沙伊德(*Josef Hubert Bernhard Windscheid*)1817年6月26日生于杜塞尔多夫(Düsseldorf),在税务顾问费迪南德·温德沙伊德(*Ferdinand Windscheid*)和其妻子[生于塞尔维亚(Servaes)的弗雷德里克(Frederike)]的11个子女中,排行第三。他在埃姆里希(Emmerich)、雷克林豪森(Recklinghausen)和杜塞尔多夫长大,1834年以优异的成绩在杜塞尔多夫高中毕业。在波恩(Bonn)(1834年至1835年)和柏林(Berlin)(1835年至1837

年,1837 年第一次国家考试)的法律学习结束之后,他在波恩以题为"论妇女所为的债务承保的效力"(De valida mulierum intercessione)的论文取得博士学位,以题为"论《拿破仑法典》的无效法律行为"(Zur Lehre des Code Napoléon von der Ungültigkeit der Rechtsgeschäfte)的论文取得教授资格。学习过程中,他曾经听过弗里德里希·卡尔·冯·萨维尼的课(*Friedrich Carl von Savigny*)[1],并受到萨维尼科学作品的长远影响。1837 年 1 月 17 日至 1843 年 1 月 8 日,他在杜塞尔多夫的州法院完成实习工作。1847 年他首先被波恩大学任命为副教授,同年赴巴塞尔(Basel)大学担任罗马法教席。此后,他担任格雷夫斯瓦尔德(Greifswald)大学教授(1852 年)、慕尼黑(München)大学教授(1857 年)、海德堡(Heidelberg)大学教授(1871 年)和莱比锡(Leipzig)大学教授(1874 年),直至 1892 年 10 月 26 日去世,他一直担任莱比锡大学教授,此间,他拒绝了柏林大学、施特拉斯堡(Straßburg)大学和维也纳(Wien)大学任职邀请。1868 年他被授予贵族头衔。[2] 他将其教学视为其所从事工作中最有意义的部分。[3]

温德沙伊德深受其同时代人尊敬。他被认为是天才和典型,被认为是楷模,这首先是因为他具有正义感、客观性、认真和责任感。同时应强调的还有他高贵的举止。[4] 他绝不自以为是,一般会适当考虑其他不同观点代表人物的观点。他从不参加论战。只有一个例外,那就是他对穆特尔(*Muther*)猛烈攻击的回应,对此它还进行了演讲。需要强调指出的是,温德沙伊德在其教科书中对少数出版物的批评,具有非常强的客观性,并且其动机也是出于科学的需要,这一点获得了同时代人的普遍承认。并且,它还总是听取学术新人的见解,从来不对他们的见解居高临下地表达自己的意见。[5]

尽管在很多方面备受尊重,温德沙伊德仍显得非常谦虚,例如,他把明确了解自己的弱点和缺陷作为自己的成功。[6] 人们还经常强调他是多么严肃、多么严格。[7] 温德沙伊德是公共福利协会的理事、动物保护协会的资助人和贫民指导会的资助人,这些都表明了他关心社会。[8]

温德沙伊德的特长在于他有非常强的抽象能力。因此,他从大量的罗马法学家的见解中成功地发现了一般思维和原则。[9] 与此相反,他也许缺少一些法学想象力,这使得人们可能高估了他的讲座课以及专业报告,也可能使得他认为过去的见解并不很好。因此,他只给法史以无关紧要的地位。[10]温德沙伊德既主持法史讲座课,又主持现行法讲座课。他的学术活动则限定在民法学说。[11]

二、关于当时德国法律学说的状况,尤其是实证主义学说

1. 19 世纪的德国四分五裂,情况十分严重。根据 1815 年维也纳会议(Wiener Kongress von 1815)成立德意志同盟,它存续到 1866 年,包括 39 个州和 4 个自由帝国城市。与此相应,德国也没有统一的法。这一时期[即所谓的“前三月时期”(至 1848 年的三月革命)]占主导地位的,一方面是对自由、民族国家的追求,另一方面是通过所谓“复辟”而对自由进行的压制;自由主义和民族主义是当时的关键词。随着 1866 年所谓的“北德意志同盟”的建立和 1871 年德意志帝国(在普鲁士统治下)的建立,德意志民族国家的目标逐渐实现。但是只实现了所谓“小德意志方案”而没有实现大德意志的目标:奥地利完全独立于德意志帝国,[12]它的领土内既有讲德语的地区也有完全不讲德语的地区,尤其是匈牙利(Ungarn)、加里西亚(Galizien)和克罗地亚(Kroatien)。

2. 19 世纪德国法律学中占统治地位的是所谓的历史法学派。该学派认为法学负有一种历史使命,它力求提出新的法学说。只有

法学教授才是历史法学派的代表,实务人员则不是。历史法学派最重要的代表人物和创始人是弗里德里希·卡尔·冯·萨维尼。[13]历史法学派认为法首先是历史形成的,与该见解相适应,历史法学派转移到对学说汇纂的研究中。其中主要是东罗马皇帝优士丁尼(*Justinian*)《民法大全》(Corpus Iuris Civilis)的主要部分。此外,学说汇纂还有拉丁语"学说汇纂"(*Digesten*)的名称。[14]正如历史法学派著名代表人物格奥尔格·弗里德里希·普赫塔(*Georg Friedrich Puchta*)[15]所说,罗马法毕竟是"有文化国家共同的精神财富"。[16]在研究法律规范中,人们经常会问,它是否根源于罗马法?是否接受了罗马法?或者,它是否涉及法律或者习惯法的新规则?[17]历史法学派把法史的使命看作服务于理解现行法。[18]学说汇纂法学除致力于研究学说汇纂外,还致力于研究古普通法,首先是教会法。作为历史法学派的一部分,学说汇纂法学以发展出封闭的、无漏洞的私法体系为己任。这一追求最重要的表达就是学说汇纂教科书。[19]学说汇纂法学以科学实证主义的法律形态为基础,即所有法律规范和判决都可以从法律概念和原理中引导出,不承认法律之外的评价,不承认经济或者社会联系对法的产生或者变动的力量。[20]

学说汇纂法学作为另一端,逐渐形成了旨在塑造德国私法体系的德国私法学说,以使它能与罗马私法体系相对比。[21]较之于学说汇纂法学,它较少经过处理;这是19世纪私法学的中心。[22]

3. 德意志帝国建立的首要任务是法统一。在经济法领域早已实现了一些重要成果,这也是德意志帝国的遗产,例如,《德意志统一商法典》(ADHGB)实现了帝国统一的商法。经济需求获得了胜利。[23]帝国建立后为实现法统一,集中要求制订统一的民法典,温德沙伊德参加了该民法典的制定(对此见下文七)。

三、温德沙伊德的基本见解

1. 温德沙伊德在历史法学派所表述的传统中[24]成长起来,从该学派接受如下观点:既不存在固定且永不改变的理性法又不存在自然法,如果共同体承认是法并以法律形式规定下来,或者通过习惯而实现,就确立了客观法。[25]他希望有最大限度的全面的法安全,这就可以证明该观点。例如,与许多学说汇纂法学家一样,温德沙伊德认为,如果排除诸如关于奴隶的一些规定,完全(*in complexu*)可将《民法大全》在德国作为现行法。[26]他主张,《民法大全》可以在德国适用,直到有证据表明习惯法已将其废除。由于实践在通常情形下并不稳定,所以这一点没有实现。[27]另一方面,温德沙伊德却在偏离罗马法的各个领域成功地接受了习惯法,例如,代理、利益第三人契约或者其关于诉权的学说,这些都曾经提到过。[28]

2. 对于温德沙伊德持有其观点的哲学基础及一般法哲学问题,几乎没有研究。[29]不同于萨维尼的想法,温德沙伊德拒绝法的有机成长的见解。他认为"任何精神进步都是由个人的自觉行为产生的",[30]该见解具有划时代的意义。

3. 温德沙伊德将学说汇纂法理解为"罗马起源的普通法"。[31]详细分析,它是《民法大全》、教会法、(古)日耳曼帝国法律和普通德国习惯法。[32]后三个法域,温德沙伊德浏览了其特殊规则;他将自己的学术活动限定在《民法大全》。[33]

四、温德沙伊德学术活动概况

温德沙伊德的法学生涯可以分为三个阶段:首先是致力于法国法和罗马法的时期,然后是发展其方法和工作方式的阶段,最后是第三个阶段,在此期间,他几乎把全部身心都投入《学说汇纂教科书》,

只是由于在第一委员会参加《德国民法典草案》起草工作而略有间断。

(一)温德沙伊德关于法国法的出版物

温德沙伊德关于法国法的第一部出版物是1847年的教授资格论文“论《拿破仑法典》的无效法律行为”,该作品及其后其他关于法国法的作品[34]对莱茵地区法的学说产生了重大影响。[35]应当注意的是,莱茵地区1795年被拿破仑的法国军队征服后,莱茵左岸的国际法和国家法自从1801年《鲁内维勒和约》(Frieden von Lunéville)之后就与法国统一了。维也纳会议(1915年)后,该地区重归德国,但法国法继续在该地区适用——所有民族思想,在当时都打上了对抗的烙印。[36]

这一部早期作品[37]就已表明,温德沙伊德努力澄清法律秩序中的基本概念,他后来的关于普通法的学术活动也表现了这种努力。[38]这一作品就已达到了较高的水平。过去一位最好的法国民法专家,可惜其名不详,说过作者是“真正的天才”,并将该出版物与温德沙伊德此后的作品相提并论:

“……本书之前在莱茵州没有人知道,法国法文献中不可思议的方式摇摆不定的无效究竟是什么。”

此后还有一段更有名的话:

“如果能继续研究法国法,温德沙伊德将成为伟大的改革者,这将比他后来研究普通法取得更大成就。”[39]

(二)前提学说

温德沙伊德的一个主要研究领域是所谓的前提学说。他在关于法律行为不生效的作品中第一次涉及该问题,1850 年出版了《关于前提的罗马法学说》(Die Lehre des römischen Rechts von der Voraussetzung),他在该书中详细表明了自己对该问题的见解。[40]

1. 温德沙伊德认为,前提是对考虑效果的效果意思的一种外在的可识别的限制,这种限制产生于既有的特定状态。欠缺该状态,表意人不应作为给付人负担给付义务。[41]因此,他就使得法律效果依赖于先前、现在和将来的关系状态,该关系状态的实现、成就无疑被当作了前提。这样,他就抛弃了条件。[42]对此,可以用这一句话概括,“我将,可能将但不一定将,如果没有……”[43]温德沙伊德自己是这样表述的:

“……当意思没有包括对关系现实的了解或者预见时,对此不该说其他的。”[44]

这样,前提就是当事人未表达出的主观期待。[45]温德沙伊德想将它作为原则上不予考虑的动机和原则上影响法律效果的条件之间的一个过渡概念,[46]因此称之为“尚未发育完好的条件”:表意人看来是一定要求现在或者将来存在某状态。因此他不折不扣地表示了自己的意思。如果该状态未成就,也就是说,前提被证明是错误的,这就使法律效果并不是按照开始的法律效果发生。效果确实随表示出的意思而存在,但另一方面,却又与其“真正的”意思相反。因此,应通过得利请求权(给付返还)收回其所得。[47]

2. 这部关于前提的专著已经包括他后来作品中的所有优点:清晰、质朴的风格,抛弃多余的外来词,[48]高雅、中肯的批评,广泛的渊源注释和法学结构的特殊感觉。[49]

3. 温德沙伊德坚持认为前提是“尚未发育完好的条件”,但该学说在很大范围内都被拒绝承认。[50]反对的方式,例如认为,前提既不能与动机相区分[51]——温德沙伊德也承认这一点[52]——又不能与契约内容相区分。[53]温德沙伊德对此仅仅解释认为，前提并非意思表示的组成部分。[54]过去否定前提学说的典型表达如下：

“为什么像温德沙伊德这样的学者会提出这样一个明显站不住脚的学说？”[55]

4. 尽管存在该反对意见，[56]温德沙伊德坚持前提学说达 46 年之久，并坚决主张《德国民法典》应当采用该学说。[57]尽管是半心半意，《德国民法典第一草案》[58]毕竟真的采纳了该见解，但第二委员会又把它删除了。[59]终于，在 1889 年 5 月帝国法院第六审判庭根据该学说的渊源缺陷，对该学说进行了一些改变。[60]第一次世界大战后，该学说通过交易基础的概念似乎获得“再生”，因为许多契约由于通货膨胀导致给付和对待给付之间的不协调，需要进行调整。[61]直到今天，前提学说的主导思想对于交易基础制度仍然存在吸引力。[62]

（三）“诉权”学说

温德沙伊德影响最大的专著[63]是 1856 年关于“当代法的立场的罗马民法的诉权”的论文。

1. 在温德沙伊德看来，普通法中的诉权不仅仅是单纯的权利可诉性的确定，也不仅仅是诉讼追究的允许，就像罗马官员对追求权利者（dem Rechtssuchenden）的保护。根据他的观点，诉权其实是独立于诉讼的客观权利的逻辑结果。这个新的名字来表示它，并将其理解为“通过诉讼追究实施其意思的权限”。[64]温德沙伊德在其诉权学说中超越了罗马法原则：

“人们只能在关于该诉权明确受保护的特定诉权的场合提起诉讼。”

如果存在通过科学演绎放弃该见解的现象，温德沙伊德的见解事实上就是以习惯法为基础。通过以下的表述取代了同样被引用的罗马法原则：

“承认权利的场合，就有诉的机会，为了请求诉讼保护，只需要提出事实构成，然后法院进行检验，由该事实是否产生值得保护的请求权。”[65]

温德沙伊德首先是借助于萨维尼的方法突出原始的、固有的罗马法的意义，后来通过研究文献开始注意诉权从程序法到实体法的概念变迁。[66]

2. 将“诉权”作为实体权利，它服务于隐藏在其后的全面的权利，而不是像罗马法那样仅仅作为程序上的法律制度，这种解释似乎表明，温德沙伊德努力将罗马法渊源根据其理解和当时的需求进行解释。[67]从该作品起，温德沙伊德改变了学说汇纂法学本来的历史顺序，创造了新的概念构成，从而不理睬历史制度的含义和意义。[68]

3. 温德沙伊德的诉权学说并非毫无争议。罗马法学家特奥多尔·穆特尔于1857年出版其论战文章“关于罗马法诉权、当代法诉权、争讼程序和债的单独继受的学说”，他在该文中批评温德沙伊德对重要渊源的解释不正确并且任意虚构。在其回应文章“诉权、回应特奥多尔·穆特尔博士”中，[69]温德沙伊德辩称其方法是对萨维尼方法在法律中相应发展。他不仅仅是发现、收集和描述历史事实，而是进一步予以体系化和建构。[70]

4. 诉权学说的意义在于，温德沙伊德的主导思想通过《德国民法典》中请求权概念得到反映。[71]以温德沙伊德的学说为基础，民法学说发展出其核心概念，此外，它还通过所谓的刑罚请求权学说对刑法发生影响，通过所谓的权利保护请求权学说对诉讼法发生影响。[72]在国家法中，他的学说是主观公法的萌芽。[73]温德沙伊德的现代请求权概念除了为民事诉讼法独立于民法提供了理由外，还把法请求权从诉权解放出来。[74]还应注意的是,温德沙伊德的学说还有一些细节不甚完善,例如,关于请求权与主观权利的关系,对人请求权与对物请求权的关系以及是否允许请求权附条件和到期的问题。同样应予注意者,温德沙伊德认为对人请求权可罹于消灭时效而丧失请求权效力,《德国民法典》并未认为该结论有道理而予以采纳。[75]温德沙伊德的学说是否会在私法上产生事实上难以破解的矛盾?对该问题的结论尚无把握。[76]

5. 由以上描述可见,这里所涉及的关于诉权的文章,从形式到内容都非常优秀。由于该作品,温德沙伊德获得了很高的名声。较之于前提学说,诉权学说更加清晰、更加占有优势、更能确保其结果。[77]

(四)《学说汇纂教科书》

温德沙伊德对《德国民法典第一草案》的影响[78]——对此将有专论——不仅在于他在第一委员会所参见的工作,而且在于他的《学说汇纂教科书》。[79]

1. 该教科书共三卷,第一版出版于1862年;温德沙伊德修改了7版;基普(Kipp)又继续修改了两版。[80]1852年起,温德沙伊德开始致力于该书,一生投入该书的时间几乎有30年;[81]从事教科书的工作之外,他对于其他有价值的单行出版物几乎没有时间。[82]这本教科书在一定程度上是他毕生的巨著。[83]对该书的翻译表明,它在德国之外也受到重视;不仅仅是在希腊,它被视为具有与法律相同的效力。[84]

2. 大多数学说汇纂教科书曾经在德国"广受欢迎",温德沙伊德的《学说汇纂教科书》尤其如此。[85]该书主要优点在于,温德沙伊德成功地将实务人员不能全面掌握的大量渊源和学术观点以高度认真的态度进行了全面整理,从大量资料中进行了选择并经常以折中方式作为解决方案。[86]收集渊源和见解的意义,可以从当时德国并无帝国统一立法因而也没有法律评论的背景看出来。实务中不能进行独立的渊源学习。当时的学说汇纂教科书必须集法律、评论和教科书于一体。温德沙伊德的成功之处在于,他以完美的方式考虑了时代的期待。[87]因此,他采取了诸如放弃——对实务而言无足轻重的——对罗马法渊源的历史编排等方法,尽管他自己属于历史法学派。他自己尝试对当时实务有意义的编排,因此陷入了保守罗马法学家[88]和真正的历史学家[89]之间的矛盾。

3. 温德沙伊德的《学说汇纂教科书》最大的意义体现在实务中,例如,19 世纪最后 30 年在符腾堡(Württemberg),没有司法先例的情形,许多法律争议都是按照这本教科书进行处理的。根据当时许多实务人员的见解,谁引用温德沙伊德,谁就可能被认为是正确的——这就是明确承认了他。唯一的例外是其前提学说,实务界很大范围都反对该学说。[90]

4. 温德沙伊德的《学说汇纂教科书》不仅在实务界居于统治地位,在学说中同样居于统治地位。学生学习时,学习温德沙伊德的教科书是其学习深入程度的一种标志。由于涉及大量引文索引,因此该书对于学术活动必不可少。[91]温德沙伊德的教科书广为人知,厄尔特曼曾经这样评价:

“如此受人尊敬,任何赞同都是多余的,任何赞扬都是一种稀释。”[92]

5. 这本《学说汇纂教科书》——和温德沙伊德其他作品一样——使用了清晰的语言,保持了思想的领先性,包含了有力的构思和说理。[93]温德沙伊德用德语表达法律术语的努力也很明显。[94]他曾明确强调,希望自己的作品能为罗马法的德语化作出贡献。[95]也有批评认为,该书由于缺少例证有时显得过于抽象,因此表达得有些难以理解。这本书读起来和一本小说读起来完全不同。[96]

6. 另一方面，温德沙伊德的学说汇纂法在某些方面有些落后——尽管在罗马法的适用中适应当代现实方面具有一定的现代性。他认为法学的使命只是将罗马法现代化。对温德沙伊德而言，罗马法构成民法制度的理想模式。[97]他仍然明确否认把罗马法作为抽象法思想的化身。[98]他甚至强调，必须要把罗马法的特殊的罗马的部分排除出去，必须把它置于当代法意识中。[99]在这方面他追随了萨维尼的思想。[100]

五、罗马法的处理：温德沙伊德与罗马法的“纯洁化”

（一）“纯洁化”的概念

19 世纪中叶，学说汇纂法学在关于罗马法的形式影响和实质意义的辩论中的目的是，在统一的民族的民法典中吸收罗马法。“纯洁化”这一深受温德沙伊德影响的概念包含了“打开、排斥、剔除已经坏死和陈旧的部分”的任务。最重要的任务就是清理流传下来的罗马法，尤其是澄清和清除不再有效的法律规范［所谓的“内部纯洁化”（innere Reinigung）］。随后就提出了将纯洁化过的罗马法和——同样纯洁化过的——日耳曼法结合为统一的德国法的问题。［所谓的“外部纯洁化”（äußere Reinigung）或者法统一化］。学说汇纂法学家大多只讨论内部纯洁化问题，关于外部纯洁化问题，只有耶林（*Jhering*）[101]详细阐明了态度；萨维尼和温德沙伊德对此只是稍微提及并且采取了非常克制的立场。法学家之间存在许多不一致之处。[102]

对于罗马法的纯洁化，温德沙伊德如此理解：

> “将罗马法按照民族意识标准进行衡量，排除与其作为德国法相抵触、相矛盾的部分。”[103]

这也就意味着，罗马法应当按照交易要求和德意志人民的民族特性进行调整。[104]

温德沙伊德认为纯洁化是法学家的职责；它涉及科学使命；温德沙伊德试图在其《学说汇纂教科书》中完成这一使命。[105]因此他将自己限定在《民法大全》；为了纯洁化的使命，他排除了同样属于学说汇纂法的其他法领域。[106]与此相关者，还应提及的是，温德沙伊德将纯洁化与通过（司法）实务、通过习惯法和通过立法者的对法的改变相区别。[107]

（二）温德沙伊德的纯洁化过程

1. 作为对法的科学加工的第一步，温德沙伊德认为应当进行解释，首先是语法解释，其次是逻辑解释，由此达到立法者旨在实现的解决方案。其中，温德沙伊德认为任何解释都是从语法出发的。如果该方法不能产生结果，解释者就应"设身处地地考虑立法者的精神"。[108]科学讨论中应当发展通过解释获得的概念。法规范作为思维要素概要的表现，其组成部分必须可以分解。温德沙伊德是这样阐述其理由的：

"很明显，从对与其规范相衔接的法律概念的完整理解可以表明法的真正体系。"[109]

2. 紧接着的下一步就是将所获得的知识"放在民族法意识的天平上进行衡量"；这构成纯洁化问题的标准。[110]民族法意识的理由符合当时的民族主义。这里可以清楚表明，温德沙伊德不仅仅只是从实用性的角度将法制度进行挑选淘汰。[111]以民族法意识进行衡量是罗马法的真正纯洁化。根据该见解，温德沙伊德对学说汇纂法学家采取了一种承认法律进展的广大空间的立场。[112]温德沙伊德的见解是，通过立法者、习惯法和实务对法的改变表明了民族性角度的标准。[113]

（三）概念的德语化

与民族思想相关，温德沙伊德力求概念德语化意义上的概念纯洁化；这是建立德国法学的一种适当手段。[114]德语化之后，将完成从罗马法的解放——如果在德国不再讨论罗马法。十分重要的是：

“德意志人民不再用外语谈论其法律。”[115]

只有以这种方式才能在德国确立大众的法。[116]只有在不能将概念翻译成德语的情况下，才可以保留罗马法的概念。[117]这里同样表现了温德沙伊德所处时代的民族主义和学说汇纂法学派学说的“民族政治使命”。在一定程度上可以说，《德国民法典》通过之前人们就已经通过学说汇纂法学已经开始了法统一化。[118]

（四）温德沙伊德和作为“外部纯洁化”的法律统一

温德沙伊德只在很少情况下发表自己对法统一化的意见。罗马法和日耳曼法统一化的目标应当是，有朝一日“德意志法学家不再是德意志法意识的看护人。”[119]只有论及排斥罗马法的习惯法形成时，他的《学说汇纂教科书》才偶尔提及日耳曼法，如继承契约问题。[120]

（五）罗马法纯洁化的例子

自然有一个问题需要提出，温德沙伊德关于罗马法纯洁化涉及哪些具体的例子。立即可以排除的是他关于法国法的论文。同样情形还有他涉及下列内容的作品：前提学说、[121]条件满足的效果、[122]《韦勒雅元老院决议》（Senatus Consultum Velleianum）的原则、[123]孳息正当占有人的权利。这些作品只是从法史的角度处理罗马法，并不涉及罗马法在普通法中的可适用性问题。[124]可以考虑作为例子的主要是他的《学说汇纂教科书》。温德沙伊德在该书中有153处涉及罗马法现代化问题。[125]

1. 事先应当说明的是,温德沙伊德的出发点是应当全部接受《民法大全》的论点。因此,他像对待制定法法典一样彻底研究了《民法大全》,直接从《民法大全》大量攫取相关内容,而对普通法文献的态度则完全不同。[126]关于通过习惯法进行废除的证明,他也是从罗马法继续适用出发的。[127]

2. 根据温德沙伊德的见解,要式口约、婚姻赠与、期限和遗产让与的形式属于罗马法的规则,但不属于普通法的组成部分。根据温德沙伊德的见解,许多制度都经过实践而发生了变化,例如,回复原状的期限、非自愿免除、婚前子女(Brautkindern)的继承权(das Erbrecht von Brautkindern)、补偿义务(die Kollationspflicht)[由"提出义务"(Beibringungspflicht)一词代替]、非婚生子女的特殊继承顺序、无效意思表示的宣誓强化、对女性的他人债务承担、基于法律规范的质权设定、库里亚(Curia)、大学和贫民组织的继承权。温德沙伊德认为几十个法制度都是经习惯法改变过的罗马法,例如对下列制度的允许:代理、古旧的消灭时效、契约形式、物的权利关系、让与、利益第三人契约、扶养债务、嫁资、提前再婚的损失、遗嘱执行人、继承契约和通过契约的遗赠。立法者,不论是1871年德意志帝国的立法者,还是单独国家的立法者,对于很多法制度都促成了变动,例如,私人刑罚、不法行为请求权、司法救助障碍、非正当程序、侮辱、《阿奎利亚法》(Lex Aquilia)的价值计算、法定继承顺序、遗嘱能力、通奸的处罚、离婚。例如,《民事诉讼法》(ZPO)排除了裁判质权,主张改变买卖情形的裁判质物、证明规则、履行的证明、怠于监护的惩罚、债权人减少等。

3. 根据温德沙伊德的解释,被改变过的法制度还可列举如下:债务更新、担保契约、不履行的返还请求权、利息请求权、和解的要式性、保证、用益权的债法负担、缔约的文书形式、诈欺之诉(actio de

dolo)、物件返还的遗产关系、给付地点、遗产(Hereditas)和遗产占有(die bonorum possessio)。

4. 一方面,温德沙伊德表明自己对非罗马的法制度——例如承认非财产法债权——是开明的;另一方面,他同时又坚持某些在当时已经完全陌生的制度,例如,回复原状、捐赠权(Dotalrecht)、优士丁尼困境继承法的个别条款。[128]

六、温德沙伊德关于某些法律问题的立场

温德沙伊德对各个方面所发表的科学意见如此丰富,这就要求我们在这里必须进行一些限制。在这一意义上,下文将讨论几个特别值得注意的观点。

(一)法作为合道德的世界秩序的基础

温德沙伊德把法和法律不仅仅作为表现出来的立法者的思想表示;对他来说,法是"合道德的世界秩序的基础。"他看到了法背后的在立法者理性意志意义上的,而不是自然法的客观意义上的,民族理性;他认为这是失败的。在他的眼中,现实的法历史长成,并且继续发展。因此,理想——衡平法(aequum ius,只有它才是真正的法)——本来是不可到达的,衡量现行法不能以实现理想为标准,而只能以其与理想的接近程度为标准。对温德沙伊德而言,全部法的最高价值是文化。[129]

(二)裁判和法学的使命

1. 1884年温德沙伊德的论文"法学的使命"可以看作科学实证主义的结束语。[130]他包含法学是实践科学的论述,开始转而反对自然法、法哲学和法史。根据温德沙伊德的见解,在与立法者的关系中,

法学只具有服务于立法者的特性:如果仅仅表现为接受既有法,法学就只是解释立法者的思想、向立法者提供概念并参与决定未来立法的形式和内容。温德沙伊德强调,法律解释不仅仅有助于查明可由经验验证的立法者实际意思,还包含着法、抽出法律的思想、完成对未完成思想的思考。此外,允许法官按照法整体的精神填补漏洞,从而通过这种法继续发展“整体法秩序的真正思想”。[131]对温德沙伊德而言,揭示该思想是法学家可以进行的活动的最大限度;该限度在强调立法者思想和加入自己思想之间变动。[132]创设具有政治意义的新的法规范则“不是这样的法学家应该做的事。”温德沙伊德举出的例子有离婚、营业自由、社会保险和支票法。后来,人们把所有这些都判定是科学实证主义的。问题在于,温德沙伊德以此否认了法学家对“政治和社会事务的职能”。[133]任何规范,只要有效,就应遵从,这一论述被认为是法律实证主义。[134]这一论述在19世纪和20世纪被修改了很多。[135]

2. 该学说的背景在于关于受(学说汇纂)法学指导的法官的论述。按照当时的见解,只有“在法的严格轨道上徜徉的”法官保障正义;当时在概念拘束和法律拘束之间存在紧密联系。与此相适应,温德沙伊德在其教科书中总是将法院裁判作为次要问题。很明显,对文献的讨论处于中心地位。按照当时的观点,法官受到法律的约束,或者在欠缺法律的情形受到中性概念构成的逻辑结果的约束。只是在该意义上,温德沙伊德才提出建议,认为应当将法与历史联系相脱离,并以实践为目标进行处理。[136]这与当时学说汇纂学说相一致,即把法官的活动看作只是单纯的涵摄(Subsumtion),也就是一个逻辑行为。该学说下法官受严格约束,根据当时的意见,这是为了保障法的安全性和可预见性以及法官的中立性。通过使法官受到固定的、获得公众同意并可以检验的原理的约束,可以抑制自私自利的政治、社会和经济利益的相互冲突。在这一意义上，自己负责的科学的法律学所具有的中立性就具有直接的正义功能。[137]

此外，温德沙伊德的论述还为在法状况不充分的情形提供救济是立法者唯一职责的观点提供了基础。至此还应指出，他否定与适用现行规定不相适应的请求权。[138]在此意义上，温德沙伊德明确反对诸如根据物之性质或者交易要求创设的权利或者将权利与衡平相混淆。[139]这种情况下应当注意，如果法律本身诉诸诚实信用或者衡平等法律之外，该观点就不能一以贯之。这就需要考虑法官的个人评价了。[140]

3. 在描述该见解过程中，温德沙伊德对当时立法计划没有表明任何态度，也没有撰写任何法政治的作品。[141]

（三）温德沙伊德关于立法者立法活动的论述

关于立法活动，温德沙伊德从未表示过好态度。他仅仅强调，立法者必须注意历史联系和过去的经验。他有时也否定某些规则，理由在于它们不属于法学家的职责范围，而是属于国民经济学家的范畴，如对于支票法。当时非常流行这种法律学和国民经济学之间的区分。由此导致的结果之一是，他曾经——在关于《德国民法典第一草案》的一般辩论之前——认为处理立法问题因为是非科学的所以非常糟糕。这一见解降低了温德沙伊德作为立法者的能力。可以想象，他只能表达既有法，而没有实质性进步并且没有新形成。[142]

（四）温德沙伊德与交易保护思想

温德沙伊德非常不赞成交易保护方面的权衡。他表示，关于该权衡没有充分说明，例如，某人授予他人不受限制的意定代理权，只是以内部关系的指示对它予以限制，该人不对代理人超越内部关系缔结的法律行为负责。他把交易保护的要求作为个别的妥协。因此,他认为对于过失发出错误意思表示的一方当事人,如果是重过失就应负履行义务,如果是轻过失只应负损害赔偿义务,但这在罗马法渊源并无依据。温德沙伊德对交易保护持否定立场的理由在于,他在这里试图重新发现一般思想,然后得出结果,但该一般化的结果令人难以理解。他持否定立场的另一个理由是希望有尽可能大的法安全。[143]

(五)他对自然法持否定态度

与19世纪的法实证主义相适应,温德沙伊德将法院裁判作为纯粹的思维过程,该过程不受节奏感或者思维感的影响;法律政策不属于法学家的职责。[144]

七、温德沙伊德对《德国民法典》制定的影响[145]

(一)《德国民法典》的制定

如前所述,德意志帝国创立后将法统一作为其首要任务。民法典的创设工作却直到帝国被分派获得相应的立法权限后才开始。帝国宪法最初并未规定相关权限。1873年12月20日帝国法律是根据帝国众议院议员约翰内斯·米奎尔(*Johannes Miquel*)和爱德华·拉斯克(*Eduard Lasker*)的立法建议颁行的。该法之后,1871年帝国宪法作如下修正,现在帝国可以制定"关于一般民法、刑法和诉讼程序法的一般立法",同时就开始了颁布帝国统一民法典的预备工作。由5人组成的预备委员会完成预备工作后,由11人组成的第一委员会于1874年开始工作,1884年公布《德国民法典第一草案》。[146]此后,第二委员会于1895年公布第二草案,[147]第三委员会于1896年公布第三草案。[148]《德国民法典》最终于1896年8月18日公布,根据《民法典施行法》(EGBGB)第1条,于1900年1月1日生效。[149]

(二)温德沙伊德对第一委员会的参与

第一委员会从1874年至1881年10月只是在每年秋季开几个星期的会。1881年10月开始进行协商。温德沙伊德参加了所有会议和协商。这一时期主要就总则和债的关系法的大部分进行协商。[150]

1. 温德沙伊德由巴登州任命为成员。他参加在柏林的《民法典第一草案》协商总共只有两年(1880年至1882年),但从1874年起至1882年一直是第一委员会成员。在前面提到的两年时间,他甚至把全家都搬到了柏林。第一草案总则部分完成后,他又重新回到莱比锡进行其教学工作,这就中断了协商工作。[151]但他与委员会继续保持联系。[152]他撤回的理由是他感到自己对于莱比锡大学有义务重新进行教学工作。看不出他对谈判过程——当时对此有些谣传——有不满意之处。[153]

2. 温德沙伊德是第一位委员会中为数不多的"纯理论的学者"。[154]他只是一名普通的成员,而不是委员会的主席。他与委员会主席帕佩(*Pape*)和普朗克都是朋友。[155]帕佩对温德沙伊德从委员会撤回特别表示遗憾。[156]

(三)温德沙伊德对第一委员会工作和第一草案的影响

1. 关于温德沙伊德对《德国民法典》的影响问题,应当区分为两个问题,他对第一草案的影响如何?它对《德国民法典》的影响如何?温德沙伊德在1887年第一草案完成后就离开了协商工作。此后,第一草案又在现代社会主义和日耳曼主义思潮影响下几经改变。[157]《德国民法典》生效后,对法典起先的攻击不复存在;他于1892年逝世。[158]

2. 第一草案遭到了强烈反对，例如，认为该草案忽视了大众的——德意志的法习惯、脱离生活等。[159]还应当提出的是，该草案既不是德意志的，也不是大众的，而是“学说汇纂体系提出来的法律条文”。[160]应当注意的是，第一委员会不可能再考虑其工作完成后不久开始的所谓社会福利时代。[161]

3. 鉴于温德沙伊德的崇高威望，因此，他在第一委员会的个人影响应当比较大。[162]因此，可以在第一草案中发现诸如其前提学说的开场白（第742条至第744条）[163]——尽管否定意见很多。[164]对于在第一委员会中究竟是温德沙伊德还是帕佩影响最大这一问题，直到今天都很难说清楚。[165]

协商工作中，温德沙伊德的批评总是非常客观。如果有其他见解能说服他，他绝对愿意放弃自己的见解。他之所以产生巨大影响，还因为他的人格，因为他在与人交往中的和蔼方式。[166]温德沙伊德在委员会中产生重要影响，不仅仅归因于他的《学说汇纂教科书》，[167]还因为他对普通法的丰富知识；这确实构成了法典编纂的主要基础。[168]他有一个愿望，希望他的《学说汇纂教科书》能和其他教科书一样能对民法典的制定“发挥并非无足轻重的直接或者间接影响”，[169]该愿望最终得以实现了。他的影响不仅仅是其《学说汇纂教科书》，这一点还表现在诸如草案接受了他的前提学说。

4. 温德沙伊德同时代的人也认为他对第一草案影响巨大。可用以说明这一点的是，对第一草案的批评同时也包含对温德沙伊德的批评。应当说明的是，温德沙伊德应当对第一草案较少日耳曼法特点负责。[170]但这不能掩盖温德沙伊德赞赏日耳曼法原则的意义，[171]也就是说，关于原则，其渊源还在日耳曼法。温德沙伊德对第一草案的影响如此之大，以至于他的反对者奥托·贝尔（*Otto Bähr*）（帝国法院参事）表示，第一草案是一部逐条编写的小温德沙伊德。[172]较之丁关于温德沙伊德影响的其他表示，该表述更加清楚简要。[173]这一重大影响使得维亚克尔(*Wieacker*)表示，支持或者反对第一草案者所能说的一切，也就是支持或者反对温德沙伊德者本人所能说的一切。[174]

5. 对于作出评价重要的是，不管是第一草案还是后来的《德国民法典》，都是以19世纪的学说汇纂的学说为指导，这一点在做出评价时十分重要。温德沙伊德曾经被当作并且仍被作为该学说的代表者。将《德国民法典》的编辑者回归到学说汇纂法学及其卓越的代表人物温德沙伊德的学说，这是因为学说汇纂学说所提供的不仅仅是制度或者体系，还包括统一的法律培训和法律进展。[175]在这一意义上，以下的话完全正确：

"'学说汇纂'的所有特征也就是《德国民法典第一草案》中占优势的东西；因此完全是学说汇纂法学成员在现行民法中的表现。我们或者称赞它或者提出反对意见，其中好的部分应当归于温德沙伊德……"[176]

温德沙伊德的影响首先表现在，立法者试图将大量情形通过一般形成的法律规范事先规制。[177]尤其是第一草案的债的关系法的总则部分，深深受到其学说支配，就像他在《学说汇纂教科书》中所写的那样。[178]

(四)温德沙伊德对《德国民法典》之所以如此的影响

如前所述，温德沙伊德并未参加草案的进一步协商。[179]这就限制了他的影响，特别是草案接受了更多德意志法思想。另一方面，第二委员会坚持了由他发展起来的对法素材的处理方式。[180]《德国民法典》还保留着相应的痕迹，[181]也就说在这方面保留了第一草案的文本。在这一意义上可以说，《德国民法典》本身

"在无数多的方面都体现着温德沙伊德精神的标志，它本质上是

当时我们的私法学的真实写照,而我们的私法学在他(即温德沙伊德——作者注)对学说汇纂的论述中达到了巅峰和终点。"[182]

温德沙伊德尤其对《德国民法典》的内在形式和语言方面产生了深深的影响。例如,他在自己的《学说汇纂教科书》中就已经使用了《德国民法典》中使用的德语法律术语。[183]尽管《德国民法典》也进行了法律概念的德语化,但还是因为其抽象的法律语言而被认为不通俗;在一方面对第一草案的批评同样适用于《德国民法典》。[184]

《德国民法典》是当时法技术的表现。温德沙伊德也辩护认为,《德国民法典》符合了该技术,因此他承认其价值:《德国民法典》不应只是包含一般思想,而是应将该思想以尽可能简单清楚的法规范表现出来。另一方面,该法规范构成协调的、没有矛盾的整体。这是受温德沙伊德所注意一个重点。[185]

《德国民法典》接受了温德沙伊德的请求权概念,这进一步表明温德沙伊德对《德国民法典》所起的作用,当然也不能高估这一作用。[186]这再次表明,如果将温德沙伊德对《德国民法典》的影响仅仅归结为其《学说汇纂教科书》,那么,这种估计就有些过于简单了。

八、温德沙伊德的科学方法

除了上文关于罗马法所用纯洁化的方法外,温德沙伊德的法学方法还有其他特征。

(一)概念法学

1. 不管是在关于法国私法研究中,还是在关于普通法的研究中,温德沙伊德尽力说明重要的基本概念。在这里,他采用了最初由萨维尼使用的方法:渊源研究应当考察文献中概念的变迁。然后严格界定概念——要考虑实务中的语言使用,只要它是这样逐渐形成的。

他认为法概念是完全独立于其经验基础。他向语言学家那样在纯粹逻辑意义上进行简化。他追求的是概念的准确性。[187]渊源注释表明了温德沙伊德对语言学的兴趣——他曾有一段时间考虑由学习法律转而学习语言学。

2. 与定义相联系,还应当再次强调温德沙伊德对尽可能将法概念转变为德语所作出的努力。

3. 这种对概念界定的追求被称为概念法学。甚至可以说,概念法学与温德沙伊德本人密不可分。[188]需要注意,并不是他创立了概念法学。在萨维尼关于法的内在生活限制学说中,就已经可以发现该学说的萌芽。[189]使概念法学达到巅峰的,既不是萨维尼,也不是温德沙伊德,而是萨维尼的学生格奥尔格·弗里德里希·普赫塔。根据普赫塔的见解,法学的使命在于将法规范体系化排列,以至于能够向下直至各个细节。[190]

4. 尽管概念构成具有很多优点,但也不能忽视通过这种方式并不能实现私法的"社会使命"[191]的问题。[192]对此只能以放弃社会现实联系进行说明。[193]

(二)民法体系的创建

1. 在温德沙伊德的作品中,尤其是在他的《学说汇纂教科书》中,非常明显地表现了系统描述法素材的使命。这里涉及 18 世纪以来自然法影响下的法学使命问题。隐藏在背后的是实证主义思想。这一技术过程如下:将现代罗马法素材——也就是流传下来的罗马法——这样处理,以使法学家成功地从实证法承认的最高规范走向具体概念和任何具体裁判合乎逻辑、不间断地发展,从而以这种方式将所有法素材整理成为一个没有漏洞的法规范体系或者制度。温德沙伊德比其他人更坚决地断绝了与罗马法历史前提的联系。他在各个细节上都坚持着将所有法素材以没有漏洞的方式编为体系的思想。[194]“很明显,把法律概念完全包括,就可以产生出规范之间内部配套的法的真正体系。”[195]即使温德沙伊德没有明确表示,他也已经成功地建立了普赫塔所熟悉的概念金字塔。[196]换言之,概念法学与体系化思想密不可分地联系在一起。

2. 评价温德沙伊德的方法必须强调的是,体系化思想和所有学说汇纂法学的概念构成和德国私法学说都是特有的。这里涉及的并不是温德沙伊德的特点。例如,《德国民法典》颁布之前的学说汇纂法学认为,通过体系框架内正确的概念构成,所有以《民法大全》为基础的只能想象出的情形都可以正确的——在公正的意义上——进行裁判。[197]其目标是,从法学的体系、概念和学说命题中推导出法规范及其适用,没有这些就必须回归到法学之外的某些方面。[198]这种方法被称为实证主义。很明显,体系化思维与概念法学二者总是如影随形不可分离。[199]

德国私法学说被作为是与学说汇纂法学相反的运动而确立的,它尽力创设一套德国私法体系。德国私法学说刚好清楚地表明,实证主义和概念法学是当时法学的一般表现。为反对概念法学和体系化思维而可能进行的批评,并不仅仅是为了反对温德沙伊德,同时也是为了反对概念法学的其他代表人。

温德沙伊德概念法学思想所受到的批评,错误认识了当时的论述。按照当时法学的论述,法官受概念的约束,这是由处于中立地位的法学预先规定好的——当然,即使是在温德沙伊德在世时这也与当时现实不符,因此就存在法学不可信的危险。当时的法学认为,法官自己可以通过逻辑正确的概念适用对创设适当生活秩序作出其贡献,就此而言,这些批评有一定的道理。[200]实证主义最终失败了,这是由于法官只有进行已经认识清楚的活动并得出结论才是合理的。因此禁止法官从事任何创造性活动。对放弃负责和法官活动进行批评的问题在于，不仅仅温德沙伊德的论述值得怀疑，而且他那个时代所有论述都值得怀疑。[201]因此，学说汇纂教科书的方法论在今天不应再获得任何意义，尤其是温德沙伊德的方法只是在上文提到的批评的法律观的框架内才有其意义。[202]对于学说汇纂学说一般应该说，可以简单地视而不见，不管是他的评价原则还是社会和政治决定都具有可以清楚说明 19 世纪大陆法国家司法裁判中的宪法观点的中立性。[203]

（三）思维“结构”

温德沙伊德在其早期作品中就已经阐述了所谓的思维“结构”。他发展了一种思维结构，首先在理论上解决一个问题，然后然后将发展出来的解决方案排列入现行学说汇纂法中。例如，温德沙伊德将前提学说就作为是纯粹由思维结构发现的。温德沙伊德关于诉权的书就是一个很好的例子，它可以说明温德沙伊德已经认识了明显的体系化知识外，还有一部分认识到了法律政策知识。[204]

九、温德沙伊德对当时和当代私法学的意义

1. 我们已经提到过，概念法学与体系化思维是当时的表现形式，只有将二者联系起来才能理解它们。它们并不构成任何由温德沙伊德单独代表的法制度。

2. 对于处理温德沙伊德与同时代人的关系问题很重要的一个问题是，它如何对待曾经处于统治地位的历史法学派。他自己是拥护历史法学派的。[205]他一直是其老师萨维尼的追随者，并把萨维尼作为自己在科学上学习的典范。[206]与此相适应，他曾经有过法是历史的产物的论述。另一方面，他认为法史的价值只是法学的特定价值，它只

限于"对未来的法的认识做出某种贡献"。[207]这一见解也许表明，温德沙伊德有意识地使自己不同于其他从事法史研究的罗马法学家。[208]因此可以把温德沙伊德看作历史法学派的"左翼"。[209]因此，他在自己的《学说汇纂教科书》中很少分析法的历史发展。此外，与19世纪的其他法学家相比，温德沙伊德更强烈地支持通过《德国民法典》实现的法统一。因此，他采取了特有的双重立场。[210]在一定程度上可以把他看作"历史法学派中年轻的、具有进步倾向的首席发言人"，[211]由于去世前不久他曾经补充过格奥尔格·贝泽勒（*Georg Beseler*）的见解，因此他被归入日耳曼化的日耳曼法学家。[212]温德沙伊德关于法史的见解被同时代的人认为"非常有独创性。"[213]

3. 温德沙伊德生前在国外被认为是德国法学中的领军人物；在德国他也同样受人尊重。[214]例如，从耶林开始就承认温德沙伊德是19世纪后半叶学说汇纂法学家中的领军人物。[215]温德沙伊德作品全集被认为是创造了民法典的学说汇纂法学精神的表现。[216]他的作品"几乎毫无例外地"被作为是"德国学者作品的杰作和典范"。[217]

温德沙伊德对他那个时代法学的意义，通过以下几段令人难忘的引语可见一斑：

"法学，也就是学说汇纂——学说汇纂，也就是温德沙伊德。"[218]

"直到今天，温德沙伊德即使不被认为是最优秀的学说汇纂法学家，至少也应被认为是最优秀的学说汇纂法学家之一。"[219]

"在成果的常规传播和对当时法文化、立法的主要影响方面，如果不考虑独创性、独特性和多产性而只考虑严格的实事求是精神，多数人都在伯恩哈德·温德沙伊德（1817年至1892年）之后。"[220]

温德沙伊德的意义主要不是因为有大量作品，而是因为对实务和立法的巨大影响——这方面他明显胜过萨维尼——特别是通过他的《学说汇纂教科书》产生的影响。[221]另一方面，他自从该书出版时起就视其为重大成果。因此,如果将他的意义仅仅归结为其中某一方面,就有些太过狭隘了。[222]

4. 由温德沙伊德发展起来的前提学说表明,温德沙伊德学术活动不限于收集整理既有法,而是走了一条自己的路。[223]该学说直到今天对于交易基础丧失法律制度都具有意义,这一点上文已经提及。这一点同样适用于由他创造的请求权的概念。温德沙伊德对德国私法中这两项法律制度都产生了重要影响。

5. 即使在法政治方面没有任何论文,温德沙伊德同样也对法政治领域产生许多影响:如通过创造请求权的概念或者通过法概念的德语化。[224]较之于其他同类作品,他的《学说汇纂教科书》对法统一化以及普通法的法典化、《德国民法典》等都做出了更大贡献。[225]

6. 温德沙伊德的贡献不仅仅在于普通法的法典化和法统一化。通过为《德国民法典》的体系奠定基础,他影响了《德国民法典》,进而又对未来德国私法产生了影响。

7. 通过在体系内严格选择素材并将他们进行整理的工作,温德沙伊德应当被视为最有影响的概念法学家和体系化论者之一。[226]温德沙伊德对今天私法学的影响,也就是其理论的直接影响,自然比不上他对《德国民法典》的影响大。温德沙伊德主张研究立法者和法律制度的真实思想,并且反对所有超越这些内容者,如果结合罗马法的特点,较之于对现代立法尚能发生的作用,该论点就显得有些过于狭隘了。[227]

注释

1 弗里德里希·卡尔·冯·萨维尼(1779 年至 1861 年),此处参见,格·克莱茵海尔(*G. Kleinheye*)/扬·施罗德(*J. Schröder*)编《500 年来的德国法学家》

(Deutsche Juristen aus fünf Jahrhunderten),卡尔斯鲁厄(Karlsruhe)/海德堡(Heidelberg),1976 年,第 230 页以下。

2 关于温德沙伊德的成长经历,参见,克恩(*B. – R. Kern*),"约瑟夫·胡贝特·伯恩哈德·温德沙伊德"(Windscheid, Josef Hubert Bernhard),载阿达尔贝特·埃勒尔(*Adalbert Erler*)/埃克哈德·考夫曼(*Ekkehard Kaufmann*)编《德国法史词典》Handwörterbuch der Deutschen Rechtsgeschichte),第 5 卷(1998 年),第 1442 栏至第 1446 栏(第 1442 栏),于尔根·奥伯(*Jürgen Ober*),"伯恩哈德·温德沙伊德和罗马法的纯洁化"(Bernhard Windscheid und die Reinigung des römischen Rechts),科隆大学博士学位论文,1989 年,第 11 页以下;保罗·厄尔特曼(*Paul Oertmann*),"法学家温德沙伊德"(Windscheid als Jurist),载保罗·厄尔特曼编《伯恩哈德·温德沙伊德的演讲与文章汇编》(Bernhard Windscheids gesammelte Reden und Abhandlungen),第 21 页以下;弗朗茨·维亚克尔(*Franz Wieacker*),《创始人与守护人》(Gründer und Bewahrer),哥廷根(Göttingen),1959 年,第 181 页(第 181 页以下);埃里克·沃尔夫(*Erik Wolf*),《德国人文史中伟大的法思想家》(Große Rechtsdenker der deutschen Geistesgeschichte),第 4 版,图宾根(Tübingen),1963 年,第 591 页至第 621 页(第 595 页)。上文提到的词典,以下简称《德国法史词典(HRG)》。

3 保·厄尔特曼,《法学家温德沙伊德》,(注 2),第 21 页(第 26 页)。

4 马克斯·吕梅林(*Max Rümelin*),《伯恩哈德·温德沙伊德及其对私法和私法学的影响》(Bernhard Windscheid und sein Einfluss auf Privatrecht und Privatrechtswissenschaft),图宾根,1907 年,第 8 页及下页;又见,弗·维亚克尔,《创始人与守护人》(注 2),第 181 页(第 182 页),强调了温德沙伊德的责任感。

5 马·吕梅林,《温德沙伊德及其影响》(注 4),第 10 页及下页:吕梅林听说温德沙伊德正式地表示谴责,只有一次。

6 于·奥伯,"纯洁化"(注 2),第 12 页;埃·沃尔夫,《法思想家》(注 2),第 589 页。

7 尤其参见,里夏德·施密特(*Richard Schmidt*),"伯恩哈德·温德沙伊德(Bernhard Windscheid)",载《德国法学家报》(DJZ),1909 年,第 948 栏至第 951 栏(第 948 栏以下)。

8 保罗·厄尔特曼，“温德沙伊德的生平（Windscheids Lebensgang）”，载前引保·厄尔特曼编《伯恩哈德·温德沙伊德的演讲与文章汇编》，第9页以下（第18页）。

9 马·吕梅林，《温德沙伊德及其影响》（注4），第12页。

10 马·吕梅林，《温德沙伊德及其影响》（注4），第12页以下。

11 克恩，“温德沙伊德”（注2），第1443栏。

12 关于德意志帝国的建立，尤其参见，阿道夫·劳夫斯（*Adolf Laufs*），《德国法发展》（Rechtsentwicklungen in Deutschland），第5版，柏林/纽约（New York），1996年，第277页以下。1867年4月16日《北德意志同盟宪法》，参见，《联邦法律公报（BGBl）》，1867年，第2页以下；本文使用的是，胡贝尔（*E. R. Huber*），《文件》（Dokumente），第2卷，码198号（码187），第272页以下；1871年4月16日《德意志帝国宪法》，载《联邦法律公报》，1871年，第63页以下；本文使用的是胡贝尔，《文件》，第2卷，码261（码218），第384页以下。此外参见，相关记录。关于北德意志同盟、巴登州和黑森州就德意志联邦的成立所进行的协商以及接受1870年11月15日联邦宪法，载《联邦法律公报》，1870年，第650页，转引自，前引胡贝尔，码219（码198），第326页以下。关于1870年11月23日巴伐利亚州加入德意志联邦的联邦宪法，载《联邦法律公报》，1870年，第9页，转引自，前引胡贝尔，码220（码200），第329页以下；1870年11月23日巴伐利亚州参加联邦宪法的最后记录，载《联邦法律公报》，1871年，第23页，转引自，前引胡贝尔，码221（码201），第333页以下；北德同盟、巴登州、黑森州作为一方，符腾堡州作为另一方的契约，关于1870年11月25日符腾堡州加入德意志联邦的宪法，载《联邦法律公报》，1870年，第654页，转引自，前引胡贝尔，码223（码203），第336页以下；1873年6月25日阿尔萨斯——洛林采用德意志帝国宪法的法律，载《帝国法律公报》，1873年，第161页，转引自，前引胡贝尔，码280（码241），第448页及下页。

13 关于历史法学派的介绍，尤其参见，阿·劳夫斯，《德国法发展》（注2），第210页以下。

14 关于学说汇纂，尤其参见，克·卢伊格（*K. Luig*），“学说汇纂”（Pandekten），载《德国法史词典》，第3卷，第1417栏至第1422栏。

15 格奥尔格·弗里德里希·普赫塔(1798 年至 1846 年),关于普赫塔,尤其参见格·克莱茵海尔/扬·施罗德编《500 年来的德国法学家》(注 1),第 206 页以下。

16 格·弗·普赫塔,《学说汇纂》(Pandekten),第 9 版,莱比锡(Leipzig),1863 年他去世后由鲁多夫(*A. F. Rudorff*)编,第 2 节(§ 2)。

17 关于学说汇纂法学的一般介绍,尤其参见,克·卢伊格,“学说汇纂法学”(Pandektenwissenschaft),载《德国法史词典》,第 3 卷,第 1422 栏至第 1431 栏。

18 海因里希·米泰斯(*Heinrich Mitteis*)/海因茨·利贝里希(*Heinz Lieberich*),《德国法史》(Deutsche Rechtsgeschichte),第 19 版,慕尼黑(München),1992 年,第 469 页。

19 弗朗茨·维亚克尔,《近代私法史,特别考虑在德国的发展》(Privatrechtsgeschichte der Neuzeit unter besonderer Berücksichtigung der deutschen Entwicklung),第 2 版,哥廷根,1967 年,第 253 页以下。——此处列举不甚完全:路德维希·里特尔·冯·阿内斯贝格·阿恩茨(*Ludwig Ritter von Arnesberg Arndts*),《学说汇纂教科书》(Lehrbuch der Pandekten),第 5 版,慕尼黑,1865 年;阿洛伊斯·冯·布林茨(*Alois von Brinz*),《学说汇纂教科书》(Lehrbuch der Pandekten),第 1 部分,埃尔朗根(Erlangen),1857 年;安东·弗里德里希·尤斯图斯·蒂鲍特(*Anton Friedrich Justus Thibaut*),《学说汇纂法体系》(System des Pandekten – Rechts),第 1 卷,耶拿(Jena),1834 年;卡尔·阿道夫·冯·范格罗(*Karl Adolph von Vangerow*),《学说汇纂教科书》(Lehrbuch der Pandekten),3 卷本,第 9 版,马尔堡(Marburg)和莱比锡(Leipzig),1876 年;韦希特尔(*O. v. Wächter*),《学说汇纂》(Pandekten),2 卷本,莱比锡,1880 年,1881 年;伯·温德沙伊德(B. Windscheid),《学说汇纂法教科书》(Lehrbuch des Pandektenrechts),3 卷本,第 1 版,杜塞尔多夫(Düsseldorf),1862 年,1865 年,1870 年,第 2 版,杜塞尔多夫,1867 年,1869 年,1871 年,第 3 版,杜塞尔多夫,1874 年,第 4 版,杜塞尔多夫,1875 年,第 7 版,法兰克福,1891 年。

20 弗·维亚克尔,《私法史》(注 19),第 253 页。

21 关于德国私法,参加汉斯・蒂梅(*Hans Thieme*)的同名文章,载《德国法史词典》,第1卷,第702栏至第709栏,以及阿达尔贝特・埃勒尔(*Adalbert Erler*)的文章"日耳曼法学家"(Germanisten),载《德国法史词典》,第2卷,第1582栏至第1584栏。参见,格奥尔格・贝泽勒(*Georg Beseler*),《普通德国私法体系》(System des gemeinen deutschen Privatrechts),第2版,柏林,1866年;布伦奇利(*Bluntschli*),《德国私法》(Deutsches Privatrecht),第3版,慕尼黑,1864年;格贝尔(*C. F. von Gerber*),《以德意志帝国民法典草案为基础的德国私法体系》(System des Deutschen Privatrechts auf der Grundlage des Entwurfs eines bürgerlichen Gesetzbuchs für das Deutsche Reich neubearbeitet),第17版,耶拿,1895年:基尔克(*O. v. Gierke*),《德国私法》(Deutsches Privatrecht),莱比锡,1895年;卡尔・约瑟夫・安东・米特迈尔(*Carl Josef Anton Mittermaier*),《包括商法、票据法和海洋法的普通的德国私法原理》(Grundsätze des gemeinen deutschen Privatrechts mit Einschlu des Handels –, Wechsel – und Seerechts),23卷本,第7版,雷根斯堡(Regensburg),1847年;鲁道夫・许布纳(*Rudolf Hübner*),《德国私法基本特征》(Grundzüge des deutschen Privatrechts),莱比锡,1908年。

22 克・卢伊格,"学说汇纂法学"(注17),第1422栏(第1429栏)。

23 对此尤其参见,阿・劳夫斯,《德国法发展》(注2),第220页以下。

24 关于历史法学派,尤其参见,卡尔・克勒舍尔(*Karl Kroeschell*),《德国法史》(Deutsche Rechtsgeschichte),第3卷,第1650页,第3版,威斯巴登(Wiesbaden),2001年,第124页以下,同时参见,汉斯・蒂梅(*Hans Thieme*),"历史法学派"(Historische Rechtsschule),载《德国法史词典》,第2卷,第170栏至第172栏。

25 马・吕梅林,《温德沙伊德及其影响》(注4)第16页。——关于他在何种程度上作为历史法学派的代表,请参见下文。关于理性法的概念,尤其参见克・卢伊格,"理性法"(Vernunftrecht),载《德国法史词典》,第5卷,第781栏至第790栏。关于自然法的概念,参见,齐佩利乌斯(*R. Zippelius*)同名文章,载《德国法史词典》,第4卷,第933栏至第940栏。

26 参见,克・卢伊格,"学说汇纂法学"(注17),第1422栏(第1426栏)。

27 马·吕梅林,《温德沙伊德及其影响》(注4),第33页。

28 对温德沙伊德关于习惯法立场的批评,参见,马·吕梅林,《温德沙伊德及其影响》(注4),第33页。

29 马·吕梅林,《温德沙伊德及其影响》(注4),第16页及下页。值得怀疑的是,温德沙伊德是否曾经像康德(*Kant*)、黑格尔(*Hegel*)或者叔本华(*Schopenhauer*)那样曾经研究过大哲学。同时参见,埃·沃尔夫,《伟大的法思想家》(注2)。

30 转引自,马·吕梅林,《温德沙伊德及其影响》(注4),第17页。

31 伯·温德沙伊德,《学说汇纂教科书》(注19),第1卷第1节。

32 伯·温德沙伊德,《学说怀纂教科书》(注19),第1卷第4节、第5节。

33 伯·温德沙伊德,《学说汇纂教科书》(注19),第2节。

34 "以家父为目的设定的役权"(Über die Begründung der Servituten durch destination du père de famille),载《普鲁士莱茵省民刑法档案》(Archiv für das Civil – und Kriminalrecht der Preußischen Rheinprovinzen),第64卷(XLIV),第2部分B(2. Abt. B),第3页至第13页。"法国法中的迟延学说"[Die Lehre des französischen Rechts von der mora (Verzug, demeure)],同上,第17页至第19页。

35 克恩,"温德沙伊德"(注2),第1443栏。

36 关于莱茵地区法,尤其参见,贝克尔(*H. – J. Becker*),"莱茵地区法"(Rheinisches Recht),载《德国法史词典》,第1卷,第1021栏至第1026栏。

37 弗·维亚克尔,《创始人与守护人》(注2),第181页(第183页),正确地强调,几乎所有其他德国作品都主张适用学说汇纂法。

38 克·沃尔夫,《伟大的法思想家》(注2),第599页。

39 无名氏,转引自保·厄尔特曼《法学家温德沙伊德》(注2),第21页(第21页)。

40 克恩,"温德沙伊德"(注2),第1444栏。

41 格·克莱茵海尔/扬·施罗德,《德国法学家》(注1),第302页。

42 乌尔里希·法尔克(*Ulrich Falk*)如是说,"温德沙伊德这样的学者,对所谓概念法学阵地的调查"(Ein Gelehrter wie Windscheid, Erkundungen auf den Fel-

dern der sogenannten Begriffsjurisprudenz),载《普通法》(Ius Commune),美茵河畔法兰克福马克斯——普朗克欧洲法史研究所(Max - Planck - Instituts für Europäische Rechtsgeschichte Frankfurt am Main)出版物,特刊,《法史研究》(Studien zur Rechtsgeschichte),第 38 卷,美茵河畔法兰克福,1989 年,第 196 页。

43 乌·法尔克,"温德沙伊德这样的学者"(注 43),第 196 页。

44 伯·温德沙伊德,《学说汇纂教科书》(注 19),第 1 卷第 97 节注 2a。

45 弗·维亚克尔,《创始人与守护人》(注 2),第 181 页(第 183 页)。

46 保·厄尔特曼,《法学家温德沙伊德》(注 2),第 21 页(第 22 页)。

47 保·厄尔特曼,《法学家温德沙伊德》(注 2),第 21 页(第 22 页及下页)。

48 也就是外来语的"德语化"。

49 保·厄尔特曼,《法学家温德沙伊德》(注 2),第 21 页(第 22 页)。

50 克恩,"温德沙伊德"(注 2),第 1444 栏。

51 格·克莱茵海尔/扬·施罗德,《德国法学家》(注 1),第 303 页。

52 伯·温德沙伊德,"前提",载《民法实务档案》(AcP),第 78 卷(1892 年),第 161 页以下。同时参见,《演讲与文章汇编》(注 2),第 375 页以下(第 383 页)。

53 乌·法尔克,"温德沙伊德这样的学者"(注 43),第 197 页有详细说明。

54 伯·温德沙伊德,《关于前提的罗马法学说》,杜塞尔多夫,1850 年,第 5 页以下。

55 奥托·来纳尔(*Otto Lenel*),"(考虑民法典草案的)前提学说"[Die Lehre von der Voraussetzung (im Hinblick auf den Entwuf eines bürgerlichen Gesetzbuches)],载《民法实务档案》,第 74 卷(1889 年),第 213 页以下,第 226 页。相反见解,伯·温德沙伊德,"前提"(注 53);莱纳尔再次涉及该问题,奥·莱纳尔,"再论前提学说"(Nochmals die Lehre von der Voraussetzung),载《民法实务档案》,第 79 卷(1892 年),第 49 页以下。——莱纳尔被视为前提学说最严厉的批评者,参见,乌·法尔克,"温德沙伊德这样的学者"(注 43),第 1 页。

56 反对理由是否在于当时法学家世界中温德沙伊德式的学说的"个人——心

理”基础,对于这一问题完全不清楚,参见,保·厄尔特曼,《法学家温德沙伊德》(注2),第21页(第23页)。

57 乌·法尔克,“温德沙伊德这样的学者”(注43),第193页。

58 在这种情况下说“半胜利”是正确的,保·厄尔特曼,《法学家温德沙伊德》(注2),第21页(第23页)。——关于温德沙伊德对《德国民法典》的影响,同样可以参考。

59 尤其参见,乌·法尔克,“温德沙伊德这样的学者”(注43),第193页。

60 《帝国法院民事裁判集》(RGZ),第24卷,第169页以下(第170页)。

61 格·克莱茵海尔/扬·施罗德,《德国法学家》(注1),第303页。

62 厄尔特曼已经提到了这一点,参见,保·厄尔特曼,《法学家温德沙伊德》(注2),第21页(第22页)。

63 弗·维亚克尔,《创始人与守护人》(注2),第181页(第183页)。

64 伯·温德沙伊德,转引自,保·厄尔特曼,《法学家温德沙伊德》(注2),第21页(第24页)。

65 参见,伯·温德沙伊德,“诉权,回应特奥多尔·穆特博士”(Die actio. Abwehr gegen Dr. Theodor Muther),杜塞尔多夫,1857年,第86页。

66 埃·沃尔夫,《伟大的法思想家》(注2),第600页以下。

67 一般见解,参见,格·克莱茵海尔/扬·施罗德,《德国法学家》(注1),第302页;弗·维亚克尔,《创始人与守护人》(注2),第181页(第183业及下页);埃·沃尔夫,《伟大的法思想家》(注2),第601页。

68 弗·维亚克尔,《创始人与守护人》(注2),第181页(第184页)。

69 伯·温德沙伊德,“回应”(注66)。

70 转引自,埃·沃尔夫,《伟大的法思想家》(注2),第602页。

71 保·厄尔特曼,《法学家温德沙伊德》(注2),第21页(第24页)。

72 这是一般见解。参见,格·克来茵海尔/扬·施罗德,《德国法学家》(注1),第302页;保·厄尔特曼,《法学家温德沙伊德》(注2),第21页(第25页);弗·维亚克尔,《创始人与守护人》(注2),第181页(第183页);埃·沃尔夫,《伟大的法思想家》(注2),第601页。——保·厄尔特曼,《法学家温德沙伊德》(注2),第21页(第24页)早在1904年就已指出,温德沙伊德关于诉权的思路将成为共有财富。

73 埃·沃尔夫,《伟大的法思想家》(注2),第601页。

74 保·厄尔特曼,《法学家温德沙伊德》(注2),第21页(第25页)。

75 保·厄尔特曼,《法学家温德沙伊德》(注2),第21页(第25页)。

76 参见,弗·维亚克尔,《创始人与守护人》(注2),第181页(第184页)。

77 保·厄尔特曼,《法学家温德沙伊德》(注2),第21页(第24页)。

78 对此,下文将予分析。

79 对此参见,克恩,"温德沙伊德"(注2),第1443栏;格·克莱茵海尔/扬·施罗德,《德国法学家》,(注1),第301页。伯·温德沙伊德,《学说汇纂教科书》,3卷本,第1版,杜塞尔多夫,1862年,1865年,1870年;第2版,杜塞尔多夫,1867年,1869年,1871年;第3版,杜塞尔多夫,1874年;第4版,杜塞尔多夫,1875年,第7版,法兰克福,1891年。

80 第8版,法兰克福,1901年;第9版,法兰克福,1906年,1963年重印,阿伦(Aalen)。

81 格·克莱茵海尔/扬·施罗德,《德国法学家》(注1),第302页。

82 夫·维亚克尔,《创始人与守护人》(注2),第181页(第184页)。

83 对此参见,保·厄尔特曼,《法学家温德沙伊德》(注2),第21页(第25页);夫·维亚克尔,《创始人与守护人》(注2),第181页(第185页)。

84 夫·维亚克尔,《创始人与守护人》,(注2),第181页(第185页)。

85 弗·维亚克尔,《创始人与守护人》(注2),第181页(第185页)。同一作者,《私法史》(注19),第262页;格·克莱茵海尔/扬·施罗德,《德国法学家》(注1),第301页及下页。

86 弗·维亚克尔,《创始人与守护人》(注2),第181页(第186页);于·奥伯,《纯洁化》(注2),第23页。

87 弗·维亚克尔,《创始人与守护人》(注2),第181页(第185页及下页);同一作者,《私法史》(注19),第263页,第446页;于·奥伯,《纯洁化》(注2),第22页。

88 格·克莱茵海尔/扬·施罗德,《德国法学家》(注1),第302页。

89 弗·维亚克尔,《创始人与守护人》(注2),第181页(第186页及下页)。

90 马·吕梅林,《温德沙伊德及其影响》(注4),第4页以下。

91 马·吕梅林,《温德沙伊德及其影响》(注 4),第 4 页以下。

92 保·厄尔特曼,《法学家温德沙伊德》(注 2),第 21 页(第 25 页)。

93 保·厄尔特曼,《法学家温德沙伊德》(注 2),第 21 页(第 26 页)。

94 马·吕梅林,《温德沙伊德及其影响》(注 4),第 30 页以下。

95 伯·温德沙伊德,转引自,保·厄尔特曼,《法学家温德沙伊德》(注 2),第 21 页(第 32 页)。

96 保·厄尔特曼,《法学家温德沙伊德》(注 2),第 21 页(第 25 页)。

97 格·克莱茵海尔/扬·施罗德,《德国法学家》(注 1),第 303 页。

98 例如,伯·温德沙伊德,《当代法的立场的罗马民法的诉权》(Die *actio* des römischen Civilrechts vom Standpunkt des heutigen Rechts),杜塞尔多夫,1856 年,第 167 页。

99 伯·温德沙伊德,《诉权》(注 101),第 167 页和"前言"第 4 页。同一作者,"法与法学"(Recht und Rechtswissenschaft),[格雷夫斯瓦尔德大学演讲(Greifswalder Universitätsfestrede),1854 年]载《演讲与文章汇编》,第 3 页以下(第 19 页及下页);"罗马法在德国"(Das römische Recht in Deutschland)[不伦瑞克(Braunschweig)报告,1858 年],载《演讲与文章汇编》(注 2),第 25 页以下;同一作者,"回应穆特尔"(注 66),第 85 页;同一作者,"债中的单独继受"(Die Singularsuccession in Obligationen),载《批评概要之一》(Kritische Überschau 1)(1853 年),第 27 页以下,又见《演讲与文章汇编》(注 2),第 194 页。

100 马·吕梅林,《温德沙伊德及其影响》(注 4),第 30 页。

101 鲁道夫·冯·耶林(Rudolf von Jhering)(1818 年至 1892 年),对此尤其参见,格·克莱茵海尔/扬·施罗德,《德意志法学家》(注 1),第 134 页以下。

102 对此尤其参见,于·奥伯,《纯洁化》(注 2),第 30 页以下有详细说明。

103 伯·温德沙伊德,"单独继受"(注 99),第 194 页;相近观点,同一作者,《诉权》(注 101),第 4 页。

104 于·奥伯,《纯洁化》(注 2),第 63 页。

105 伯·温德沙伊德,"罗马法在德国"(注 99),第 46 页;同一作者,《学说汇纂教科书》(注 19),第 1 版"前言",第 2 页;于·奥伯,《纯洁化》(注 2),第 44 页。

106 于·奥伯,《纯洁化》(注 2),第 46 页。

107 以下详见,于·奥伯,《纯洁化》(注 2),第 57 页以下。

108 伯·温德沙伊德,《学说汇纂教科书》(注 19),第 1 卷第 21 节。

109 伯·温德沙伊德,《学说汇纂教科书》(注 19),第 1 卷第 21 节。

110 伯·温德沙伊德,“罗马法在德国”(注 99),第 46 页。

111 相关内容,于·奥伯,《纯洁化》(注 2),第 48 页及下页。

112 于·奥伯,《纯洁化》(注 2),第 64 页。

113 于·奥伯,《纯洁化》(注 2),第 49 页以下。

114 伯·温德沙伊德,“沉寂的遗产和财产法的人格”(Die ruhende Erbschaft und die vermögensrechtliche Persönlichkeit),载《批评概要之一》(1853 年),第 181 页以下(第 215 页);于·澳伯,《纯洁化》,第 53 页。

115 伯·温德沙伊德,《法和法学》(注 99),第 19 页。

116 伯·温德沙伊德,《诉权》(注 101),第 229 页。

117 于·奥伯,《纯洁化》(注 2),第 55 页。

118 弗·维亚克尔,《私法史》(注 19),第 258 页。

119 伯·温德沙伊德,“单独继受”(注 99),第 194 页。

120 伯·温德沙伊德,《学说汇纂教科书》(注 19),第 3 卷第 529 节;于·奥伯,《纯洁化》(注 2),第 56 页。

121 伯·温德沙伊德,《前提学说》(注 55)。

122 伯·温德沙伊德,“条件满足的效果”(Die Wirkung der erfüllten Bedingung),学术即兴作品(eine akademische Gelegenheitsschrift),巴塞尔(Basel),1851 年;同一作者,“论随意条件满足的效果”(über die Wirkung der erfüllten Potestativbedingung),载《民法实务档案》,第 35 卷(1852 年),第 51 页以下。

123 伯·温德沙伊德,“韦勒雅元老院决议的原则”(Ueber das Prinzip des SC. Velleianum),载《民法实务档案》,第 32 卷(1849 年),第 283 页以下。

124 于·奥伯,《纯洁化》(注 2),第 69 页。

125 对此参见,于·奥伯,《纯洁化》(注 2),第 65 页以下,第 93 页以下。

126 于·奥伯,《纯洁化》(注 2),第 22 页。同时参见,波·温德沙伊德,《学说汇纂教科书》(注 19),第 1 卷。

127 马·吕梅林,《温德沙伊德及其影响》(注 4),第 33 页。

128 马·吕梅林,《温德沙伊德及其影响》(注 4),第 31 页。

129 伯·温德沙伊德,"法与法学"(注 99),第 5 页以下。

130 弗·维亚克尔,《创始人与守护人》(注 2),第 181 页(第 192 页)。

131 转引自,马·吕梅林,《温德沙伊德及其影响》(注 4),第 22 页,附有批评。

132 马·吕梅林,《温德沙伊德及其影响》(注 4),第 23 页;伯·温德沙伊德,"法学的使命"(Die Aufgaben der Rechtswissenschaft)[1884 年莱比锡大学校长演讲(Leipziger Rektoratsrede 1884)],载《演讲与文章汇编》(注 2),第 100 页以下(第 111 页)。

133 弗·维亚克尔,《创始人与守护人》(注 2),第 181 页(第 192 页以下)。

134 弗·维亚克尔,《私法史》(注 19),第 432 页。

135 其他代表人物,参见,埃克哈德·考夫曼,"法实证主义"(Rechtspositivismus),载《德国法史词典》,第 4 卷,第 321 栏至第 325 栏(第 322 栏)。

136 弗·维亚克尔,《创始人与守护人》(注 2),第 181 页(第 193 页);于·奥伯,《纯洁化》(注 2),第 23 页。

137 弗·维亚克尔,《私法史》(注 19),第 256 页及下页。

138 马·吕梅林,《温德沙伊德及其影响》(注 4),第 25 页。

139 伯·温德沙伊德,《学说汇纂教科书》(注 19),第 22 节码 8;第 23 节 1a;第 28 节码 4。

140 马·吕梅林,《温德沙伊德及其影响》(注 4),第 25 页及下页。

141 保·厄尔特曼,《法学家温德沙伊德》(注 2),第 21 页(第 28 页)。

142 马·吕梅林,《温德沙伊德及其影响》(注 4),第 218 页以下有详细说明。

143 关于交易安全的阐述,马·吕梅林,《温德沙伊德及其影响》(注 4),第 31 页以下。

144 格·可莱茵海尔/扬·施罗德,《德国法学家》(注 1),第 303 页。

145 对此参见,戈·普朗克(*G. Planck*),"作为民法典工作人员的温德沙伊德"(Windscheid als Mitarbeiter am Bürgerlichen Gesetzbuche),载《德国法学家报》,1909 年,第 951 栏至第 954 栏。

146 《德意志帝国民法典一读草案》,联邦参议院任命的委员会编制,包括说明,官方版,1888 年。

147 《德意志帝国民法典二读草案》,根据编辑委员会决定。根据官方动议,1894 年。

148 《民法典草案和从属执行法以及法院组织法、民事诉讼法和破产法的相应变动》,根据联邦参议院草案的版本。根据官方动议,1898 年。

149 1896 年 8 月 16 日《民法典》,载《帝国法律公报》(RGBl.),1896 年,第 105 页至第 603 页。《民法典施行法》,载《帝国法律公报》,1896 年,第 604 页至第 650 页。—— 对此尤其参见,阿·劳夫斯,《德国法发展》(注 12),第 295 页以下。相关论述又见,阿·劳夫斯,"帝国制定一般民法典的权限的确立"(Die Begründung der Reichskompetenz für das gesamte bürgerliche Recht),载《法律教育》(JuS), 1973 年,第 740 页至第 744 页;汉斯 – 彼得·贝内尔(*Hans – Peter Benöhr*),"《德国民法典》的基础——1874 年预备委员会的鉴定"(Die Grundlage des BGB – das Gutachten der Vorkommission von 1874),载《法律教育》,1977 年,第 79 页至第 82 页。

150 戈·普朗克,《德国法学家报》,1909 年,第 951 栏(第 952 栏)。——关于《德国民法典》制定的详细论述,尤其参见,雅各布斯(*Jakobs*) – 舒伯特(*Schubert*),《民法典顾问第 1 卷:导论》(Die Beratung des BGB I: Einführung),1978 年。——相关的简介,可参见,瓦格纳(*E. Wagner*),"《民法典》100 年——100 年来《德国民法典》的制定、基础和发展"(Jahre Bürgerliches Gesetzbuch – Ein Überblick zur Entstehung, Grundlagen und Entwicklung des BGB),载《法学学习》(Jura),1999 年,第 505 页至第 515 页。

151 戈·普朗克,《德国法学家报》(注 150),1909 年,第 951 栏(第 953 栏);马·吕梅林,《温德沙伊德及其影响》(注 4),第 6 页和第 6 页注 3;弗·维亚克尔,《创始人和守护人》(注 2)。第 181 页(第 182 页)。——关于《德国民法典》协商工作的详细介绍,参见,霍斯特·海因里希·雅各布斯(*Horst Heinrich Jakobs*)/维而纳·舒伯特(*Werner Schubert*)编,《系统介绍未公布渊源的民法典顾问》(Die Beratung des Bürgerlichen Gesetzbuches in systematischer Zusammenstellung der unveröffentlichten Quellen),14 卷,1978 年至 1991 年。

又见,格奥尔格·马斯(*Georg Mass*),《德意志帝国民法典及其施行法的官方材料目录》(Bibliographie der amtlichen Materialien zum Bürgerlichen Gesetzbuche für das Deutsche Reich und zu seinem Einführungsgesetze),1897 年;《德意志帝国民法典立法理由书》(Motive zu dem Entwurfe eines bürgerlichen Gesetzbuches für das Deutsche Reich),官方版,5 卷,1888 年;本诺·穆格旦(*Benno Mugdan*)(编辑并整理)《德意志帝国民法典材料汇编》(Die gesamten Materialien zum bürgerlichen Gesetzbuch für das Deutsche Reich),5 卷,《索引、补充卷》(Sachregister, Ergnzungsband),柏林,1899 年,重印,1979 年。

152 保·厄尔特曼,《法学家温德沙伊德》(注 2),第 21 页(第 22 页及下页)。——又见,温德沙伊德的文章,"《德国民法典第一草案》的历史"(Geschichte des ersten Entwurfs zum bürgerlichen Gesetzbuch"。

153 戈·普朗克,《德国法学家报》(注 150),1909 年,第 951 栏(第 953 栏)。——提到的谣言主要是在报纸上,同上,无名氏,无标题,《德国法学家报》,1909 年,第 954 栏至第 956 栏(第 954 栏)。

154 弗·维亚克尔,《创始人和守护人》(注 2),第 181 页(第 182 页)。

155 保·厄尔特曼,"温德沙伊德的生平"(注 8),第 9 页(第 18 页)。——关于将戈特利布·普朗克(Gottlieb Planck)作为"《德国民法典》的养父"的角色,参见,施罗德(*K. – P. Schroeder*),"戈特利布·普朗克(1825 年至 1910 年)——《德国民法典》的养父"[Gottlieb Planck (1825 – 1910) – "Ziehvater" des BGB],载《法学教育》,2000 年,第 1046 页以下。又见,"戈特利布·普朗克"(Planck, Gottlieb),载《德国法史词典》,第 3 卷,第 1763 栏至第 1767 栏,作者维尔纳·舒伯特。—— 委员会主席帕佩,担任帝国商事法院主席至 1878 年,参见,阿·劳夫斯《德国法发展》(注 12),第 297 页。

156 戈·普朗克,《德国法学家报》(注 150),1909 年,第 951 栏(第 953 栏)。——关于温德沙伊德与普朗克之间的关系,参见,维尔纳·舒伯特,"温德沙伊德致普朗克的信和温德沙伊德对普朗克关于第一委员会对债法体系和占有法立场的支持"(Windscheids Briefe an Planck und seine für Planck bestimmten Stellungnahmen zum Schuldrechtssystem und zum Be-

sitzrecht der 1. BGB – Kommission),载《萨维尼基金会法律史杂志(罗马法部)》[ZRG(RA)],第 95 卷(1978 年),第 283 页至第 326 页。

157 保·厄尔特曼,《法学家温德沙伊德》(注 2),第 21 页(第 28 页)。

158 保·厄尔特曼,《温德沙伊德的生平》(注 8),第 9 页(第 18 页)。

159 阿·劳夫斯,《德国法发展》(注 12),第 297 页。

160 关于该批评,转引自,戈·普朗克,《德国法学家报》(注 150),1909 年,第 951 栏(第 952 栏)。——关于批评,尤其参见,阿·劳夫斯,《德国法发展》(注 12),第 297 页。

161 对此尤其参见,无名氏,《德国法学家报》,第 954 栏(第 954 栏)。

162 一般见解,可以参见,维·舒伯特,"温德沙伊德与《德国民法典第一草案》中的不当得利法"(Windscheid und das Bereicherungsrecht des 1. Entwurfs des BGB),载《萨维尼基金会法律史杂志(罗马法部)》[ZRG(RA)],第 92 卷(1975 年),第 186 页。同一作者,《德国民法典制定史》(Entstehungsgeschichte des BGB),第 1 卷,柏林/纽约,1978 年,第 27 页以下,第 46 页及下页;马·吕梅林,《温德沙伊德及其影响》(注 4),第 6 页;第 34 页及下页;汉斯·蒂梅(*Hans Thieme*),"民法典前史"(Aus der Vorgeschichte des Bürgerlichen Gesetzbuchs),载《德国法学家报》,1934 年,第 969 栏(第 970 栏)。

163 马·吕梅林,《温德沙伊德及其影响》(注 4),第 6 页;保·厄尔特曼,《法学家温德沙伊德》(注 2),第 21 页(第 27 页),认为其见解"具有决定性并且非常重要。"

164 见上文相关部分。

165 有人强调帕佩的影响,参见,无名氏,《德国法学家报》,1909 年,第 954 栏(第 954 栏)。

166 戈·普朗克,《德国法学家报》(注 150),1909 年,第 951 栏(第 952 栏)。

167 强调这一方面者,可以参见,保·厄尔特曼,《法学家温德沙伊德》(注 2),第 21 页(第 28 页)。

168 戈·普朗克,《德国法学家报》(注 150),1909 年,第 951 栏(第 952 栏)。

169 伯·温德沙伊德,转引自,保·厄尔特曼,《法学家温德沙伊德》(注 2),第

21 页(第 32 页)。

170 这样的批评,转引自,戈·普朗克,《德国法学家报》(注 150),第 951 栏(第 952 栏)。

171 戈·普朗克,《德意志法学家报》(注 150),1909 年,第 951 栏(第 953 栏)。

172 奥托·贝尔(*Otto Bähr*),《德意志帝国民法典草案评论》(Zur Beurteilung des Entwurfs eines bürgerlichen Gesetzbuchs für das Deutsche Reich),慕尼黑,1888 年,第 327 页。相关评论又见,奥托·冯·基尔克(Otto von Gierke),《民法典草案与日耳曼法》(Der Entwurf eines bürgerlichen Gesetzbuchs und das deutsche Recht),莱比锡,1889 年第 2 版,第 2 页。

173 关于对《德国民法典》的影响,参见,保·厄尔特曼,《法学家温德沙伊德》(注 2),第 21 页(第 28 页)。

174 弗·维亚克尔,《创始人与守护人》(注 2),第 181 页(第 182 页)。

175 阿·劳夫斯,《德国法学发展》(注 12),第 295 页。

176 弗·维亚克尔,《创始人与守护人》(注 2),第 181 页(第 189 页)。

177 马·吕梅林,《温德沙伊德及其影响》(注 4),第 35 页。

178 马·吕梅林,《温德沙伊德及其影响》(注 4),第 7 页。

179 弗·维亚克尔,《创始人与守护人》(注 2),第 181 页(第 182 页)。

180 戈·普朗克,《德国法学家报》(注 150),第 951 栏(第 953 栏)。

181 戈·普朗克,《德国法学家报》(注 150),第 951 栏(第 954 栏)。

182 保·厄尔特曼,《法学家温德沙伊德》(注 2),第 21 页(第 28 页)。

183 保·厄尔特曼,《法学家温德沙伊德》(注 2),第 21 页(第 28);弗·维亚克尔,《创始人与守护人》(注 2),第 181 页(第 182 页)。

184 相关问题参见,阿·劳夫斯,《德国法发展》(注 12),第 300 页及下页。

185 戈·普朗克,《德国法学家报》(注 150),1909 年,第 951 栏(第 952 栏)。

186 对此参见,保·厄尔特曼,《法学家温德沙伊德》(注 2),第 21 页(第 28 页)。

187 埃·沃尔夫,《伟大的法思想家》(注 2),第 600 页。

188 例如,汉·施洛瑟(*H. Schlosser*),《新私法史基础》(Grundzüge der neueren Privatrechtsgeschichte),1988 年第 6 版,第 129 页;批评意见,费策(*K. H. Fezer*),《法学家报》(JZ),1985 年,第 762 页(第 763 页)称之为"苍白的概

念法学”(blutleere Begriffsjurisprudenz)。

189 阿·劳夫斯,《德国法发展》(注 12),第 217 页。

190 阿·劳夫斯,《德国法发展》(注 12),第 217 页。

191 这一名言出自,奥托·冯·基尔克(*Otto von Gierke*),《私法的社会使命》(Die soziale Aufgabe des Privatrechts),重印,埃·沃尔夫编,《德国法学渊源书》(Quellenbuch zur Geschichte der deutschen Rechtswissenschaft),1950 年,第 478 页至第 515 页。——关于该批评,参见,霍斯特·孔施克(*Horst Kuntschke*),“论奥托·冯·基尔克对民法典的批评”(Zur Kritik Otto von Gierkes am Bürgerlichen Gesetzbuch),载安道尔·齐茨马蒂亚(*Andor Csizmadia*)/卡拉曼·克瓦齐(*Kálmán Kovács*)编,《(1848 年至 1944 年)中欧民法的发展》[Die Entwicklung des Zivilrechts in Mitteleuropa (1848 – 1944)],1970 年,第 153 页至第 164 页。

192 保·厄尔特曼,《法学家温德沙伊德》(注 2),第 21 页(第 25 页)。

193 阿·劳夫斯,《德国法发展》(注 12),第 217 页及下页。——关于温德沙伊德概念法学的详细论述,参见,乌·法尔克,“温德沙伊德这样的学者”(注 43)。

194 弗·维亚克尔,《创始人与守护人》(注 2),第 181 页(第 187 页及下页)。

195 伯·温德沙伊德,《学说汇纂教科书》(注 19),第 1 卷第 24 节。

196 于·奥伯,《纯洁化》(注 2),第 43 页。

197 弗·维亚克尔,《创始人与守护人》(注 2),第 181 页(第 190 页及下页)。

198 弗·维亚克尔,《私法史》(注 19),第 431 页。

199 对此尤其参见,埃克哈德·考夫曼(*Ekkehard Kaufmann*),“实证主义”(Rechtspositivismus),载《德国法史词典》,第 4 卷,第 321 栏至第 335 栏;汉斯·蒂梅(*Hans Thieme*),“《德国民法典》的来历。论实证主义的立法”(Aus der Vorgeschichte des Bürgerlichen Gesetzbuchs. Zur Gesetzgebung des Positivismus),载《德国法学家报》,第 39 卷(1934 年),第 968 栏至第 971 栏。

200 弗·维亚克尔,《创始人与守护人》(注 2),第 181 页(第 194 页)。

201 弗·维亚克尔,《创始人与守护人》(注 2),第 181 页(第 195 页)。

202 弗·维亚克尔,《创始人与守护人》(注 2),第 181 页(第 195 页)。

203 对此参见,弗·维亚克尔,《私法史》(注 19),第 257 页。

204 埃·沃尔夫,《伟大的法思想家》(注 2),第 593 页,第 599 页及下页;于·奥伯,《纯洁化》(注 2),第 21 页。

205 克恩,“温德沙伊德”(注 2),第 1444 栏。

206 保·厄尔特曼,《法学家温德沙伊德》(注 2),第 21 页(第 27 页)。

207 伯·温德沙伊德,莱比锡大学校长演讲,第 27 页(单行本第 11 页)。

208 保·厄尔特曼,《法学家温德沙伊德》(注 2),第 21 页(第 30 页)。

209 如此表达者,保·厄尔特曼,《法学家温德沙伊德》(注 2),第 21 页(第 30 页)。

210 保·厄尔特曼,《法学家温德沙伊德》(注 2),第 21 页(第 28 页)。

211 保·厄尔特曼,《法学家温德沙伊德》(注 2),第 21 页(第 32 页)。

212 克恩,“温德沙伊德”(注 2),第 1445 栏。——关于贝泽勒,尤其参见,格·克莱茵海尔/扬·施罗德,《德国法学家》(注 1),第 29 页以下。

213 埃克(*Eck*),《纪念演讲》(注 17),转引自保·厄尔特曼,《法学家温德沙伊德》(注 2),第 21 页(第 30 页)。

214 弗·维亚克尔,《创始人与守护人》(注 2),第 181 页。

215 1886 年 3 月 18 日鲁·冯·耶林(R. v. Jhering)评伯·温德沙伊德,转引自,埃伦贝格(*H. Ehrenberg*),《鲁道夫·冯·耶林致友人的信》(Rudolf von Jhering in Briefen an seine Freunde),莱比锡,1913 年,第 398 页及下页。

216 弗·维亚克尔,《创始人与守护人》(注 2),第 181 页(第 189 页)。

217 保·厄尔特曼,《法学家温德沙伊德》(注 2),第 21 页(第 22 页)。——他的许多小文章都收在《演讲与文章汇编》(注 2)中。

218 海·西贝尔(*H. Siber*),《德国法学家报》,1909 年,第 964 栏。

219 克恩,“温德沙伊德”(注 2),第 1443 栏;早已有人作过类似表达,参见,马·吕梅林,《温德沙伊德及其影响》(注 4),第 3 页。

220 弗·维亚克尔,《私法史》(注 19),第 262 页有其他说明。

221 马·吕梅林,《温德沙伊德及其影响》(注 4),第 3 页。

222 指出这一点者,参见,马·吕梅林,《温德沙伊德及其影响》(注 4),第 15 页。

223 马·吕梅林,《温德沙伊德及其影响》(注 4),第 29 页及下页。

224 保·厄尔特曼,《法学家温德沙伊德》(注 2),第 21 页(第 24 页)。

225 保·厄尔特曼,《法学家温德沙伊德》(注 2),第 21 页(第 31 页)。

226 弗·维亚克尔,《创始人与守护人》(注 2),第 181 页(第 189 页)。

227 马·吕梅林,《温德沙伊德及其影响》(注 4),第 36 页。

Rudolf von Jhering

1818 —1892

鲁道夫·冯·耶林

1818—1892

一、导论

鲁道夫·冯·耶林(*Rudolf von Jhering*)[1]无疑属于19世纪德国私法学的伟大人物。决定其重要意义者,不仅仅在于几项发现、个别法律制度或者仅仅在于他对我们当代法律思维和工作的影响。他所取得的巨大成就无疑使法学获益匪浅。最值得注意的是,他终身致力于探求新知识,具有改变既有原则的勇气,同时还能改变自己的观点。

将耶林的思想分成几个阶段,丝毫不令人惊奇。与此相反的是其作品的不同阶段。他的语言风格具有特殊魔力,学者们直到今天仍然不能回避这一点。耶林喜欢的表述方式大概可以用比较形象、善用比喻和常突发奇想来概括,这有时会令人眼花缭乱,甚至几乎显得接近于不甚文雅了,[2]但这种表述产生了法学表述中一幅特殊的栩栩如生的形象,可以产生一种令人振奋的效果。

耶林的思想魅力和观念创新力使其获得了国际上的明确承认,这一点是其他德国法学家达不到的。[3]

除了作为创作者的活动外,耶林作为大学教师的意义也不容低估。他非常严肃地对待自己一生的教职活动。[4]他是最早为学生开设具有实践意义的练习课的教师之一。[5]

二、耶林其人

(一)学习和教学

1818年8有22日,耶林出生于德国北部东弗里西亚的奥里希(im ostfriesischen Aurich)。他的父亲格奥尔格·阿尔布莱希特·耶林(*Georg Albrecht Jhering*)就是律师,其家庭则有大约三百年的法学传统。[6]耶林从1836年在海德堡(Heidelberg)开始其法律学习。他学习生涯的其他站点是慕尼黑(München)、哥廷根(Göttingen),最后自1838年起到了柏林(Berlin)。1842年他在柏林以关于遗产占有人的“论遗产占有”(De hereditate possidente)为博士学位论文获得博士学位。耶林的老师中有许多著名人物,首先要特别指出的是格奥尔格·弗里德里希·普赫塔(*Georg Friedrich Puchta*)(1798—1846),他对耶林刚刚开始的学术活动具有最重要影响。耶林的首部主要作品《罗马法的精神》(Der Geist des römischen Rechts)就奉献给了他。1843年耶林开始担任柏林大学法律系的编外讲师。1844年他的首部专著于1844年以《罗马法论文》(Abhandlungen aus dem römischen Recht)为题出版。1845年开始,耶林就已经开始担任巴塞尔大学(Basel)法学教授,此后的时间里,他先后接受了罗斯托克大学(Rostock)(1845年)、基尔大学(Kiel)(1849年)、吉森大学(Gießen)(1852年)、维也纳大学(Wien)(1868年)的任命,最后于1872年接受了哥廷根大学的任命,在那里生活任教直至1892年8月6日去世。

耶林生前就已获得相当多的荣誉。他是阿姆斯特丹(Amsterdam)、罗马(Rom)、维也纳和柏林科学院的通讯成员。[7]1872年离开维也纳的时候,他被授予莱波尔德骑士十字勋章的,并被授予世袭贵族头衔。1892年8月6日去世前不久,耶林的亲属、学生和朋友和他一起举行了获得博士学位50周年庆祝会。迄今为止,耶林在受到极高尊重的同时也受到一些批评。1968 年,以其诞辰 150 周年为契机,在哥廷根举办了一届涉及内容极为广泛的研讨会。[8]1992 年召开了一次纪念耶林逝世 100 周年的研讨会。[9]

(二)私人生活

除伟大的法学生涯之外,耶林还过着充满变化、富于人生乐趣同时又不断受到命运打击的生活。人们从耶林的理论文章轻易地想象他是一个旧式学者,这种形象与其本人完全不相符。在 70 岁时,他还以其独有的讽刺口吻写道:"没有色彩就没有生活——当然葡萄酒、熏制的鳗鲡、山鹑、野鸡、惠斯特牌、钢琴、老婆、情人也都属于其中。"[10]据说曾有人交给过他一个 1330 升容积的酒桶。[11]口头上说这是为下一代准备的——5 年之后他就把里面的酒全都喝光了。[12]

耶林年轻时(1848 年 4 月)失去了第一位妻子。她是在儿子出生后去世的,但不久儿子也去世了。[13]随后,耶林又结了婚,他和第二位妻子有四个儿子和一个女儿。第二位妻子于 1867 年去世,这显然使他遭受了巨大痛苦。这同时也使他今后开始遭受病痛之苦。在从维也纳迁居哥廷根的过程中,耶林第三次结婚了。与他一样,第三位妻子生于自德国北部。耶林迁居哥廷根主要是想有比维也纳更好的工作条件,据推测还可能是为了打消在维也纳生活的顾虑。在哥廷根渴望较少的分散注意力、更好的健康状况和新的工作激情。当然耶林对园艺方面的兴趣——他种过草莓和芦笋[14]——也起了一定的作用。

耶林的研究欲望来自于他与法学友人之间的频繁交流。耶林的这些通信就是令人印象深刻的证据。[15]他与卡尔·弗里德里希·格贝尔(*Karl Friedrich Wilhelm Gerber*)以及与之年龄相仿的伯恩哈德·温德沙伊德(*Bernhard Windscheid*)(1817—1892)之间的友谊,令人颇感兴趣。耶林与格贝尔共同致力于“权利的法律建构”,这种合作在共同创办法教义学杂志中达到高潮,杂志的名称最初是《当代罗马和德国私法教义年刊》(Jahrbücher für die Dogmatik des heutigen römischen und deutschen Privatrechts),后来则以《耶林年刊》(Jherings Jahrbücher)著称。[16]耶林与温德沙伊德也有频繁的信件往来,交流新想法,征求友人意见。尽管有时见解不同,但他们始终保持着联系,体现着这两位19世纪的法学家之间的相互尊重。

(三)生平与活动

耶林的作品具有其法律思想变化的深深烙印。耶林早期相信,以法学建构作为手段,通过严格的形式主义思维方式,可以解决法律生活中显现的问题。这与他创作晚期的认识相左,因为他后来认为当事人追求的目的是法律的推动力。但是,他并未完全否定法律建构,而认为它只不过是将事实上所追求目的进行转化的一种技术手段而已。

耶林法律思想的转变与其个人危机密切相关。[17]1861年至1865年期间,耶林在《普鲁士法院报》(Preußischen Gerichtszeitung)发表了匿名文章“无名氏的亲密来信”(Vertraulichen Briefe eines Unbekannten)。他在信中批评了自己迄今仍然运用的法学形式,语调尖刻,充满嘲讽和愚弄。这表明他自己也一筹莫展,而这又是由于他了解自己学说的不足所引起的。耶林在这一时期正处于发展过程之中,最后发现了隐藏在法律规则背后的目的,进而产生了利益导向的法学。耶林的健康状况在这一时期第一次出现了问题。他的情绪极度消沉。[18]第二位妻子去世(1867年)又进一步加剧了危机。直到1868年迁居哥廷根,耶林才成功地克服了个人的困难,这使他开始反思其旧学说并总结出新的富有创造性的思想。

三、从概念法学到利益法学

(一)概念法学的捍卫者

耶林的法学活动体现了一种转变:从历史法学派的捍卫者,到概念法学的追随者,再到利益法学的开拓者。这一转变过程中同样存在连续性。年轻时耶林就为概念法学欢呼并开始寻找自己的道路,后来他又强调生活现实的意义以及从生活现实中成长出来的、借助于法律形式而旨在实现的目的。他从不怕让人觉得自己先前的论述具有局限性、与自己先前的论述不一致甚至是对此加以嘲讽。同时,耶林的不同见解之间并无不可消除的对立。即使耶林自己晚年时,也绝对没有完全消除对于法律的概念建构的需要。他所改变的只是一些具体观点。处于早期耶林的中心的完全是概念,后来还有为私人自治所追求的目的的实现工具。这一法学建构和准确的概念界定绝非多余。法律体系也就不再仅仅从概念中就能得到了。追求的目的就是标准,概念性同样受此引导。

(二)利益法学的开拓者

耶林在晚期作品中与概念法学的思维方式保持了一定的距离,并因此和与历史法学相联系的概念法学保持了一定的距离。取而代之的是,他转向了一种目的导向的法律思考。[19]这就引发出一种非常有创造性的、实质导向的法学。[20]耶林从此坚决地转向于反对"法学概念绝对真实的假象"。他仍将概念视为"给定内容的形式"。对于先前从事的那些纯粹教义学工作,他现在开始表示怀疑。这些工作缺乏现实生活的具体方面。他认为是法的,只有那些"已经实现的"。[21]只有在文化生活和经济生活中重新发现的概念和思想,才应当被看作是真实的。[22]因此,法被他看作服务于社会利益的工具。耶林转向于目的导向的这种思考,在其所生活的时代毫无疑问并未获得足够重视,[23]但耶林开的这个头,无论如何远没有结束。耶林绝不是自告奋勇去发现一个使用新方法的自成一体的体系。确切地说,他只不过推动了法科学向利益法学的转向而已。因此,他是利益法学的开拓者,但不是利益法学的创作者。

耶林关于目的导向的想法,使其显得比当代德国法学中通行的目的导向还要彻底得多。法律规则不再仅仅受到社会生活因素的引导,同时还要受到个人所追求目的的引导。同样还应承认客观的法律目的,它限定了社会利益的法律实现的边界。[24]耶林并未认识到我们的法律体系对目的导向的限制。全面发展一个思想或者将其置于一个内容广泛的法律体系中,显然不是耶林的事情。他从未撰写过一部全面论述现行民法的教科书,这一点上他不同于温德沙伊德。耶林重要的多卷本作品[《罗马法的精神》、《法律目的论》(Der Zweck im Recht)]均未完成。尽管存在这些表面缺陷,耶林所致力的工作继续发挥着作用,就像他那直到今天仍然生动形象的语言所具有的魅力一样。

四、主要作品[25]

耶林的法学作品中有三部特别引人注目:《罗马法的精神》、[26]《为权利而斗争》(Der Kampf ums Recht)和《法律目的论》。[27]它们并不是耶林最著名的文章,但却标志着耶林发展不同阶段的法律思想。耶林从概念法学的捍卫者转变为利益法学的开拓者,借助于这三部主要作品的内容就可以加以说明。

(一)《罗马法的精神》(1852年—1871年)

耶林的《罗马法的精神》将材料分为多卷进行处理,不过该作品最终并未完成。第1卷出版于1852年,主要研究“法的自然学说”的一般发展。被耶林作为自然历史的独特方法的相关论述主要体现在第2卷的第2部分。[28]1871年出版的第3卷中已经开始很清楚地表现出他对于强烈的概念导向的批评性观点和更多的概念导向思考的转向。[29]

1. 历史法学派和自然法

与题目可能令人产生的推测不同,耶林在其《罗马法的精神》中并没有打算进行法律史的研究。[30]耶林关注的是“从罗马法观察法的本质究竟是什么”,想从罗马法挑选出其中“确立的精神因素”并挑选出“普遍有效者”[31]。耶林试图从罗马法既存规则中找出一般性的法律思想。为了能提升到较高的抽象阶段,进行严格的概念界定,这些法律思想应该能适用于类似事实中。因此,耶林仍属于弗里德里希·卡尔·冯·萨维尼(Friedrich Carl von Savigny)创立的历史法学派。萨维尼在19世纪初期是作为自然法学说的对立面而发展出历史法学派的。因此,法不应——像符合自然法的观点那样——被认为是自然中包含的法律规则的整体。自然法从永恒的有效法律规则出发,认为这些规则是从理性必然得出的,先于人类制定的法律规则而存在。历史法学派则持相反的观点,认为法是民族本质的发展,其历史受到确立过程的深深影响。因此,法构成民族全部文化的一个要素。普赫塔——萨维尼学生同时也是耶林的老师——进一步发展了萨维尼理论的萌芽,认为法的起源并不存在于民众意识中,而是存在于法学家的理性中。从这一观点出发,他发展出了概念法学,而耶林早期追随的正是概念法学。

2. 耶林的自然历史方法和法律技术[32]

与历史法学派的其他追随者不同的是,耶林并没有将自己限制在对现存法律材料连简单加工都不进行。他关注更多的是通过概念抽象出来的法律体系,以尽可能从概念之间具有创造力的相互协调中提出新的解决方案。对此,他在《罗马法的精神》[33]的第1卷和第2卷中发展出了自己的自然历史方法,该方法与其关于法律技术的论述密切相关。[34]在将其方法命名为“自然历史”中,耶林曾经深受自然科学鼓舞。[35]19世纪前半叶自然科学令人瞩目的成果和发现显然给耶林留下深远影响。耶林将利用自己的方法努力阐明的法的“有机体”,是与动物或者植物的生物有机体视为同等看待的。与此相适应的是,非常形象但又特色鲜明的表达方式,即他经常用自然科学领域内的内容来进行比较。[36]

耶林的目标在于,使实证法在形式方面可以支配、可以适用。主导思想是“发现法律史中的抽象因素”,通过对材料的逻辑论述和建构性补充应该可以接近法律体系的“精神”。[37]耶林试图通过这种建构性方式发展出体系化的统一法理论。他追求的是法律材料在量上和质上的简化。[38]在耶林看来,概念界定是通过分析、总结和建构三个阶段来实现的。[39]除了在术语化和法律体系化方面的清理工作外,概念界定在法律分析和总结方面还应该遵循法律经济的原则。[40]为此对既有规则就应理解为尽可能最有效的适用。它符合“用尽可能少达到尽可能多的效果”。分析和总结首先要求的是内行,而建构阶段要求的则是法学家真正的艺术。耶林略显轻蔑地将分析和总结称为“低级”法学的形式,而将建构归为“高级”法学之列。

3. 分析

量的简化是法律分析的第一步。[41]这样就可以从具体法律规范中找出抽象的一般因素。历史上的法律材料必须进行区分并进行概念拆分。这样才能将具体一项法律规则划分为一般因素和特别因素。法律规则中的特殊部分具有只能应用于特别范围的特点,因此不具有一般化的能力。与此相反,一般部分却能同样存在于由法律规定的特别规则中,这表明它是由一般法律思想形成的。因此,它就可以被作为一般性的、具有转用于其他规则领域的能力,可以构成法律类推的基础。

用这种方法可以获得法学概念,按照耶林的观点,这些概念之间可以发生各种各样的联系。[42]因此,概念不仅可用于准确描述法律规则,还有自己独特的价值。在耶林看来,法律概念构成一个“字母表”。概念正确组合可以产生社会秩序的创造性形式,并按照这种方法产生新法律概念。法律概念的独立价值表明,它“具有创造性,彼此能够配对并生产出新的概念来”。[43]耶林在《罗马法的精神》中采用的论述方式是与自然界相比较的。这种对比是耶林早期的特点,表明他受到了积极向上的自然科学的鼓舞。对于在这一方面的借用,不应认为它仅仅是形象化说明法律过程,而更应该理解为将自然科学的理解方式转用于法律科学的一种努力。[44]

4. 总结

以分析法律材料为基础,下一步是将所发现的规则回溯到作为其基础的原则,并以这种方法加以总结(总结)。耶林认为这绝不是一种纯粹的逻辑抽象。总结的目的在于发现上位规范,而上位概念在事实上被作为上一级法律原则。通过总结方式挑选出上位规范,从而就能从大量特殊规则中解脱出来。[45]由此就可以实现法律的“简化”。从法律规则的体系化的综合联系中可以推导出法律原则,该法律原则的效力并不依赖于立法者是否明确给其以某种地位。对于耶林在其《罗马法的精神》所涉及领域中的原则,其效力并不依赖于《民法大全》(Corpus Iuris Civilis)曾经明确提及过与否。[46]可见,与总结原则相联系的,并不是特殊情形的权威法律思想,而是存在于所有法律规范总和中的符合逻辑并处于特定语境下的一种构造。

5. 建构

在质的方面简化,通过“法学建构”(建构)而实现。[47]目标是法律内容的内部顺序、对称和统一。[48]通过养成抽象的法律概念和法律制度,法学建构作出了其应有的贡献。在这一概念构成中,耶林看到了法学中有创造力的因素。这些因素可以创造新的但迄今尚未被发现的内容。[49]按照耶林的见解,法学工作中的建构部分也就是法学艺术实践的顶峰。创造因素使建构将分析和总结提升到一个较高层次。同样的综合方式与采用总结方法获得的概念相互协作。[50]所发现的概念之间相互作用会产生独立的新的法律构造。

耶林认为法学概念建构应考虑三项基本规则:[51]“满足给定材料规则”、[52]“不矛盾律”[53]和“法学美感要求”。[54]满足给定材料和不矛盾律是任何法学建构的必要因素。它们具有决定功能。满足给定材料意味着法学建构应当从实定法出发,应包含其中所有部分。但这里并未要求受现行法形式和结构的约束。[55]必须取得法的“操作”力。在形成外在形式的方面,建造却是自由的。[56]对于将要发展出来的法律体系的说服力而言,不矛盾律无疑是其本身内在的、不言而喻的要求。相对于前述两项原则,法学美感只具有相对意义。建构应当尽可能简单,因此应该一目了然并且直观形象。逻辑美学的全部构造都不应受到破坏。[57]然而法学美感并不具有强制性。只要那些复杂、难以理解的建构满足两项规则,就可以主张该建构是有效的。

通过自然历史学派的建构原则,耶林实现了从法律在质上和量上予以简化的观点扩展出去的一个目的:对具体案件法律适用的方便性和安全性的要求。[58]方便性在实践中首先意味着可以快速适用法律,为保障安全性就需要对相同案件统一适用法律。

6. 批评和影响

耶林自己后来似乎也批评了自己的自然历史方法,甚至认为它在某些方面并不合适。自然历史方法在学说中也受到了很多批评。[59]耶林就已经对“低级”法学和“高级”法学之间的原则性区别产生了怀疑。[60]如果没有精密的和体系化的概念建构,就不可能产生一门阐释性科学。在耶林的见解中,法学这一部分完全应归入简单的机械过程,应当遵守纯粹熟练工种的规则。当然,无可争辩的是,耶林关于自然历史方法的论述和关于将强调法学建构并将其作为“高级”法学,使法律科学具有了创造力。归根结底,在法律基本概念的方法论分析的意义上,耶林促进了对于一般法律学说意义的思考。[61]

自然历史方法的根本缺陷存在于从本来的对象发现解决方案之时。[62]耶林将法学概念构成和体系化完全与现行法基础相分离。他相信,“通过世界的实际自然”的法学建构总能驾驭“现实事物”。[63]因此,耶林就承担着看不到概念自主性的风险,因为当事人追求的目的一方面是法律基础,另一方面是经济利益。概念构成的内部逻辑首先应该考虑的法学工作方式并不符合实践的要求。耶林后来也认识到了这一点。耶林在《罗马法的精神》中发展出的自然历史方式,妨碍了人们认识其后来的作品,尤其是《法律目的论》,对他来说其方法论原则仅仅是一种转化追求的目的而采用的手段。

(二)《为权利而斗争》(1872年)

耶林的第二项主要著作是《为权利而斗争》,该书是作为1872年春天在维也纳那场获得满堂喝彩的告别演说而出现的。无论是从时间上还是从内容上,这部作品都介于《罗马法的精神》和此后的《法律目的论》之间。[64]在从概念法学到利益法学之路上,《为权利而斗争》在耶林法律理论发展过程中处于中间位置。该书是观望和怀疑阶段的结束,这一点体现在他在1861年至1866年之间那些匿名信的出版。《法律目的论》取得了出人意料的轰动效果。由于有五十多个译本,这部作品获得的国际承认非同一般。[65]

这部作品的核心思想在于斗争是权利实现的本质特征。[66]权利一直是指向保卫利益的意思之间的一种结果。因此,权利必然会遭遇对立利益代理人的反对。作为冲突中胜利者的利益最后说明了权利的根据。任何权利确立过程,要么是“胜利者的独裁”,要么至少是“此前社会利益斗争的妥协”。客观权利和主观权利因均服务于现实利益而相互联系。耶林在《为权利而斗争》中看到了权利生活深受利益对立以及由此产生的紧张关系的影响。权利不过就是利益之间已经决出胜负的冲突的结果而已。为自己权利而斗争应该是一种个人“人格”的辩护。[67]这一点还表现在,为其权利而斗争所需要的决心首先是由自己有权利这种确信所决定的。无疑,在为一项权利而斗争中,对裁决结果的展望是具有意义的。

在耶林看来,为权利而斗争不仅仅是主张自己利益的任何一位市民的权利。他同时认为这是旨在为权利而斗争的市民的一项义务。法律制度只是以这种方式进行保护。因此,行使主观权利归根结底是为社会服务。权利斗争的这种结论很早就受到批评。奥托·冯·吉尔克(*Otto von Gierke*)认为,行使自己的权利不能被毫无限制地作为义务,较之于这种基尔克的见解,它绝不是微不足道的。有些情况下,不行使法律制度预先确定的权利才刚好符合道德义务。[68]

(三)《法律目的论》(1877 年/1884 年)

在其后期作品《法律目的论》中,耶林有一个惊人的转向。耶林早期认为,法律概念自身独立地建构新概念并因此发展出自成一体且合乎逻辑的新法律体系,而现在则将目的作为其法律理论的核心,该转向与其早期命题之间的矛盾一目了然。新的核心思想是这样表达的:“目的是所有法律的创造者。”当然法学概念性建构绝非多余。其中的看法根本不同。在《罗马法的精神》第1卷中,概念还是法律体系中独立的具有创造力的因素,而现在耶林则仅将其作为实现目的的手段。现实生活决定法律,其中就有决定性目的。通过这种概念的精确措辞和所建构秩序,法律也就能够实施。

耶林在其晚期作品中完全转向法律背后存在的目的,但他回避了对于各个目的进行评价。他的目的并不在于创立自己的法哲学。[69]一个目的是否具有公平价值,耶林并没有兴趣进行理论思考。耶林更多将重点置于目的对于法律确立的现实意义。因此,对于目的并没有独立于时间影响的上位标准,更多则是通过各自情形表现出来。但是,实际存在的或者事实上追求的所有目的都不必然是公正的。耶林绝对没有考虑其命题的政治后果。[70]因此他会畏惧参与立法委员会的工作。[71]他的研究领域是私法,对此,他从日常生活、交易行为以及受目的支配的活动的法律解决方案背后所存在的目的中,发现了由理性引发出的原则。

《法律目的论》中涉及的繁多表述引起了非常多的误解和不明之处。[72]不将该书理解为法律体系的最终论述是正确的。它更多的是向后来的法学家们打开了对法律进行目的导向思考的一扇门。同时,耶林也抛弃了其早期所代表的纯粹概念法学。

五、各项具体法律制度

耶林对我们今天的法学的影响,并不局限于他那些伟大的法学理论作品以及它们对我们法律思想的作用。他在自己的年刊中所发表的论文对于各具体法律制度的建立和发展也产生了重要的作用。以下仅选出几个例子,说明耶林的影响直到今天仍然令人难忘。

(一)"缔约过失"[73]

1. 缔约中的错误

与耶林的名字联系最紧密的制度是缔约过失(culpa in contrahendo)。人们可以将缔约过失视为耶林的发明、耶林的制度、耶林的发现。[74]耶林于1861年在其年刊中的一篇论文里奠定了缔约过失的基石。他承认缔约过程中的过失对于现代不断变迁的经济具有意义,首先对此提出了教义学基础。缔约过失在最广泛意义上概括了缔约准备中应归责的瑕疵行为的后果。缔约过失适用于其他相同情形是此后才逐渐发展起来的。

耶林主要考虑的问题是,成立法律行为错误的情形下,错误一方对另一方的损害赔偿。按照罗马法,合同无效。耶林提出的问题是应当由谁承担对于相关费用,例如因缔结合同而生的包装和运输费用?[75]萨维尼还否定合同瑕疵的情形的损害赔偿请求权。里歇尔曼(*Richelmann*)就已经开始承认其中的疑难问题,耶林则开始涉及该问题。里歇尔曼于1837年"错误对合同的影响"(Einfluss des Irrtums auf Verträge)一文就已开始深入研究这一问题。但是耶林仍然有理由被作为缔约过失的发现者。缔约过失在当代被简单地称为"c. i. c.",首先发明这一法律名称的,就是耶林。"缔约过失"的表达概括得十分贴切并且常用。同时,从这一名称还能推导出该法律制度的教义学本质。[76]它意味着缔约准备中(in contrahendo)的过失(culpa)发生的效果。而且,是耶林第一次经过仔细考虑发展出一套令人信服的教义学说,说明了从单纯合同准备中推导出法律效果。

2. 违反保护义务

缔约过失促使前合同过失责任的现实需要迅速得以实现。对于逐渐实现远距离缔结合同,例如采用电报方式,[77]缔约过失起了不容低估的作用。耶林将缔约中的错误作为缔约过失的核心领域,这一学说在1900年就已经进入了《德国民法典》的规则之中。符合耶林想法的,尤其体现在意思和表示非故意不一致情形(首先也就是错误的情形)的消极利益补偿(参照《德国民法典》第122条)。

除缔约过失外,在此期间还发展出了对于说明义务、保护义务和照顾义务的合同外责任。[78]审判实践表明,与合同开始相联系的风险,较之于最初被承认者复杂得多。2002年的债法改革,创设《德国民法典》第311条第2款作为制定法基础。债的关系可以通过以下情形发生:因为合同磋商开始;因为合同准备,在准备合同时鉴于可能的法律行为关系,一方将影响权利、法益和利益的可能性给予另一方或者一方将其权利、法益和利益托付给另一方;因为准交易行为。耶林并未预见到会产生这样影响深远的结果。这恰恰是耶林革新的法律思想的明证,同时也说明了迄今为止的持续影响。

(二)通过让与返还请求权的转移[79]

耶林关于将"返还所有物之诉"(rei vindicatio)——即所有权人的物权法上的返还请求权——让与给非所有权的论文,发表于其年刊第1卷。[80]通过让与返还请求权实现由第三人占有的动产所有权的可能性,是《德国民法典》第931条在法律上予以确定的。罗马法中并没有这样一种对交付原则的突破。按照罗马法,动产所有权转移以向新所有权人交付该物为前提。《德国民法典》中,这种方式的所有权转让在第929条第1款中被作为基本形式。但是,按照《德国民法典》第931条,通过让与返还请求权也可以作为转让的替代。普通法中就已经有了这种可能。但还是有一项区别,让与受领人(受让人)只有取得对物的占有才成为充分有效的所有权人。

耶林与罗马法就已经确立的建构相联系,通过转让"所有物返还之诉"转让由所有权所生诉权。所有权仍然存在于原权利人。所转让的仅仅是请求返还占有的权限。耶林从商法领域引发出其补充思考。他对比了转让提单。提单在交易中代替货物。提单受领人有权处分货物。提单提供了以某种法律措施代替物的现实这样一项机会。[81]提单这种功能严格限制在商法领域,耶林想使之有所扩张。通过转让所有物返还请求权,也就是通过让与"所有物返还之诉"向让与受领人转移处分该物的权利,是非常普遍的。根据耶林的见解,原所有权人在特定情形基于所有权仍然享有对抗第三人的权利。这就要求建构性地确定法律制度,耶林是按照罗马法中的处理进行。[82]如果与让与受领人(受让人)的利益发生冲突,显然原所有权人的权利就应当被放弃。原所有权人和受让人均对占有该物的第三人请求返还就是这样一种情形。原所有权人的权利在这一冲突中就不能实现。

耶林的功劳在于将所有权法上的所有物返还请求权(所有权物返还之诉)与让与(Zession)联系在一起。当然,《德国民法典》第931条规定了通过让与返还请求权转让所有权这样一种独立形式,而耶林的理论模型对此尚未进行清晰的区别。但耶林已对此提供了一个基础。这一划时代的创新体现出让与和所有物返还之诉之间的思想联系。[83]耶林确认了交易行为所需要的一种形式更加灵活的所有权转让,另一方面也承认了商法的严格范围。耶林考虑到了将提单让与一般化发展出基本原则的方法。以上这些方面表明,耶林是我们当代法律生活的开拓者。

(三)违法性与过失

耶林的另外一项教义学贡献在于区分违法性和过失,这一区分直到今天仍然发挥着作用。[84]与该学说的影响相联系的是民法中过失原则与刑法中的过失原则的区分。[85]耶林区别了作为客观不法的不合法状态——违法性——和作为主观不法的个人应受指责的行为——过失。对于法律效果而言，一方面是消除不法状态请求权，另一方面是损害赔偿请求权，二者相互排斥。从“公平理念”出发可以推演出回复到合法关系，而其他方面的损害赔偿只能是在个人行为具有应受指责性的情形，才能得到正当性说明。“产生损害赔偿义务的不是损害，而是过失。”[86]作为前提的是对于损害的赔偿义务具有一种内在方面。这种内在方面在耶林看来就是过失。

耶林提出无权占有人与所有权人的关系作为例子。[87]如果无权占有人是善意的，即对所有权或者占有权具有善意，这时就只有客观上的不法状态。善意无权占有人的占有就只具有违法性，但绝无过失可归责。善意就排斥了损害赔偿请求权。但如果无权占有人是通过盗窃而占有该物，就既有客观不法又有主观不法。无权占有人在这种情形中就是有过失的，因为他明知违反法律仍然取得占有。所有权人对盗窃者既有所有物返还请求权，同时又有损害赔偿请求权。

违法性和过失之间的区分是当代民法教义和刑法教义中比较固定的内容。当然在某些细节上尚无定论。疏忽学说不属于过失的一种形式，而应归入违反性之中。客观不法和主观不法之间的原则性区分在所有学说中都很常见。[88]

（四）所有权人—占有人关系中的善意占有人[89]

1878年，耶林开始研究——同样是在其年刊中——善意占有人占有他人之物后，于该物灭失情形是否有义务向所有权人返还该物所值价款的问题。[90]耶林认为，并不存在这种义务。物权法上的所有物返还请求权（所有物返还请求之诉）消灭后，对于善意占有人并不继续存在任何请求权。[91]当代与此相对应的法律规则是《德国民法典》第993条第1款第2句。

(五)所有权的社会义务

土地所有权的权限没有明显限定，它成了耶林1863年一项研究的内容。[92]不同于动产所有权，土地所有权并不因物自身而受限制。土地上的空间及其地下部分均处于所有权人权限之下。另一方面，土地所有权受到邻人权利的限制。对此存在顾及邻人利益的规则。耶林提及的这种现象，我们当代称之为所有权的社会义务。[93]

耶林以举例方式说明相邻关系的冲突，因为所有权人的权限基本不受限制，可以任意处理其物，由此产生了彼此冲突。土地所有权的本质不仅包括可以造成侵入他人，还可以防卫对自己土地的侵入。[94]耶林所提倡的解决方案是利益平衡，这一点在当代体现为《德国民法典》第906条，但这并不是其革新之处。其创新之处在于提出了从“所有权的社会形式”出发的综合概念。[95]这里再次表明了耶林对于法律发展起着指导作用，因为所有权的社会义务在当代可以说是不言而喻的事情了。

六、耶林对当代民法的意义

(一)概念法学的捍卫者

深深影响耶林第一个创作阶段并仍受其导师萨维尼和普赫塔影响的概念法学，最终被超越了。按照现代的法律关系获得概念和裁决结果不再是采用纯粹演绎和涵摄的方式，这不同于耶林在《罗马法的精神》中的主张。[96]耶林所描绘的结构化过程和建构过程，不管是对于法律材料的外部秩序还是对于法律上内在联系的理解，同样都是必要的。同样，利益导向的、考虑法律的意义的法律适用，不进行精确概念界定也不能进行。在概念上理解法律规范的思想含义，保证各单项决定能固定于总的体系之中,从而特别使得利益导向的法学成为可能。隐藏在概念背后的价值观念无疑不能忽视。在概念界定中就已经考虑了规范和法律制度的意义和目的。[97]

耶林的功劳体现在他还关注那些作为法的基础的上位原则,这一点在其早期文章中就已经体现出来,尤其是尚未完成的《罗马法的精神》。耶林认为,法律规范首先不仅仅应看作“罗马”传统或者“日耳曼”传统,而应被理解为可以普遍适用的一般原则。这就回归到了自然法原则。[98]在耶林影响下,法学转而强调法律原则和法律目的目标的提出。历史法学派不关心的领域重新蓬勃发展,法律政策考虑和改革诉求具有了新的意义。[99]

(二)利益法学的开拓者

法学家意识应该增强目的的意义,这也体现了耶林的作品对于我们当代法律生活的作用。将“生活”置于任何法律考虑中心地位的结果就是,耶林对于法律生活的思维方式从根本上转为了现实主义。法律思考逐渐摆脱了神学和哲学。[100]最初的纯粹形式导向的法学建构,一方面是由于对法学概念界定和体系确立的方法的思考,另一方面是后来对将概念过于置于中心的概念方法的一种鉴戒。耶林在该书完成之前仍然承认,《罗马法的精神》中的概念方法有一些夸张,这种夸张表现帮助后来的法学家避免发生类似错误。[101]

耶林的巨大贡献不仅仅体现在我们当代的法律思想。他所做出的许多发现在当代都被作为德国私法中比较稳定的部分。耶林并未被任命为《德国民法典》第一编纂委员会委员,在这方面他不同于友人温德沙伊德。但通过在其年刊发表文章、作为法学作者和大学教师的其他活动,他对立法同样具有影响。[102]令人印象深刻的例子就是“缔约过失”的法典化。

（三）耶林的法律续造

1. 法律经济

耶林的法律建构模式表现了一种法律续造方法。通过发现法律规范的抽象内容以及此后形成一般规则，现行法对于形成并不包含于其本身的内容十分有益。通过将获得的一般法律规则适用于相同内容，法律体系具有了新的灵活性。耶林区分了法律续造问题与“规避行为”，他在《罗马法的精神》第3卷中与法律经济问题相联系对此进行讨论的。耶林认为，法律经济是一种尽可能将可供利用的法律手段适用于各种情形的艺术。[103]

在耶林的见解中，法律续造与规避行为关系密切。[104]耶林区分了两类规避行为。规避行为一方面可以在“法律经济”[105]的语境中通过积极方式对法律制度实现法律续造。“秘密途径”作为规避行为的另一种形式，对于法律制度会产生危险。[106]耶林认为，立法者的任务就包括使法律保护通过“秘密途径”进行的规避。

2. 规避行为

在与耶林所支持的法学建构相近的思考中，表现着规避行为的功能。法学建构可以采用语言比喻、虚伪行为、拟制和技术扩张等形式实现。[107]耶林将法学建构工具作为“技术工具”。[108]他认为这些工具服务于解释和适用法律规范和法律制度，而这与其自身目的相背。通过这些“技术工具”，法律规范的适用扩张了其“自然能力、其自身的意义和目的”。[109]这样，“技术”工具就会服务于不被允许的目的，耶林称之为“生活的秘密途径”。通过一种习惯法上的强化，这种本来受指责的“生活的秘密途径”就变成了法律上获得承认的“虚伪行为”了。耶林认为法学家们的工作在这里起着决定性作用。[110]耶林将“技术工具”与“简单工具”相对。“简单工具”与法律规范和法律制度适用的意义和目的并不矛盾。

3. 法的续造和概念法学

对于“技术”和“简单”工具进行区分的兴趣首先就表明,其中就有最初的纯粹概念思想的解决方案。在违反本来意义上适用法律制度经常存在严重的概念论争。如果考虑到隐藏在其后的利益和目的,就可以实现某种修正。耶林将人们期望的法律经济作为法学的任务。让与担保作为现代货物交易中一种担保方式,恰恰是对于法律生活影响较大的一个很好例证。[111]由于德国法不承认无占有质权,而实践又需要对于动产的无占有担保权,通过占有媒介关系协商的所有权转让制度就恰好满足了这种需要。采用这种方式,所有权作为了对贷款人的担保,同时,借款人取得物的占有同时取得了使用机会。这种结构完全在法律规定工具的轨道上运行。它十分完美地实现了法律经济的原则。

七、结论

1. 鲁道夫·冯·耶林是19世纪历史法学派传统中著名的德国法学家,其研究重点是流传下来的罗马法。他的老师包括弗里德里希·卡尔·冯·萨维尼和普赫塔这两位历史法学派中最有意义的代表人物。

2. 耶林在其早期坚持概念法学的学说。它首先应该被理解为语言概念导向的法学。作为其中核心的是从既存诸具体规范抽象出法律原则,以及将其制度按照体系化完整进行安排。

3. 耶林在其第一部主要作品《罗马法的精神》中发展出关于概念的教义学发展的“自然历史”方法。在其第一步“分析”中,我们将法律材料分类并寻找一般原则。在下一步“总结”中,已发现规则按照基本原则进行简化。最后一步是“建构”,在这一步中,将努力从材料中获得抽象的法律思想。建构的最后一步曾经被耶林认为是法学艺术的顶峰。

4. 在后期作品中,耶林批判性地对待概念法学学说及其“自然历史方法”。他也认识到,外部抽象的思维方式只是在纯粹概念行为中进行,这就排除了现实生活的经济和社会给定性。因此他将目的作为法律的推动力并作为其后期作品的核心。生活需要应该成为法律规则的标准。法律应受其目的引导。因此,耶林成了利益法学的开拓者。该法律学说直至今日仍然发挥着作用,它引导现行法中法律规范的解释及其转用于或者扩张适用于当事人的利益。该法律概念并不仅仅服务于被承认是正确的法律规范的体系化概括。耶林的利益法学转向体现在其后期主要作品《法律目的论》中。

5. 耶林的第三部主要作品《为权利而斗争》介于《罗马法的精神》和《法律目的论》之间。《为权利而斗争》在国际上非常引人注目,并且是耶林传播最广的作品。该作品的基本见解是,斗争是实现权利的本质特征。按照耶林的理解,权利实现会遇到抵抗,因为它要实现利益。对立利益之间的冲突在所难免。耶林将权利视为个人在斗争中主张的个别权利。另一方面又主张人有为权利而斗争的义务。法律制度只有这种方式才可能主张。

6. 德国民法中几项当代比较稳定的法律制度都可以追溯到耶林。最著名的就是缔约过失。对于缔约过失,耶林发展的不仅仅是其名称,还包括其法律基础。缔约过失涉及缔约行为中很多情形的过失。耶林自己涉及的主要是,一方当事人在缔约过程中存在错误并因此而导致合同无效时,对于不当适用的损害赔偿问题。尽管缔约过失旨在补充先合同保护义务违反问题,但借助于该理论可以调整《德国民法典》中的大量内容。

7. 与耶林关系密切的其他法律制度,是通过让与动产返还请求权转让动产(《德国民法典》第 931 条)。他的贡献在于将商法中提单转让所适用的规则转用于一般民法领域。通过让与返还请求权可以转让所有权,这一点及其后来发展都不是耶林一个人所主张的。

8. 关于民法和刑法的理论,耶林还主张区分违法性和过失的理论。耶林时就已经开始研究所有权的社会义务、所有权人——占有人关系中的善意占有人的保护等题目,这些题目,今天都已经成为现实。

9. 耶林对于当代德国法律体系的意义并不仅仅在于简化个别法律制度。通过阐明纯粹概念导向的法律思想问题以及开辟利益导向法学的道理,耶林产生了更大的影响。此外,他那清晰的概念化和法律建构的思想仍然在起着作用,这对于将目的导向的法学作为手工活动的工作来说是必要的。

注释

1 有时也写作“Ihering”。

2 沃尔夫(*Wolf*),《德国人文史中伟大的法思想家》(Große Rechtsdenker der deutschen Rechtsgeschichte),1963 年,第 622 页,第 633 页。

3 对此参见“耶林的遗产”(Jherings Erbe)研讨会(1970 年)会议论文:高德梅(*Gaudemet*),“耶林法律史概念的有机体理论及其演进”(Organicisme et évolution dans la conception de l' histoire du droit chez Jhering),第 29 页;吉尔伯特(*Gibert*),“耶林在西班牙”(Jhering en Espana),第 40 页;哈特(*Hart*),“耶林的概念天堂和现代分析法学”(Jhering' s Heaven of Concepts and Modern Analytical Jurisprudence),第 68 页;约根森(*Jorgensen*),“耶林对于新斯堪的那维亚法律学说的意义”(Die Bedeutung Jherings für die neuere skandinavische Rechtslehre),第 116 页;马里尼(*Marini*),“耶林对历史法学的贡献”(La storicità del diritto scienca giuridica nel pensiero di Jhering),第 155 页;帕西尼(*Pasini*),“耶林的内部社会学”(La sociologia interna die Jhering),第 177 页;

F. 施密特(*F. Schmidt*),"瑞典物权法中耶林的影响"(Jherings Tradition im schwedischen Sachenrecht),第 206 页;维勒(*Villey*),"耶林的权利"(Le droit subjectif chez Jhering),第 217 页;同时参见"耶林的思想"(Jherings Denken)"研讨会(1996),崔秉祚(*Byoung Jo Choe*),"在传统朝鲜的为权利而斗争——儒家理想和现实"(Der Kampf ums Recht im traditionellen Korea – Die konfuzianische Ideologie und die Wirklichkeit),第 32 页;萨默斯(*Summers*),"鲁道夫·冯·耶林对美国法律理论的影响——选择描述"(Rudolf von Jhering' s influence on american legal theory – A selevtive account),第 61 页;洛萨诺(*Losano*),"托比亚斯·巴雷托和巴西对耶林的继受",(Tobias Barreto und die Rezeption Jherings in Brasilien),第 77 页;西村重雄(*Shigeo Nishimura*),"耶林对日本政府的宪法政治的建议和授予勋章"(Jherings verfassungspolitische Ratschläge an die japanische Regierung und die Verleihung des Ordens),第 97 页;马木特(*Mamut*),"鲁道夫·冯·耶林和弗拉基米尔·列宁——政治和法律思想的对比"(Rudolf von Jhering und Wladimir Lenin – Parallelen in ihrem politischen und rechtlichen Denken),第 111 页;摩德尔(*Modéer*),"耶林的法律思想作为对斯堪的那维亚法学的挑战"(Jherings Rechtsdenken als Herausforderung für die skandinavische Jurisprudenz),第 153 页。

4 他在一份讲座手稿中提到前述关于法律学习的思想,这就是一个标志。将其付印者,黑尔费尔(*Helfer*),《法学家报》(JZ),1966 年,第 506 页;参见希尔施(*Hirsch*),,"耶林作为法律课程的改革者(日常生活中的法学)"[Jhering als Reformator des Rechtsunterrichts(Die Jurisprudenz des täglichen Lebens)],载《耶林的遗产会议文集》(Jherings Erbe),第 89 页以下。

5 沃尔夫(注 2),第 657 页。

6 沃尔夫(注 2),第 627 页及下页;维亚克尔(*Wieacker*),《鲁道夫·冯·耶林》(Rudolph von Jhering),第 2 版,1968 年,第 12 页。

7 克伦纳(*Klenner*),《耶林的为权利而斗争,民主与权利》(Jherings Kampf ums Recht,Demokratie und Recht),1992 年,第 437 页。

8 "耶林的遗产——纪念鲁道夫·冯·耶林诞辰 150 年哥廷根研讨会"(Jherings Erbe – Göttinger Symposium zur 150. Wiederkehr des Geburtstages von Rudolf

von Jhering),1968 年,1970 年出版。

9 “耶林的法律思想——纪念耶林逝世 100 周年哥廷根研讨会”(Jherings Rechtsdenken – Göttinger Symposium zur hundertsten Wiederkehr seines Todestages),1992 年,1996 年出版。

10 参见沃尔夫(注 2),第 629 页及下页。

11 克伦纳(注 7),第 444 页。

12 沃尔夫(注 2),第 629 页。

13 沃尔夫(注 2),第 632 页。

14 沃尔夫(注 2),第 642 页及下页。

15 参见《致友人的信件中的鲁道夫·冯·耶林》(*Rudolf von Jhering* in Briefen an seine Freunde)(1913 年,1971 年重印);洛萨诺(*Losano*),《耶林与翁格尔和格拉泽之间的通信》(Der Briefwechsel Jherings mit Unger und Glaser),1996 年。

16 沃尔夫(注 2),第 636 页。

17 沃尔夫(注 2),第 643 页。

18 沃尔夫(注 2),第 644 页及以下。

19 拉伦茨(*Larenz*),“鲁道夫·冯·耶林和德国法学的当代现状”(Rudolf von Jhering und die heutige Lage der deutschen Rechtswissenschaft),载《耶林的遗产》(Jherings Erbe),1970 年,第 135 页。

20 沃尔夫(注 2),第 642 页。

21 耶林(*Jhering*),《罗马法的精神》(Der Geist des römischen Rechts),第 1 卷,第 6 版,1907 年,第 4 节第 49 页:“没有实现的,绝对不是法,反过来,具有这种功能的,也是法,即使它还没有承认是法。”

22 沃尔夫(注 2),第 643 页。

23 拉伦茨(注 19),第 135 页。

24 拉伦茨(注 19),第 138 页。

25 关于耶林作品的概括,可以参见洛萨诺(*Losano*),“耶林作品目录”(Bibliographie Jherings),载《耶林的遗产》,1970 年,第 252 页以下。

26 题目全称是:《不同发展阶段罗马法的精神》(Der Geist des römischen Rechts

auf den verschiedenen Stufen seiner Entwicklung)。该作品分为三部分,第二部分又分为两部分。作为最后修订出版的各版分别是:第 1 卷,第 6 版,1907 年;第 2 卷第 1 部分,第 5 版,1894 年;第 2 卷第 2 部分,第 5 版,1898 年;第 3 卷,第 5 版,1906 年。

27 出版了两卷,第 1 卷,1884 年第 2 版;第 2 卷,1886 年。

28 参见霍梅斯(*Hommes*),《鲁道夫·冯·耶林的自然历史方法》(Rudolf von Jherings naturhistorische Methode),载《耶林的遗产》(Jherings Erbe),1970 年,第 101 页以下。

29 维亚克尔(注 6),第 34 页及下页。

30 德莱尔(*Dreier*),"耶林的法律理论——演化的法律理性的理论"(Jherings Rechtstheorie – eine Theorie evolutionärer Rechtsvernunft),载《耶林的法律思想》(Jherings Rechtsdenken),1996 年,第 222 页、第 224 页。

31 参见耶林,《罗马法的精神》(注 26),第 1 卷,导论,第 23 页:"为了评论罗马法,我们不能局限于个别规定,而应概括出原则,因此我们不得不不断进行抽象。"

32 参见霍梅斯(注 28),第 101 页以下;洛萨诺(*Losano*),"耶林建构学说中的虚构和真实"(Dichtung und Wahrheit in Jherings Konstruktionslehre),载《耶林的遗产》(Jherings Erbe),1970 年,第 142 页以下。

33 耶林,《罗马法的精神》(注 26),第 1 卷,导论,第 3 节,第 25 页以下;第 2 卷第 2 部分,第 39 节至第 41 节,第 334 页以下;在其为教义学而创立的年刊的序言中,耶林再次描述了概念界定的过程"我们的使命"(Unsere Aufgabe),载《耶林年刊》(Jherings Jahrbücher),第 1 卷(1857 年),第 1 页以下;同时参见沃尔夫(注 2),第 638 页以下。

34 霍梅斯(注 28),第 103 页。

35 沃尔夫(注 2),第 640 页。

36 参见沃尔夫(注 2),第 642 页及下页。

37 沃尔夫(注 2),第 631 页及下页。

38 耶林,《罗马法的精神》(注 26),第 2 卷第 2 部分,第 37 节、第 38 节,第 309 页以下,第 325 页以下。

39 参见维亚克尔(注6),第23页以下;沃尔夫(注2),第638页以下。

40 霍梅斯(注28),第103页。

41 维亚克尔(注6),第23页。

42 维亚克尔(注2),第23页。

43 耶林,《罗马法的精神》(注26),第1卷,导论,第3节,第40页:"通过不同因素的组合,科学可以构成新概念和新法律规范;概念是具有创造力的,它们彼此配对并生产出新的来。"

44 维亚克尔(注6),第4页。

45 维亚克尔(注6),第24页。

46 沃尔夫(注2),第639页。

47 耶林,《罗马法的精神》(注26),第2卷,第2部分,第38节,第333页。

48 霍梅斯(注28),第104页。

49 耶林,《罗马法的精神》(注26),第2卷,第2部分,第41节,第371页。

50 沃尔夫(注2),第639页。

51 霍梅斯(注28),第105页;沃尔夫(注2),第639页。

52 耶林,《罗马法的精神》(注26),第2卷,第2部分,第41节,第371页以下。

53 耶林,《罗马法的精神》(注26),第2卷,第2部分,第41节,第378页以下。

54 耶林,《罗马法的精神》(注26),第2卷,第2部分,第41节,第379页以下。

55 霍梅斯(注28),第111页。

56 耶林,《罗马法的精神》(注26),第2卷,第2部分,第41节,第373页。

57 沃尔夫(注2),第639页。

58 耶林,《罗马法的精神》(注26),第2卷,第2部分,第38节,第325页以下。

59 霍梅斯(注28),第108页以下。

60 霍梅斯(注28),第107页。

61 在此意义上,参见,霍梅斯(注28),第107页。

62 霍梅斯(注28),第111页。

63 耶林,《罗马法的精神》(注26),第2卷,第2部分,第41节,第38页及下页:"体系中的科学表现为活动的无限范围、研究和发现取之不尽的区域和豪华的才智享受的渊源。并不是实定法的严格限制在这里向其标明帝国边界,直接的现实问题也不是他应该徘徊的小路。正如在哲学中,他的思想可以自由且毫无障碍地漫步和研究,然后使危险消失。这样,他就安置在世界的实际自然中,总能驾驭现实事物。”

64 克伦纳(注 7),第 440 页。

65 克伦纳(注 7),第 437 页。

66 对此,参见沃尔夫(注 2),第 646 页。

67 沃尔夫(注 2),第 647 页。

68 吉尔克(*Gierke*),《德国私法》(Deutsches Privatrecht),第 1 卷,第 319 页,注 1。

69 沃尔夫(注 2),第 650 页及下页。

70 沃尔夫(注 2),第 650 页。

71 沃尔夫(注 2),第 655 页及下页。

72 参见沃尔夫(注 2),第 651 页。

73 耶林(*Jhering*),“缔约过失或者合同无效或者不完整时的损害赔偿”(Culpa in contrahendo oder Schadensersatz bei nichtigen oder nicht zur Perfektion gelangten Verträgen),载《耶林年刊》(Jherings Jahrbücher),第 4 卷,1861 年,第 1 页以下。

74 参见迪德里希森(*Diederichsen*),《当代德国私法中耶林的法律制度》(Jherings Rechtsinstitute im deutschen Privatrecht der Gegenwart),载《耶林的法律思想》(Jherings Rechtsdenken),1996 年,第 175 页,第 195 页以下。

75 迪德里希森(注 74),第 195 页。

76 迪德里希森(注 74),第 196 页及下页。

77 耶林也发现了电报的意义。参见,迪德里希森(注 74),第 196 页及下页。

78 迪德里希森(注 74),第 196 页及下页。

79 对此,参见迪德里希森(注 74),第 180 页以下。

80 耶林(*Jhering*),“非向非所有权人转让返还所有物之诉(转让使用的所有物返还之诉、提单等相同)”[übertragung der Reivindicatio auf Nichteigenümer (Cession derselben, reiv. Utilis, Connossement)],载《耶林年刊》(Jherings Jahrbücher),第 1 卷,1857 年,第 101 页以下。

81 迪德里希森(注 74),第 181 页。

82 迪德里希森(注 74),第 181 页。

83 迪德里希森(注 74),第 181 页及下页。

84 耶林(*Jhering*),“罗马私法中的过失因素”(Das Schuldmoment im römischen Privatrecht),载《刑法学家比恩鲍姆祝贺文集》(Festschrift für den Strafrechtler *Birnbaum*),1867 年;同时还印刷于,《论文杂编》(Vermischte Schriften),1879 年,第 155 页以下;对此参见,迪德里希森(注 72),第 194 页及下页。

85 巴拉塔(*Baratta*),“论耶林对刑法学的意义”(über Jherings Bedeutung für die Strafrechtswissenschaft),载《耶林的遗产》(Jherings Erbe),1970 年,第 17 页以下。

86 耶林(注 84),第 199 页。

87 耶林(注 84),第 159 页。

88 参见迪德里希森(注 74),第 194 页及下页。

89 耶林(*Jhering*),“善意占有人占有他人之物后,于该物灭失情形是否有义务向所有权人返还该物所值价款”(Ist der ehemalige gutgläubige Besitzer einer fremden Sache verpflichtet, nach dem Untergang den Eigentümer derselben den gelösten Kaufpreis herauszugeben),载《耶林年刊》(Jherings Jahrbücher),第 16 卷,1878 年,第 230 页。

90 耶林(注 89),第 230 页以下。

91 对此,参见迪德里希森(注 74),第 185 页及下页。

92 耶林(*Jhering*),“论为邻人利益对土地所有权进行限制的学说”(Zur Lehre von den Beschränkungen des Grundeigentums im Interesse der Nachbarn),载《耶林年刊》(Jherings Jahrbücher),第 6 卷(1863 年),第 81 页以下。

93 迪德里希森(注 74),第 190 页。

94 迪德里希森(注 74),第 190 页。

95 耶林(*Jhering*),《法律目的论》(Der Zweck im Recht),第 1 卷,第 2 版,1884 年,第 466 页以下。

96 拉伦茨(注 19),第 139 页。

97 拉伦茨(注 19),第 140 页。

98 沃尔夫(注 2),第 634 页。

99 沃尔夫(注 2),第 634 页。

100 沃尔夫(注 2),第 652 页及下页。

101 霍梅斯(注 28),第 102 页。

102 沃尔夫(注 2),第 658 页。

103 耶林(*Jhering*),《罗马法的精神》(Der Geist des römischen Rechts)(注 26),第 3 卷,第 56 节,第 243 页。

104 卡·施米特(*K. Schmidt*),"当代法律续造中耶林的精神——从当代的立场对《罗马法的精神》的概述"(Jherings Geist in der heutigen Rechtsfortbildung – Ein Streifzug durch den,,Geist des römischen Rechts" aus heutiger Sicht),载《耶林的法律思想》(Jherings Rechtsdenken),1996 年,第 201 页,第 205 页及下页。

105 对此,参见耶林,《罗马法的精神》(注 26),第 3 卷,第 56 节,第 242 页以下。

106 卡·施米特(注 104),第 215 页及下页。

107 霍梅斯(注 28),第 105 页。

108 参见耶林,《罗马法的精神》(注 26),第 3 卷,第 58 节,第 277 页以下。

109 耶林,《罗马法的精神》(注 26),第 3 卷,第 55 节,第 240 页。

110 霍梅斯(注 28),第 105 页及下页。

111 卡·施米特(注 104),第 315 页。

Otto von Gierke

1841—1921

奥托·冯·吉尔克

1841—1921

一、导论

奥托·冯·吉尔克(*Otto von Gierke*)*是19世纪末20世纪初德国“日耳曼法学家”最有影响的代表人物。作为法学家,他的突出贡献主要是在日耳曼法律史方面。人们将“日耳曼法学家”与主要研究古典罗马法及其继受的“罗马法学家”相对应。[1]冯·吉尔克的特殊意义,不仅仅是因为他在不同的兴趣领域和工作领域做出了指导性的研究贡献,还是因为他所出版的大量作品。他的研究范围既涉及国家法又涉及私法,他研究法律领域,既从历史角度进行,又从哲学角度进行。因此,介绍冯·吉尔克的生平和作品,只能让大家了解到他真正伟大之处的点点滴滴。以下内容,首先是冯·吉尔克的生平,当然也会涉及这些外在于生平信息背后的冯·吉尔克本人。然后介绍他的伟大成就,即有机体理论。除此之外,以下部分还将概括介绍他的其他著作,其中,首先介绍他对德意志法学家大会的参与,接着简要说明他对《德国民法典第一草案》的批评,然后综述他关于16世纪晚期17世纪早期的德国法哲学家约翰内斯·阿尔特胡修斯(*Johannes Althusius*)的著作,恩斯特·兰茨贝格(*Ernst Landsber*)曾经称之

---

* 也有译为“基尔克”、“祁克”者。——译者注

为“文献史研究上(……)现有的最独特并且最有意义者之一”。

二、外在生活经历

吉尔克 1841 年 1 月 11 日生于什切青(Stettin),在五个兄弟姐妹中排行才老大。[2]他的父亲尤利乌斯·吉尔克(*Julius Gierke*)曾任什切青市的法律顾问(“城市法律顾问”),后曾官至普鲁士农业部长,再后来任布罗姆贝格(Bromberg)上诉法院的院长。吉尔克的母亲特蕾泽(*Therese*)出生于波莫瑞的齐特尔曼(*Zitelmann*)法律世家。吉尔克最初在什切青上学,后来在布罗姆贝格上学。1855 年他的父母双双在考雷拉(Cholera)去世,这些孤苦伶仃的孩子搬到了他母亲的兄弟司法顾问奥托·齐特尔曼(*Otto Zitelmann*)那里,而他自己也有很多孩子。1857 年吉尔克完成了中学学习,此前在什切青又上了两年玛丽亚教会中学(Marienstiftgymnasium)。

他对法律的学习始自柏林著名的洪堡大学,当时他 16 岁。一个学期之后,他转到海德堡学习三个学期,在那里他参加了一个学生社团,即阿雷曼尼亚学生社团(der Burschenschaft Alemannia),这个社团无论是在精神上还是在政治上都使他打上了法兰克福保罗教会时代的(der Zeit der Frankfurter Paulskirche)德意志民族理念的烙印。1859 年他转回到柏林。在柏林,吉尔克遇到了积极参与政治的日耳曼法学者格奥尔格·贝泽勒(*Georg Beseler*),并受到他关于统一德意志法律发展理念的影响。[3]吉尔克在学生时代就努力在创造性上超越他的老师格奥尔格·贝泽勒。[4]在贝泽勒的一次研讨课上,吉尔克因为对日耳曼时代流传下来的一些法律机制进行具有远大抱负的研究而大出风头。[5]在第六个学期,吉尔克向古斯塔夫·霍迈尔(*Gustav Homeyer*)递交了题为“论采邑义务”(De debitis feudalibus)的博士学位论文。该文涉及了采邑关系法、信托关系法以及私人领主权和种族遗产法,所有这些自始至终都是吉尔克偏爱的论题。[6]1860 年 8 月 21 日,19 岁的吉尔克获得法学博士学位。

获得博士学位之后就是服义务兵役,然后才是司法见习期服务。1865 年 6 月 27 日,吉尔克在柏林被任命为法院候补文官。他几乎在同一时间开始准备其教授资格论文。他与格奥尔格·贝泽勒商定了论文题目。论文题目是"德意志合作社"(Die deutsche Genossenschaft),作者除将其作为教授资格论文外,还毕生钟情于它。[7]1866 年普奥战争爆发,这位年轻的法院候补文官必须也有义务参加国防军,并担任了炮兵预备役少尉。在这个位置上,吉尔克于 1866 年 7 月 3 日参加了对柯尼希格拉茨战役(der Schlacht bei Königgräz),普鲁士军队在莫尔特克(*Moltke*)领导下取得对萨克森—奥地利军团的胜利,它决定了在德意志问题上德国和奥地利并存的发展方向。此后不到一年,1867 年 4 月初,吉尔克递交了他关于德意志合作社的教授资格论文,该文厚达 1100 页,它表明了吉尔克非同寻常的创造性。[8]作为教授资格程序的结束,他于 1867 年 5 月 27 日用拉丁文就手工业行会在早期和现代的区别发表就职演讲。经过试讲,吉尔克在柏林担任私人讲师。他讲授的课程包括德意志帝国史和德意志法律史、德意志私法以及采邑法、票据法和商法,此外还有国家法。[9]1868 年,吉尔克就出版了关于合作社法著作的第一卷,而该书第四部分超过了一千页,直到 19 年之后,也就是 1887 年春季才出版。吉尔克计划中该书的第五部分内容涉及 19 世纪团体理论史,但最终并未完成。尽管如此,他还是在 1913 年前 3 卷发行时,在扩写后的前言中发表了自己的结论。

1870 年 7 月德法战争爆发时,吉尔克重新服役担任了国防军炮兵军官。在法国的战役中,吉尔克隶属于黑森军团。由于临时代理上尉工作,他在梅济耶尔(Mézières)之前获得了一枚铁十字勋章,这是对于作出特殊军事贡献的人而颁发的一种受人尊敬的奖赏。与此同时，吉尔克收到了苏黎世大学的聘任邀请，但他予以了拒绝。1871年3月9日，他被柏林大学任命为编外教授。此后不久，1872年春季，吉尔克被推荐担任布雷斯劳（Breslau）大学教授，1872年12月13日，他获得正式任命。在这里他开始了其多产的创作阶段。[10]吉尔克加入了社会政治协会并且在不久后担任其主席和副会长。他在其中尽量将维护保守的家长制传统与努力进行法律政治改革二者结合起来。他本人也进行了一些新创造。1873年4月3日，吉尔克娶了莉莉·勒宁（*Lili Loenin*），她毕生对他温柔体贴，忠实不渝。[11]他们夫妇共育有三男三女。从1873年开始，吉尔克讲座课上的听众开始越来越多，他讲的内容涉及古代帝国和近代帝国，主要集中于德意志法，同时还涉及法律的早期发展及其晚期情况。1874年，吉尔克开始研究国家的基本概念以及新的国家法理论，此外，其作品1915年未经改动重新印刷。在该作品中，吉尔克反对法律中形式主义努力，主张务实的方法。在他看来，这种方法无论是在内容上还是在历史上都更符合正义。[12]它所要求的主要是历史导向和社会导向的国家学说。[13]国家不仅仅是形式上的机构，还是有生命的（“有机的”）共同体。采用这种观察方式，就不再将国家与没有生命的机器进行比较。[14]

吉尔克于1875年作为教会法的唯一代表赴柏林参加了特别宗教会议。这个时代正是所谓文化斗争时代，在这个时代里，普鲁士的最大特征是国家、政党和天主教会之间极度不和，国家和教会之间极端分离。吉尔克的职位招致很多敌视，因此，当1878年西格弗里德·布里（*Siegfried Brie*）接替该职位时，他非常高兴。这时的吉尔克致力于中世纪宗教法。后来，他于1911年获得该领域的一个名誉博士学位，除此之外，同年还获得一个哲学名誉博士。1878年，吉尔克为德意志法学家大会撰写了一份关于法学学习的专家意见书,他在其中讨论了八个学期制的学习。[15]然后,他在布雷斯劳开始编辑“德意志国家史和法律史研究汇编”(Sammlung der Untersuchungen zur Deutschen Staats – und Rechtsgeschichte),迄今已包含了不同方向的一百三十多部作品。1880 年,他自己在“研究汇编”中发表了一篇论文,内容涉及约翰内斯·阿尔特胡修斯于 1603 年发展起来的以自然法为理论先导、以卡尔文主义为基础的国家学说,与此同时还强调了自然法对于法学发展的意义。[16]该书广为众人企盼,以至于不得不在 1902 年和 1913 年两次重印。1882—1883 年,吉尔克担任了大学校长。他在为此而举行的校长任职演说中,讨论了自然法和德意志法。

1884 年,吉尔克接受了海德堡大学的聘任。此间,1884 年 7 月 11 日他被授予枢密顾问(Geheimer Hofrat)头衔。在中世纪总有博学之人为专制的统治者在宫廷中担任顾问,这是对他们授予的荣誉称号。但吉尔克在海德堡大学只停留了三年。在海德堡大学的六个学期间,他还是巴登历史委员会的成员。由此,他完成了一篇关于 15 世纪巴登城市法和改革计划的论文,文章尤其考虑了家庭财产法和继承法,它是吉尔克关于古代德意志法律渊源的两部作品之一。[17] 1884 年开始,吉尔克主要致力于人的团体法。他的研究得以发表,该作品提出,合作社作为真正的整体人的理念并不是历史形而上学的空想,而主要是现实存在的组织性法律。[18]1887 年,吉尔克被聘任到柏林,他在那里接替了他的良师益友贝泽勒(*Beseler*)。1887 年 6 月 29 日他同时被授予司法枢密顾问称号。这样,吉尔克又回到了他获得博士学位和教授资格的大学。

1888 年《德国民法典第一草案》一经公布,吉尔克就全身心地投入其中。[19]一年之后他就发表了一部回应草案。尽管该回应草案对民法草案第二稿产生了重要影响,[20]吉尔克本人——不同于他的儿子——仍然从未参与到其委员会中或者以其他方式参与到该法律的起草中,这正是让他伤心之处。[21]他也许担心委员会可能会用他来做宣传。[22]吉尔克撰写的这部回应草案广受重视,吉尔克本人也通过该回应草案对新法律产生了巨大的影响。吉尔克被邀请参加了制定《商法典》新文本的工作。1895 年,吉尔克出版了他关于德意志私法的作品,该著作直到 1917 年才全部完成。他对德意志法制度所包含的基本思想进行了研究,在这方面取得的第一项成果就是 1889 年 4 月 5 日的一次演讲。这次演讲涉及的是“私法的社会使命”,后来以此为题得以发表,其中采用了从新民法典的适用者和解释者所需纲要的角度进行概括总结的形式。[23]明斯特大学长期以来隶属于弗赖堡大学科学院,直到 1902 年才升格为大学,吉尔克因为在设立明斯特大学过程中起了重要作用而于 1903 年取得了政治科学的荣誉博士。[24]他为 1906 年德意志法学家大会又撰写一份专家意见,内容涉及国家公职人员在履行职务中致人损害而发生的国家责任。

由于参加国际性会议,吉尔克一生中不仅在国内广有声望,而且还具有杰出的国际声望。它在英格兰、意大利和美国都曾经获得荣誉。例如,1909 年位于波士顿的哈佛大学授予他法学博士学位。他皮肤呈亚麻色,身材高大,易于激动而且引人注目。1903 年在罗马公开出席国际历史学家大会时,意大利人惊慕地认为他就是德意志民族特性的化身。[25]1911 年 1 月 27 日,吉尔克被授予世袭贵族头衔。1915 年,他被任命成为功勋奖章和平会(Friedensklasse des Ordens Pour le Mérite)中 30 名有表决权的骑士之一,该会是弗里德里希·威廉四世皇帝(*Kaiser Friedrich Wilhelm IV*)专为功勋科学家设立的联合会。最后 30 年,奥托·冯·吉尔克和他的妻子生活在夏洛滕堡(Charlottenburg)的卡梅尔大街(Carmerstraße)。1921 年 10 月 10 日他死于肺炎,时年 80 岁,已经为柏林大学热情服务了 70 个学期。

三、冯·吉尔克的个人形象及其政治观念和法律观念

(一)冯·吉尔克其人

冯·吉尔克是一个稳健而且值得信赖的人。[26]他具有独立性,并且率直、坚强和正派,这些都是不容置疑的。[27]他所思、所言、所行的一切都表现出其认真和自律。[28]冯·吉尔克曾经批评他的老熟人乌尔里希·施图茨,因为施图茨从大学出去时没有走右侧通向出口的大门而是走了左侧入口小门,虽然周围很远地方都没有人看见,这可能对施图茨的行为产生某种影响。[29]他对自己的外表并不在意。为了突出那些难懂的演讲,他经常作出些笨拙的手势,就像雷神一样。[30]冯·吉尔克的朋友圈子里都是些大名鼎鼎的人物:阿道夫·瓦格纳(*Adolph Wagner*)、古斯塔夫·施莫勒(*Gustav Schmoller*)、鲁约·布伦塔诺(*Lujo Brentano*)、威廉·狄尔泰(*Wilhelm Dilthey*)、阿尔弗雷德·多弗(*Alfred Dove*)。[31]冯·吉尔克在这个知识分子的圈子里形成了很多历史、政治的思考。[32]

(二)冯·吉尔克的政治观点

冯·吉尔克对普鲁士君主和德意志帝制怀有某种忠诚。[33]他的口号是:“上帝保佑国王和祖国。”[34]尽管如此,他很明显反对绝对约束。[35]他是具有民族自由主义特色的普鲁士君主制的拥护者,[36]支持立宪君主制。[37]对此,他从相传而来的保守的国家概念出发,认为国家对各阶级都是友好而且中立的。[38]因此,他要求强大的国家权力,而国家权力对内促进权利与文化,对外代表国民利益并为国民提供保护。[39]冯·吉尔克对于充满社会精神的国家同样关心。[40]这方面仅局限于冯·吉尔克的自由的宪法概念,[41]因此,他的政治目标基本上可以被归入社会保守主义。[42]

(三)冯·吉尔克的工作方式

冯·吉尔克认为,在不同时代和流派的文献海洋中畅游并且借助于非凡的体察能力而将其根本内容分辨出来,这就是科学。[43]他的演讲出名之处在于,往往是从很早以前讲起,广征博引并且非常深入。尽管如此,这些演讲仍然明白易懂,因为冯·吉尔克非常重视演讲的简单和清晰。[44]他的报告内容以历史和教义为基础,非常完整。[45]其中没有一个句子多余。[46]吉尔克的讲座课也较为随意,演讲的内容可能是他去大学的路上在动物园里事先拟定,被划分成很多段落,他经常会粗略浏览认真记录的笔记本。[47]他一生之中,这方面很少变化。不过工作时间有所变化。他年轻时主要是在晚上工作,后来他习惯于早起,到晚上比较早就停止了工作。[48]

(四)冯·吉尔克法律学说的基本观点

冯·吉尔克是完完全全的日耳曼法学家。他的日耳曼立场受到格奥尔格·贝泽勒的持续影响,作为其学生和精神继承人,冯·吉尔克以超越老师的方式继续发展其理念。[49]吉尔克就这样从他的老师贝泽勒的预先规定中发展出著名的有机体理论,该理论从统一性中的多数性出发(von einer Vielheit in der Einheit ausgeht),共同体中唯一的统一性就是在这种统一性中产生的。[50]冯·吉尔克认为这种当时影响很大的法律统一性有益于社会。[51]作为萨维尼历史法学派的支持者,[52]冯·吉尔克坚信,法并不存在于法律规定之中,而是存在于民众意识之中。[53]真正的法是长成并且有生命的秩序,他要求社会均衡并且服务于正义的道德基础。[54]在他看来,在这方面立法者行为是有意识的。因此,他批评历史法学派中的罗马法学派,认为他们高估了习惯法却低估了——不同于日耳曼法学派——立法者的有意识行为。[55]

按照奥托·冯·吉尔克的论述,现代团体完全是构建出来的。[56]

同样,民族统一性在他的论述中也不仅仅是背后隐藏的协议的全部。[57]超越各具体协议之外还应该有共同根源,它作为一种更高的常设联盟为协议内容提供保障,由此规定了共同体中的个体对其他成员所负的责任。因此,他要求未来的法律制度对已长成的制度的描述,应当是大众化的,同时还应当是社会的和道德的,这样它才能为统一性提供其应有的保障。[58]他将个人主义与社会解体几乎相提并论。[59]与此相应,冯·吉尔克反对罗马法学家原子化和个人化的倾向。[60]尽管外表较为相似,他对社会主义的思维方向仍然表示了批评。[61]他的思想世界以充满和谐的社会秩序的基督教思想为基础,阶级斗争在这里是格格不入的。[62]

因为有历史法学派的背景,所以冯·吉尔克也认为法学方法总需要有一些法哲学因素。[63]法哲学也只有植根于历史土壤才有可能。[64]法虽然主要但却不仅仅是实定法。实定法之外,还存在法理念,人们可以并且也必须将它与实定法制度相区别。按照冯·吉尔克的观点,法理念和实定法同时存在,它们可能相互关联,但并不总是相互关联。[65]这两个领域虽然能够相互区别,但却不能完全分离开。[66]它们相互补充并相互增强。[67]法理念导致所有其他一切,但却与美的理念和善的理念或者宗教理念并不完全相同,同样也不能从这个理念推导出其他理念。[68]法理念的独立性最初是自然法承认的,冯·吉尔克也承认这一点,[69]但反对将其无条件应用,因为将其应用到国家思想上就会产生问题。[70]法理念只能存在于具体的形制之后,并在其中获得其形式和颜色。在这方面,人们必须首先考察实定法。[71]

(五)冯·吉尔克对劳动法的影响

冯·吉尔克在其研究中曾经深入讨论过的一种素材是劳动法。他之所以积极研究劳动法,其背景是他的一种观点,即劳动法是自由人格的证明和后果。[72]1868年他关于合作社法的作品中就已经指出了在企业组织中加入雇员的重要意义。[73]从由合作社理念发展起来的社会法出发,他在1888年出版的民法典回应草案对现行的和计划中的劳动法进行了批评,并试图影响其继续发展。他首先将关于提供劳动成果负担债务的承揽合同与指向提供工作的雇佣合同进行了区分。[74]不同于承揽合同,雇员的雇佣性工作总是与其人格相联系。[75]因此雇佣合同的基础是德意志法上的信赖雇佣合同,处于这种具有人法特点合同中心地位的是双方互相信赖而不是雇佣本身。[76]然而,奥托·冯·吉尔克对信赖雇佣合同进行修正的出发点是,劳动合同的合同标的并不是受雇人的人身。[77]在雇佣合同中交织了很多的人法因素和债法因素,[78]因此,所涉及的不仅仅是纯粹的出卖"劳动"这种商品。[79]

奥托·冯·吉尔克从1887年起开始反对《德国民法典第一草案》中对雇佣合同所采用的个人化形式,并且强调《德国民法典》应当面临的社会使命。[80]它在系列作品中都有类似表达,这些作品有的体现在其《德意志私法》中,有的发表在"研究汇编"系列作品中,有的体现在《海因里希·布伦纳祝贺文集》(1917年)中。日耳曼法中主张的"基于支配权力的共同体"以适当的企业经营管理为背景,它对雇工同样适用。[81]作为该合同基础的共同体除了有主家权利(Herrenrecht)外,随之而来的还有主家义务(Herrenpflicht)。[82]按照冯·吉尔克的论述,权力人这种保护和照顾义务与属于劳动合同组成部分的权力服从人的信赖和服从义务同时存在。[83]它们在当代雇佣合同中也不可能有什么不同。在雇佣关系中,当代确立了一种人法上的约束,这种约束的形式为全面的雇员保护法,表现为劳动合同订立中雇主的不作为义务和使用雇员、支付工资等积极的行为义务等。[84]内部约束特别会强制雇主对于在实施劳动中雇员所遭受的损害负担补偿义务。[85]罗马法并不承认这样的义务。尽管在《德国民法典》制定时确立雇主这种照顾义务,既符合当时的司法裁判中的见解,[86]又符合文献中的通说,[87]但《德国民法典第一草案》对此仍未予考虑。第二委员会的草案中最终采纳这些义务,[88]也有冯·吉尔克的一份贡献。[89]

奥托·冯·吉尔克在对1888年《德国民法典草案》进行批评的范围内对终止期间表达了自己的见解。草案规定了劳动关系中为期两周的统一终止期间。冯·吉尔克认为该期间对于较高层次的劳动关系有些太短了。[90]《普鲁士一般邦法》在《德国民法典》之前适用于德国很多地方,该法对诸如教育工作者、秘书、神甫等依靠所掌握的科学和美妙的艺术在家庭中提供服务的人规定了终止期间为四分之一年。[91]对于较高层次的服务所提供的这样的优惠,当代可以在《德国民法典》第620条、第622条中发现。《德国民法典》之所以将其引入,原因是冯·吉尔克的再次批评。[92]这样他就对损害赔偿法的那种合理性权衡的基础进行了令人信服的批评,这种基础在当代劳动法中“企业引起的劳动”和“企业内部损害补偿”的概念中还有所体现。[93]这种法律形制赋予雇员对雇主的损害赔偿请求权或者说雇主对轻过失所致损害不用负担义务,它直到20世纪30年代才获得广泛承认,这是以冯·吉尔克的详细解释为基础的。[94]奥托·冯·吉尔克的劳动法观点在很多方面都远远领先于他的时代。他在1916年就已经主张引入最低工资制。[95]他认为,由于雇佣合同参加人之间关系密切,对于当时未能实现(《德国民法典》旧文本第196条第1款第8项)并且到现在也没有实现的债权,持续使用劳动使得雇员和雇主之间该请求权的消灭时效发生中止。[96]

在1868年关于合作社法的文章中,冯·吉尔克已经指出了1848年开始在德国设立的雇员社团的重要性,它对该社团表示支持。[97]因为职业团体当时没有国家承认的章程自治,[98]他认为由雇员联盟所商定的集体协议在学说上是《德国民法典》没有规制的债法合同。职业团体应当以自己的名义而不是以其成员的名义订立该合同。[99]正如冯·吉尔克早先的正确认识那样,集体合同的内容欠缺真正的集体效力方面的法定指示,因此完全是任意的。[100]只有劳动合同订立时没有其他约定,其内容才应作为关于《德国民法典》第612条第2款规定的"通常报酬"。[101]根据冯·吉尔克的论断,不久就引入了职业团体章程自治并且承认了其谈判确定的集体条款的约束力。[102]

(六)有机理论

为了从根本上改革人类团体法的学说,冯·吉尔克提出他的"有机理论"或者也可以称为"有机体理论"。[103]按照该理论,国家和团体在感性上不可觉察,但由于有精神媒介而被"确确实实"作为可以辨认的集体,它表现出超越个体存在的人类种属存在。[104]在这里,他并没有区分合作社(Genossenschaft)和共同体(Gemeinschaft),而是将协会(Assoziation)、合作社和天然[共同体(Gemeinschaft)]与理性[团体(Gesellschaft)]的这三者在他的概念中结合起来。[105]冯·吉尔克意义上的合作社是指个体为实现共同的价值而故意设立出来的一种结合。[106]合作社经过设立人的共同行为而成立。[107]因此,团体人格的成立根本不需要由国家创设。[108]这样法人就不仅仅是通过国家主权行为方式而许可的一种拟制,[109]因此冯·吉尔克更喜欢用"团体人"(Verbandsperson)的名称。他认为,"法人"的表达方式并不正确,因为个体人的人格也是法律上的。[110]团体人具有充分现实性,个人处于该现实之下,团体人在个体人之外权利相同。[111]因此,奥托·冯·吉尔克称人类集体为一种现实。[112]团体人来自于其成员,统一性和多数性联系在一起并且相互限制。[113]统一性和多数性相互依存,都有局限性并且互为目的和手段。[114]因为个体总是作为一个高级整体的成员,因此必然是为大众服务,任何成员都可以充分代理统一性。[115]冯·吉尔克根据行为的争议倾向(Stoßrichtung des Handelns)区分了个人法和社会法。个人法对外调整团体人之间的关系,而成员之间的内部关系则根据共同体法予以确定。[116]确立社会法可以使有机理论在这方面与个人主义理论的特殊性表现出来,这样就只需要社会法,因为团体人和单个人之间按照团体理论存在一种相互关系,而该理论的反对者对此则予以否定。[117]社会法与个人法之间的区别不能与公法和私法之间的区别相提并论。[118]团体可以按照私法组织起来,也可以按照公法组织起来。关于经过划分后的整体的性质,冯·吉尔克的有机理论将其等同于国家、作为最小的共同体的教会和最松散的合作社。[119]个人法对团体人发生作用,除此之外,在一个团体加入另一个较高团体时,它也是关于团体人的社会法之外的一个较高秩序。[120]

这种结合的最高形式是国家。它区别于其他客观实体之处只在于其自治方面,因为它作为结合的最高阶段并不处于任何其他制度之下。[121]通过作为最高社团的国家构想,冯·吉尔克的国家学说自然是完完全全地按照等级制——垂直结构建立起来的。这样,典型宪法国家不是纯粹的合作社,不是纯粹统治,也不是专制法的国体,而是以合作社性质为基础(国家公民资格)并且其专制上层(君主)是有机的,即国家并不是作为相互结合的集体的总和,而是作为相互结合的集体产生的新的统一性。[122]代议制宪政国家是全体人民——统治者和被统治者——为了政治的和法律的统一性而形成的有机体,[123]它使得冯·吉尔克的国家概念和以科勒(*Cole*)和拉斯基(*Laski*)为代表的结社理论相区别。[124]因为国家是统治和自由合意的综合,对他而言,普遍的合法性也是如此。因此,个人总是服务于国家。[125]作为整体的成员,单个人在这种内在联系中总有其特殊的权利和义务。[126]

冯·吉尔克因其社会学说而远远超越了同时代人的观点,他的理解将其局限在结合的外部表现上。[127]他认为联系之中存在某种社会法,社会法使得单个人有其权利和义务。这种认识使得将社会现象概括到法律概念中成为可能,而这点在某种程度上也是他的最大成就。[128]借助于他对个人法和社会法的区别,人们可以根据社会法与个人法的联系程度而将各个历史时期与国家概念相分离。[129]由此导致另一项认识,例如中世纪不是将公法和私法而是将公法和共同体法相提并论。[130]

四、冯·吉尔克的主要作品

冯·吉尔克出版的作品数量难以计数,后人很难从他的作品中单单挑选出某一部作品,认为这部作品特别重要或者是以特殊方式影响了他所处时代的法律生活。当然,对他的主要作品还是可以说一说的。他的主要作品包括他为德意志法学家大会撰写的一系列专家意见,还包括他关于《德国民法典草案》的回应草案,关于合作社法的作品及其《德意志私法》。

(一)冯·吉尔克参与德意志法学家大会

为满足跟踪当前法律政策问题并且认识未来的需要,冯·吉尔克定期参加德意志法学家大会。[131]德意志法学家大会是德国法学和实务界最重要的论坛,尤其是有很多高级法学家的参与。德意志法学家大会讨论所有法律领域的基本问题,由这些问题开始提出很多立法草案的建议、计划和要求。[132]诸如弗兰茨·冯·李斯特(*Franz von Liszt*)、鲁道夫·冯·格奈斯特(*Rudolf von Gneist*)和弗里德里希·卡尔(*Friedrich Kahl*)等教授参加法学家大会,使其很早就产生影响并具有重要意义。法学家大会对立法具有深远影响,并且有助于立法超越德意志法律割据主义。由于对立法的影响,德意志法学家大会在一定程度上被作为法律的“预备议会”。冯·吉尔克最初只是作为听众参加,从1888年开始他成为了代表团常务成员,1915年他成为了代表团主席。[133]出席会议时,冯·吉尔克会由妻子陪同,但也经常由孩子陪同。[134]

自从1867年第六次会议开始,法学家大会就开始逐渐重视制定民法典的问题。讨论内容主要是将单个的私法制度及当时各项具体制度纳入将来的法典之中。这项工作的背景是法学家大会对自己地位的认识。它将参与德国民法领域的法律统一作为了自己的使命。[135]早在1878年,冯·吉尔克就为法学家大会撰写了一份专家意见,他在其中对德国法官和律师考试推荐了一套帝国统一的规则,其中包括在大学里进行八学期的法学教育。1888年,冯·吉尔克还撰写了另外一份专家意见,但其效果一般,[136]内容涉及他关于自由的团体形成的思想。另一份专家意见是十年之后写的,他在其中宣传经由间接占有人的对物权追夺,这份专家意见效果很好。[137]

在第六次和第九次法学家大会(1867年和1871年),人们特别集中地讨论了国家对其公务员的责任。除了根据《登记条例》第12条国家对于土地登记机关的责任外,根据《德国民法典施行法》第77条,该问题交由各州土地登记法决定;这方面欠缺帝国统一的规则。普鲁士绝大部分没有关于国家责任的规则。莱茵州(Rheinland)是个例外,在那里根据《法国民法典》第1384条存在相应责任,此外还有黑森(Hessen)、萨克森－魏玛(Sachsen－Weimar)、施瓦茨布格－宗德斯豪森(Schwarzburg－Sondershausen)和埃尔特里尼的雷斯*(Reiß ältere Linie)都规定了国家责任,而梅克伦堡(Mecklenburg)和安哈尔特(Anhalt)则反对这种责任。1867年慕尼黑第六次法学家大会原则上达成一致,认为国家对于公务员故意或者过失行为所致第三人损害应当承担责任,[138]第九次法学家大会主要是研究了该责任的补充性问题。讨论结果认为,国家应当就该问题接受"国家直接责任作为基础的原则"这一法定规则。[139]尽管如此,最后仍未形成帝国统一的规则。这个问题在1906年基尔第二十八次法学家大会再次提出来。讨论基础包含着冯·吉尔克关于公务员在履行职务所致损害的国家责任的专家意见,他在专家意见中的结论是,国家对于公务员在履行主权任务所致损害应当根据《德国民法典》第839条第1款承担责任。[140]维也纳的赫恩里特(*Herrnritt*)教授在另一份专家意见中也得出了相同结论。[141]对此,法学家大会一致确定,确有迫切必要由帝国法律调整对公务员履行主权时所致损害的国家直接责任。[142]这个结论在三年之后至少在普鲁士在《关于公务员履行公权力中违背公职公务的国家责任和其他团体责任的普鲁士法》(preußische Gesetz über die Haftung des Staates und anderer Verbände für Amtspflichtverletzungen von Beamten bei Ausübung der öffentlichen Gewalt)得以体现。[143]再晚一年通过的《帝国对其公务员的责任法》(Gesetz über die Haftung des Reichs für seine Beamten)也采纳了相应规则。在对法律草案进行说明中提到了第二十八次法学家大会的决议。[144]

(二)冯·吉尔克关于《德国民法典》的作品

《德意志私法》第一卷出版后不久,《德国民法典第一草案》公

---

* 据作者介绍,埃尔特勒里尼的雷斯(Reiß ältere Linie)系德意志帝国众多诸侯国之一,此处采音译。——译者注

布。奥托·冯·吉尔克将其全部热情集中在从日耳曼法学者的立场仔细研究已有的草案并研究其德意志法内涵。[145]通过1889年发表的对此所作的回应草案,冯·吉尔克对于《德国民法典》的形成历史和发展历史产生了实质性影响。

在其回应草案中,冯·吉尔克用一种类似于亚里士多德的方式对现有草案中认真、艰巨、持久的工作表示赞赏。[146]他之所以表示同意,更主要是因为该法在德国法律统一方向上迈出了一大步,这也是冯·吉尔克非常渴望的一件事情,[147]当然他对该法典也没有其他什么好感。相反,他非常担心的是,草案与德国已经建立的社会结构非常疏远,以至于它不再是实现法律统一的保证反而成为其障碍。法律统一是现实统一不可避免的过渡阶段。而法律统一的前提是德语区现有居民对其表示接受。草案所确立的法律制度则既不合乎道德,又不合乎社会,同样也不合乎民众习惯。[148]立法者丧失了民族意识,无视了民族法律形成的需要并且造成了法律上的不安全性。[149]计划制定的法律体现的完全是罗马法,丝毫没有体现德意志法。[150]将罗马法强加给德意志的企图,就像让橡树成为苹果树的努力一样。[151]奥托·冯·吉尔克的意思是,德意志人民不愿意被强迫接受他人的法律制度。[152]统一才刚刚开始的德国不能有这种震动。草案对于法律统一是巨大的危险。[153]在这方面,冯·吉尔克努力使草案接近迄今已经确立的德意志法。草案必须能够向简单的人们揭示一些重要的基本思想。[154]

在这种关系之下,冯·吉尔克特别针对草案所使用的语言,反复批评草案在联邦法和州法之间进行的分配,致力于研究罗马法对传统法的多余的代替以及草案中许多条文规定与一般观点的矛盾,按照他的见解,所有这些使得一般理解更加困难,尤其是它们结合到一起的情形。因此他研究的重点是对其语言的批评。在这里他对缺少判例法和大量参照进行了批评。[155]草案创造了一种人工语言,这种人工语言基本上以概念为其基础,而这些概念又是从罗马法简单地翻译过来的。[156]它无视法律和民族性是相互适应的统一体这个事实,[157]这样就剥夺了法律的生命。[158]因此,草案没有实现制定一部确实方便的法典的目标。[159]总的来说,奥托·冯·吉尔克认为,不管是古代还是近代,从来没有哪部法典用这种有计划的方式对人民关上了理解法律的大门。[160]人民和法学家在草案中看起来就像是对手。[161]只要人们忘记,它涉及的是一部德意志法典,或者当人们遏制住对于健康和正常的感觉时,这种"法学家德语"带给人们的可能只是本质性的东西。[162]这样它就产生了对未来法的兴趣。[163]借着对这方面的批评,他引发了一场当时对法律语言最为广泛的讨论。[164]因此,他在这里也取得了成就也就不足为怪了。在《德国民法典第二草案》的起草中更加重视语言,它与冯·吉尔克的希望相符合,事实上更加清楚、更加简单。[165]

除此之外,冯·吉尔克还非常准确地认识到了这次法典化背后的社会使命,[166]并因此在其回应草案中努力阻止社会生活中伦理基本价值的本体丧失。[167]他批评了草案中由罗马法发展而来的趋势,即将这种法律关系分解成没有联合起来的个人之间的债的总和。[168]这种批评在很多部分都有成效。例如,冯·吉尔克在赠与法中批评认为,赠与对受赠人对于生活必需品的权利甚至都没有。[169]当代《德国民法典》第519条就有与此相应的关于窘困情形的规则。冯·吉尔克认为,废除历经考验的《帝国高利贷法》却没有替代性法律,这为利息上的暴利大开便利之门。[170]暴利后果在当代法中首先是由司法裁判予以调整。冯·吉尔克多次指出,他所处的时代里德意志城市出现了严重的住房紧张,"买卖破除租赁"原则在这种情形下是令人难以容忍的。[171]该原则与法学中的通说不相符合,[172]又不是德意志的法律传统,因此具有高度的非社会性。[173]实际上,根据《普鲁士一般邦法》(第1编第21章第253条),承租人在房屋出卖的情形应当在一季度之内腾退房屋,而不是像草案要求的那样在买卖房屋后立即腾退房屋。《德国民法典》第566条规定了"买卖不破租赁"的原则,然而当代的《德国民法典》中只有第573条第2款第2项规定了基于自身需要的正式通知解除。经过一番思考之后,冯·吉尔克认为在草案中可以规定一种宣布非要式保证的可能。[174]为其仓促行事提供担保就提高了仓促行事的风险。如果我们看一下当代《德国民法典》第766条,就会发现冯·吉尔克的批评在这点上也取得了成就。

奥托·冯·吉尔克的批评鼓舞了文献和立法,这种影响甚至持续到了《德国民法典》生效之后。不同于草案所用文本以及他所处时代主流文献和裁判,[175]他要求创设一种侵害他人利益范围的侵权行为责任,即使所侵犯的并不是诸如生命、身体、健康、自由、所有权或者荣誉等法律中列明的"绝对法益"亦然。[176]这种责任还涉及人格权,这也说明了冯·吉尔克是如何超越他的时代的。一直到1954年,联邦最高法院才承认了对于一般人格权的侵权法上的保护。[177]此外,冯·吉尔克还比较喜欢禁止权利行使致他人受损的规定。[178]这种"权利滥用禁止"在今天的《德国民法典》第226条可以找得到。根据草案的表述,土地所有权应当及于地心,冯·吉尔克认为根据现代所知的地下结构这样做是不恰当的。[179]土地之上超越大气层也是让人难以容忍的。[180]这样理解的所有权概念并不是出自德意志法律制度,而是出自学说汇纂教科书。[181]所有权受到限制并不是草案自己表现出来的,而是从阅读《施行法》发现的,该法第38条规定了一种有利于州法上的开采权人的保留。[182]对此人们必须考虑到,根据1850年《普鲁士宪法》第9条第2句,所有权可基于公共福利根据法律而予以没收或者予以限制,因此可以说对于立法者来说所有权从来就不是不可侵犯并且绝对的。[183]当代的所有权的安排(《德国民法典》第 903 条)较之于草案中的表述更接近于冯·吉尔克的表述，因为《德国民法典》第 903 条编辑中删除了所有权人的“专断”方面，取而代之的是“第三人权利”引入对所有权进行的限制。[184]

冯·吉尔克对《德国民法典》草案中对习惯法的处理也成功地进行了批评。《德国民法典草案》第 1 条这样表述：“对于法律没有规定的法律关系，可以相应适用法律上类似的法律关系适用的规定。”除此之外，第 2 条规定，如果法律对于习惯法的使用有参照，即可适用习惯法。草案远远超越了《普鲁士一般邦法》的规定，因为其导言第 1 章第 1 条到第 3 条规定，只有进入省法典中的习惯法才具有法律意义。奥托·冯·吉尔克超越了这一点，因为他认为根据《德国民法典草案》第 2 条参照习惯对于更好接受相关规范是必要的。[185]因为法律之中并没有第 2 条要求的这种参照，[186]所以冯·吉尔克对《德国民法典草案》提出了批评，他想废除这种改变过的以及补充过的习惯法。[187]对于《德国民法典草案》第 1 条规定的仅仅通过类推填补漏洞，他同样认为不合适，因为这就排除了法学门外汉对于现行法产生影响的可能。[188]第 2 条事实上(*de facto*)不可能使用，因为明确规定法律文句之处也不可能类推，这种情形只能适用法学家法。[189]民族习俗可以上升为习惯法，但在法律上绝不可能具有重要意义。[190]奥托·冯·吉尔克甚至走得更远，他主张将习惯法和自治章程作为法律之外的法律渊源。[191]因为立法者不能跟上法律现实的不断变化，因此这样做也是必需的。[192]事实上，今天的《德国民法典》有很多一般条款都要参照交易习惯，这已经被证明对于法律发展绝对是大有裨益。

最后还需要指出的是，在今天的民法典中可以找到最初由日耳曼法学者形成的一项法律制度，这就是意定直接代理(《德国民法典》第 164 条以下)。各种团体之间的区别，如社团和诸如合伙等共同共有之间的区别,在《德国民法典》中也有所体现(例如,第21条以下和第705条以下),冯·吉尔克的有机理论对此发挥了重要作用。[193]冯·吉尔克的回应草案表明,他的立场符合流传下来的价值,这是因为他深受对于民族四分五裂极度忧虑的影响。此外,草案还表明他在很多方面都引起了人们的共鸣。与这一点相联系的,可能是他在很多问题上都反对通说。[194]在其他领域他都领先于其时代。[195]此外,他还要在对过去的理解和对现时需要的关心之间进行协调,在这方面,冯·吉尔克的批评同样独一无二但卓有成就。

在编辑第二草案时人们更加注意到语言,这也使得语言实际上变得更加清楚和简单。[196]但是债法却仍然以罗马法为基础,这点直到今天都没有改变。[197]这部法律虽然整体上比较严格,也表明某些社会进步,这些被冯·吉尔克称为是“日耳曼的”。对此具有决定性的首先是他的严厉批评。[198]新增加的系列一般条款使得习惯法得以进入实体制定法之中,这使得该法产生后前16年里《德国民法典》的内容发生了某些变化但却不需要改动文句。[199]

(三)冯·吉尔克论阿尔特胡修斯

冯·吉尔克认为自然法学说内容博大,在这方面的研究中,他于1913年在由他创办的“研究汇编”系列中出版了一部作品,内容涉及的是约翰内斯·阿尔特胡修斯。阿尔特胡修斯1557年出生于维特根斯坦—贝尔雷布格伯爵领地的迪登豪森(Diedenshausen in der Grafschaft Witgenstein – Berleburg)。冯·吉尔克这部作品因其实现了国家学说、国家法、哲学和历史的跨学科联系而引人注意。[200]冯·吉尔克在这部作品中清楚地说明了各个理论是如何逐步发展到自然法的。[201]对此,他成功地说明了它们对于国家契约学说、人民主权学说以及代表原则、联邦主义理念和法治国家理念等方面的意义。[202]除此之外,对于有些主张重新发现了法律理念的自然法学家的作品,通过威胁要将这些作品无条件地适用于国家学说,冯·吉尔克对其进行了评论和批评。[203]

阿尔特胡修斯最大的功绩是以卡尔文主义为基础建构起来的以自然法先导的国家学说。[204]按照阿尔特胡修斯的论述,人类就其自然而言是自由的和平等的,[205]他们享有一系列不可转让的权利,对于国家而言也是不可侵犯的。[206]阿尔特胡修斯对此提出了合意契约理论。按照他的论述,共同体(Gemeinschaft)源自于契约。[207]需求促使人类联合,联合通过默示或者明示契约而实现。[208]阿尔特胡修斯通过将国家法描述为民法概念的最后结论而对自己的理论予以补充。[209]因此,国家法就只是共同体法的内在部分。[210]根据该见解,国家权力的法律基础就是统治契约,[211]阿尔特胡修斯将其与社会契约在法律上进行了严格区分。[212]按照阿尔特胡修斯的学说,社会是自下而上建立起来的,这一点不同于中世纪的论述。[213]统治者只是人民的代表。[214]因此就存在"人民主权",[215]它将人民对违反契约的统治者的抵抗予以正当化。[216]在这种背景下,他认为市民阶层和农民阶层也都有自己的原始权利。[217]因此,阿尔特胡修斯在自己的作品中反对专制主义运动。[218]也许正是因为如此,哈尔贝施特德(*Halberstedt*)和格劳修斯(*Grotius*)对阿尔特胡修斯的学说进行反驳的尝试都是徒劳的。[219]阿尔特胡修斯的作品直到18世纪还在被人反对。[220]

阿尔特胡修斯所描述的人类团体的情景,按照冯·吉尔克的观点具有一种有机本性。[221]人民就是集体统一性的全部,[222]国家与权利是相互成长的,彼此决定并且相互联系。[223]因此权利并不是由意思而形成的,而是由信念而形成的。[224]阿尔特胡修斯就这样先于其时代强调指出,国家的合法性及其权限事实上来源于市民授权。[225]在其文章中,冯·吉尔克反复地讨论阿尔特胡修斯之前已经存在的那些理论。

他认为,与前辈学者相比,阿尔特胡修斯采纳民意宪法思想更加全面、更加系统。[226]他也将阿尔特胡修斯的学说与法哲学的著名代表人物相比较,如普芬道夫(*Pufendorf*)、托马修斯(*Thomasius*)、格劳修斯(*Grotius*)、康德(*Kant*)和霍布斯(*Hobbes*)。奥托・冯・吉尔克对此非常细致地表明了阿尔克胡修斯的学说和晚于他的卢梭(*Rousseau*)的学说之间的惊人的相似之处。[227]他甚至更深入一步,假定卢梭抄袭了阿尔特胡修斯。[228]冯・吉尔克对于格劳修斯同样主张,他对重新发现阿尔特胡修斯的诸多措词很感兴趣。[229]他认为,格劳修斯在很多地方都不再说明理由,因此使得这一点尤其明显。[230]但在阿尔特胡修斯的作品中却可以找到这些说理。[231]事实上确实是阿尔特胡修斯将契约学说提升为理论。[232]他做出了具有创造性的精神贡献。[233]由奥托・冯・吉尔克的作品产生了系列科学作品,它们都在对比阿尔特胡修斯的作品与洛克(*Locke*)、哈林顿(*Harrington*)、孟德斯鸠(*Montesquieu*)和卢梭的文献。[234]

(四)《德意志合作社法》

奥托・冯・吉尔克最重要的巨著是《德意志合作社法》。这本书旨在进行教义概念方面的研究和历史概念方面的研究。[235]他在1868年至1917年间出版了这部四卷本著作。他的《德意志合作社法》第一卷同时也是他的教授资格论文,该作品使他从合作社法的视角来描述德意志法律史。[236]这一卷中包含着他对历史的理解和对法律的理解,它预定了社会团体的各项权利的出发点。他在书中解释了合作社的概念,指出了其现实性并且将合作社与国家联系起来。[237]此外,冯・吉尔克还总是将统一性与统治、自由与合作社结合到一起。[238]在这种情况下,冯・吉尔克对有机理论或者有机体理论进行了深入研究。他在该作品中称德意志一直生活在团体之中。原始存在的统治性的封建团体和合作社性质的氏族在中世纪发展成为所谓的（统治性的）机构和（合作社性质的）团体。[239]他将中世纪进行了区分，首先是中世纪早期到大约公元800年，这一期间受原始的人民自由支配，然后是到大约公元1200年，这一期间内存在的是对合作社进行支配的领主的、封建的宪法原则。[240]1200年至1525年农民战争这段期间，挑选出的合作社在所有领域中都被认为是“最美妙的组织”。[241]第四个阶段从1525年持续到1806年，国家在此期间内完全超越了人民。[242]因此有两个阶段具有合作社性质，这两阶段分别被两个具有统治性的阶段所取代。[243]这种构想引人注目之处在于，任何一个阶段都存在于另一个阶段。[244]

关于合作社法的作品在1873年增加了第二部分，它主要描述了德意志团体概念的历史。奥托·冯·吉尔克在这一卷中揭示了关于土地的中世纪法对于确立抽象的德意志法律人格的意义。[245]第三部分于1881年出版了。他讨论了古代和中世纪的国家学说和团体学说，同时通过对比教会法学者及其团体学说而讨论了德国对于古代和中世纪国家学说和团体学说的吸收。[246]奥托·冯·吉尔克证明，坚持认为在法之外存在独立的法理念的意见是正确的。[247]对此他发现，意大利法接受日耳曼思想的范围远大于迄今日耳曼思想从意大利法索接受的范围。[248]他过去和现在对于详细论述中世纪关于国家和教会的观点都具有极大的兴趣。[249]从1884年起，冯·吉尔克就计划为其合作社法补加第四卷，其中应当包括国家学说和团体学说。不久之后他就确定，他必须将19世纪的团体学说转移到独立的第五卷中。第四部分有上千页，于1887年出版。这一卷中包含着到17世纪中期的国家学说和团体学说的理论与实践。[250]这一卷主要研究团体法，为更好地理解它，冯·吉尔克深入分析了共同体法。[251]对此他将其注意力集中在合作社理论和德意志的司法裁判。[252]奥托·冯·

吉尔克关于第五部分的努力,最终以他于1913年将关于自然法合伙学说已经完成的部分附加为前三卷的更新版(即对旧版的增加)而结束。[253]在这一时期,他对自然法学说从其开始一直论述到康德和费希特(*Fichte*)。[254]中世纪各种不同传统如何逐渐结合成为自然法的统一潮流,在这里表现得特别清楚。[255]对此,冯·吉尔克在讨论团体理论与罗马法学家的拟制理论时重新又回到了阿尔特胡修斯。[256]

(五)《德意志私法》

三卷本的《德意志私法》于1885年1917年间出齐,它是冯·吉尔克的第二部巨著。该书关系到德意志法学的体系化手册。[257]冯·吉尔克在该书中努力勾画出一个德意志的,即非罗马的,私法体系。乌尔里希·施图茨曾经指出,阅读这本总共差不多3000页的书就可以得出一个感觉,《德意志民法典》只不过是古代法渊源的一个幻影而已。[258]埃里克·沃尔夫将该作品称为冯·吉尔克法学才能的最成熟的成就。该作品在法学世界广受关注,1909年由弗雷德里克·威廉·梅特兰(*Frederic William Maitland*)将其一部分译为英文,甚至在1914年战争爆发前不久,让·迪·庞热(*Jean du Pange*)将其全部译为法文。他去世之后,《德意志私法》甚至出现了日文本的翻译。

冯·吉尔克于1895年出版《德意志私法》第一卷,他在该书中成功地将日耳曼学者的立场贯穿于德意志法的素材之中。他在第一卷中展现了关于合作社法或者社会法的不同学说。他在概念上将德意志法律传统中留存的思想和制度进行了归类和概括。[259]他希望这样能够为尚待制定的民法典打下基础。[260]该作品涉及的主题是冯·吉尔克早先作品已经讨论过的主题,如法与道德的关系,[261]还有在合作社法中涉及的主题,冯·吉尔克之所以研究该主题是因为他对于合作社法研究的第四部分尚未完成。[262]

该书第二卷于1905年出版,研究内容是物权法。这一卷于1888年就已经完成了,奥托·冯·吉尔克又对其进行修订,使之适应经过《德国民法典》根本修改的法律状态。[263]该书第二卷除包括邦法所涉及的材料外,还包括了《德国民法典》第三编的全部内容及其历史前身。[264]奥托·冯·吉尔克对此表明其目的在于揭示比所制定的具有罗马法特点的《德国民法典》更长久的德意志法思想,以保持日耳曼法后的生命力。[265]

第三卷涉及的是债法,于1917年出版。冯·吉尔克在该卷中对日耳曼法重新进行了深入研究。[266]不过,较之于先前几卷,他更加专注于研究现行法。[267]他将两个法律领域彼此置于同一个关系之中。[268]他的注意力主要集中于日耳曼法对新法典以启示的领域,同时又不畏惧罗马法。[269]该卷也受到法律继续发展思想的激励,冯·吉尔克也期望能增加日耳曼思想财富。[270]

《德意志私法》第四卷并未完成也未出版。它只不过是一些片段性质的手稿,内容涉及婚姻财产以及亲权、子女权利等,这些手稿见证了冯·吉尔克细心缜密的工作方式。[271]

五、结论

奥托·冯·吉尔克的作品确实是辉煌雄伟,虽然这些作品今天读起来不再有与它所处时代相同的魅力和相同的需要。冯·吉尔克作为基本问题的很多思想,在今天仍然和当时一样具有现实意义,[272]特别是他在很多论述中都领先于其所处时代。[273]即使其学说从未普遍而且全面地为立法者或者法学所接受,[274]冯·吉尔克迄今仍然是最有影响的日耳曼法学家和国民经济学家。[275]在塑造社会化的类型中,他在社会历史概念构造上达到了一个此后从未达到过的水平。[276] 其他法学家没有谁像他那样了解法学的社会使命。[277] 尤其是冯·吉尔克当时进行的基本价值争论直到今天仍然有其意义。[278] 他研究的虽然是历史,但他的作品却超越了历史,既是法律史的,又是前瞻性和面向未来的。奥托·冯·吉尔克的所有历史的、哲学的和政治的思想都与法学有关。[279] 他在今天仍能够使读者的眼光更加敏锐,使他们能掌握一种分析工具,从而对当代法学做到以古鉴今。这些事实使得他的作品在当代颇值一读。

注释

1 汉斯·施洛瑟(*Hans Schlosser*),《近代私法史基础》(Grundzüge der neueren Privatrechtsgeschichte),2001 年,第 9 版,第 6 节二。

2 奥托·冯·吉尔克的生平和作品引自:乌尔里希·施图茨(*Ulrich Stutz*),"纪念奥托·冯·吉尔克"(Erinnerung an Otto von Gierke),载《萨维尼基金会法律史杂志:日耳曼法部》(Savigny – Zeitschrift, Germ. Abt.)(以下简称《萨维尼杂志:日耳曼法部》),第 43 卷(1922 年),第 7 页以下;托马斯·哈克(*Thomas Haack*),《吉尔克对民法典第一草案的批评》(Gierkes Kritik am Entwurf eines Bürgerlichen Gesetzbuches),博士学位论文,哥廷根(Göttingen),1996 年,第 13 页以下;格尔德·克莱因海尔/扬·施罗德(*Gerd Kleinheyer / Jan Schröder*),《五百年的法学家》(Juristen aus fünf Jahrhunderten),海德堡,1989 年第 3 版,第 96 页以下;埃里克·沃尔夫(*Erik Wolf*),《伟大的德意志人》(Die Großen Deutschen),法兰克福(Frankfurt),1966 年,第 220 页以下。

3 埃里克·沃尔夫,《伟大的德意志人》,法兰克福,1966 年,第 221 页。

4 乌尔里希·施图茨,"纪念奥托·冯·吉尔克",载《萨维尼杂志:日耳曼法部》,第 43 卷(1922 年),第 14 页。

5 埃里克·沃尔夫,《伟大的德意志人》,法兰克福,1966 年,第 224 页。

6 乌尔里希·施图茨,"纪念奥托·冯·吉尔克",载《萨维尼杂志:日耳曼法部》,第43卷(1922年),第12页。

7 参见奥托·冯·吉尔克(*Otto von Gierke*),《人类团体的本质》(Das Wesen der Menschlichen Verbände),柏林,1902年,第3页以下。

8 乌尔里希·施图茨,"纪念奥托·冯·吉尔克",载《萨维尼杂志:日耳曼法部》,第43卷(1922年),第14页。

9 乌尔里希·施图茨,"纪念奥托·冯·吉尔克",载《萨维尼杂志:日耳曼法部》,第43卷(1922年),第15页。

10 乌尔里希·施图茨,"纪念奥托·冯·吉尔克",载《萨维尼杂志:日耳曼法部》,第43卷(1922年),第16页。

11 乌尔里希·施图茨,"纪念奥托·冯·吉尔克",载《萨维尼杂志:日耳曼法部》,第43卷(1922年),第16页。

12 乌尔里希·施图茨,"纪念奥托·冯·吉尔克",载《萨维尼杂志:日耳曼法部》,第43卷(1922年),第18页。

13 埃里克·沃尔夫,《伟大的德意志人》,1966年,第224页。

14 奥托·冯·吉尔克,《私法的社会使命》(Die soziale Aufgabe des Privatrechts),柏林,1889年,第8页;汉斯·克鲁帕(*Hans Krupa*),《公法档案》[Archiv für öffentliches Recht(AöR)]第32卷(1941年),第97页以下、第104页以下。

15 关于吉尔克参加德意志法学家大会的情况,参见下文三(一)。

16 格奥尔格·古维奇(*Georg Gurwitsch*),"吉尔克作为法哲学家"(Gierke als Rechtsphilosoph),载《逻各斯》(Logos),第11卷(1923年),第86页以下,第90页。

17 乌尔里希·施图茨,"纪念奥托·冯·吉尔克",载《萨维尼杂志:日耳曼法部》,第43卷(1922年),第21页。

18 对此,参见下文二(六)。

19 乌尔里希·施图茨,"纪念奥托·冯·吉尔克",载《萨维尼杂志:日耳曼法部》,第43卷(1922年),第34页。

20 汉斯·施洛瑟,《近代私法史基础》,2001年第9版,第170页。

21 汉斯·施洛瑟,《近代私法史基础》,2001 年第 9 版,第 170 页。

22 托马斯·哈克(*Thomas Haack*),《吉尔克对民法典草案的批评》(Gierkes Kritik am Entwurf eines Bürgerlichen Gesetzbuches),哥廷根大学博士学位论文,1996 年,第 148 页。

23 埃里克·沃尔夫,《伟大的德意志人》,第 225 页。

24 乌尔里希·施图茨,"纪念奥托·冯·吉尔克",载《萨维尼杂志:日耳曼法部》,第 43 卷(1922 年),第 25 页。

25 乌尔里希·施图茨,"纪念奥托·冯·吉尔克",载《萨维尼杂志:日耳曼法部》,第 43 卷(1922 年),第 25 页。

26 乌尔里希·施图茨,"纪念奥托·冯·吉尔克",载《萨维尼杂志:日耳曼法部》,第 43 卷(1922 年),第 7 页(第 29 页)。

27 托马斯·哈克,《吉尔克对民法典草案的批评》,哥廷根大学博士学位论文,1996 年,第 148 页;乌尔里希·施图茨,"纪念奥托·冯·吉尔克",载《萨维尼杂志:日耳曼法部》,第 43 卷(1922 年),第 7 页(第 26 页)。

28 乌尔里希·施图茨,"纪念奥托·冯·吉尔克",载《萨维尼杂志:日耳曼法部》,第 43 卷(1922 年),第 7 页(第 29 页)。

29 乌尔里希·施图茨,"纪念奥托·冯·吉尔克",载《萨维尼杂志:日耳曼法部》,第 43 卷(1922 年),第 7 页(第 30 页及下页)。

30 乌尔里希·施图茨,"纪念奥托·冯·吉尔克",载《萨维尼杂志:日耳曼法部》,第 43 卷(1922 年),第 7 页(第 27 页)。

31 乌尔里希·施图茨,"纪念奥托·冯·吉尔克",载《萨维尼杂志:日耳曼法部》,第 43 卷(1922 年),第 7 页(第 28 页及下页);埃里克·沃尔夫,《伟大的德意志人》,第 223 页。

32 埃里克·沃尔夫,《伟大的德意志人》,第 223 页。

33 汉斯·克鲁帕(*Hans Krupa*),《合作社和社会多元论》(Genossenschaft und soziologischer Pluralismus),载《公法档案》(AöR),第 32 卷(1941 年),第 97 页以下,第 108 页。

34 乌尔里希·施图茨,"纪念奥托·冯·吉尔克",载《萨维尼杂志:日耳曼法部》,第 43 卷(1922 年),第 7 页(第 30 页)。

35 汉斯·克鲁帕,“合作社和社会多元论”,载《公法档案》,第 32 卷(1941 年),第 97 页以下,第 106 页。

36 托马斯·哈克,《吉尔克对民法典草案的批评》,哥廷根大学博士学位论文,1996 年,第 54 页;埃里克·沃尔夫,《伟大的德意志人》,第 223 页。

37 汉斯·克鲁帕,“合作社和社会多元论”,载《公法档案》,第 32 卷(1941 年),第 97 页以下,第 107 页。

38 托马斯·哈克,《吉尔克对民法典草案的批评》,哥廷根大学博士学位论文,1996 年,第 55 页。

39 奥托·冯·吉尔克(*Otto von Gierke*),《民法典草案》(Entwurf eines Bürgerlichen Gesetzbuches),莱比锡(Leipzig),1889 年,第 5 页;汉斯·克鲁帕,“合作社和社会多元论”,载《公法档案》,第 32 卷(1941 年),第 97 页以下,第 106 页。

40 乌尔里希·施图茨,“纪念奥托·冯·吉尔克”,载《萨维尼杂志:日耳曼法部》,第 43 卷(1922 年),第 7 页(第 24 页)。

41 埃里克·沃尔夫,《伟大的德意志人》,第 227 页;托马斯·哈克,《吉尔克对民法典草案的批评》,哥廷根大学博士学位论文,1996 年,第 105 页。

42 托马斯·哈克,《吉尔克对民法典草案的批评》,哥廷根大学博士学位论文,1996 年,第 54 页;埃里克·沃尔夫,《伟大的德意志人》,第 223 页。

43 迪特尔·布利克勒(*Dieter Blickle*),“奥托·吉尔克作为证明人”(Otto Gierke als Referenz),载《近代法律史杂志》(ZNR),第 17 卷(1995 年),第 245 页以下,第 262 页;乌尔里希·施图茨,“纪念奥托·冯·吉尔克”,载《萨维尼杂志:日耳曼法部》,第 43 卷(1922 年),第 7 页(第 19 页)。

44 乌尔里希·施图茨,“纪念奥托·冯·吉尔克”,载《萨维尼杂志:日耳曼法部》,第 43 卷(1922 年),第 7 页(第 18 页)。

45 乌尔里希·施图茨,“纪念奥托·冯·吉尔克”,载《萨维尼杂志:日耳曼法部》,第 43 卷(1922 年),第 7 页(第 27 页)。

46 乌尔里希·施图茨,“纪念奥托·冯·吉尔克”,载《萨维尼杂志:日耳曼法部》,第 43 卷(1922 年),第 7 页(第 28 页)。

47 乌尔里希·施图茨,“纪念奥托·冯·吉尔克”,载《萨维尼杂志:日耳曼法

部》,第43卷(1922年),第7页(第27页)。

48 乌尔里希·施图茨,"纪念奥托·冯·吉尔克",载《萨维尼杂志:日耳曼法部》,第43卷(1922年),第7页(第13页)。

49 乌尔里希·施图茨,"纪念奥托·冯·吉尔克",载《萨维尼杂志:日耳曼法部》,第43卷(1922年),第7页(第13页);托马斯·哈克,《吉尔克对民法典草案的批评》,哥廷根大学博士学位论文,1996年,第37页。

50 奥托·冯·吉尔克,《私法的社会使命》,柏林,1889年,第34页;格奥尔格·古维奇,"吉尔克作为法哲学家",载《逻各斯》,第11卷(1923年),第86页以下,第99页,第116页;托马斯·哈克,《吉尔克对民法典草案的批评》,哥廷根大学博士学位论文,1996年,第68页;汉斯·克鲁帕,"合作社和社会多元论",载《公法档案》,第32卷(1941年),第97页以下,第99页,第103页;对此,参见下文二(六)。

51 奥托·冯·吉尔克,《民法典草案》,莱比锡,1889年,第6页。

52 埃里克·沃尔夫,《伟大的德意志人》,第220页。

53 弗里德里希·卡尔·冯·萨维尼(*Friedrich Carl von Savigny*),《当代罗马法体系》(System des heutigen römischen Rechts),第1卷,达姆施塔特(Darmstadt),1956年,第15页。

54 埃里克·沃尔夫,《伟大的德意志人》,第228页。

55 奥托·冯·吉尔克(*Otto von Gierke*),《历史法学派》(Die historische Rechtsschule),柏林(Berlin),1908年,第9页及下页。

56 奥托·冯·吉尔克(*Otto von Gierke*),《德意志合作社法》(Das Deutsche Genossenschaftsrecht),第1卷,达姆施塔特(Darmstadt),1868年版,1954年重印,第652页。

57 汉斯·克鲁帕,"合作社和社会多元论",载《公法档案》,第32卷(1941年),第97页以下,第105页。

58 埃里克·沃尔夫,《伟大的德意志人》,第227页。

59 托马斯·哈克,《吉尔克对民法典草案的批评》,哥廷根大学博士学位论文,1996年,第132页。

60 汉斯·施洛瑟,《近代私法史基础》,第六章之二。

61 奥托·冯·吉尔克,《民法典草案》,莱比锡,1889 年,第 25 页;克里斯托夫·贝克尔(*Christoph Becker*),《布伦纳比吉尔克更合适?》(Eher Brunner als Gierke?),载《近代法律史杂志》(ZNR),第 17 卷(1995 年),第 264 页以下;托马斯·哈克,《吉尔克对民法典草案的批评》,哥廷根大学博士学位论文,1996 年,第 53 页。

62 托马斯·哈克,《吉尔克对民法典草案的批评》,哥廷根大学博士学位论文,1996 年,第 55 页;克劳斯—彼得·施罗德(*Klaus – Peter Schroeder*),"安东·门格"(Anton Menger),载《法学教育》(JuS),1975 年,第 678 页、第 679 页。

63 奥托·冯·吉尔克(*Otto von Gierke*),《拉班德的国家法》(Labands Staatsrecht),达姆施塔特,1961 年第 2 版,第 22 页。

64 格奥尔格·古维奇,"吉尔克作为法哲学家",载《逻各斯》,第 11 卷(1923 年),第 86 页以下;奥托·冯·吉尔克,《拉班德的国家法》,达姆施塔特,1961 年第 2 版,第 16 页以下。

65 奥托·冯·吉尔克(*Otto von Gierke*),"法和道德"(Recht und Sittlichkeit),载《逻各斯》(Logos),第 6 卷(1917 年),第 211 页,第 247 页。

66 奥托·冯·吉尔克,"法和道德",载《逻各斯》,第 6 卷(1917 年),第 211 页,第 220 页。

67 奥托·冯·吉尔克,"法和道德",载《逻各斯》,第 6 卷(1917 年),第 211 页,第 232 页。

68 奥托·冯·吉尔克,"法和道德",载《逻各斯》,第 6 卷(1917 年),第 211 页,第 244 页。

69 奥托·冯·吉尔克,"法和道德",载《逻各斯》,第 6 卷(1917 年),第 211 页,第 245 页。

70 奥托·冯·吉尔克(*Otto von Gierke*),《阿尔特胡修斯》(Althusius),梅森海姆(Meisenheim),1958 年第 5 版,第 317 页。

71 奥托·冯·吉尔克,《拉班德的国家法》,达姆施塔特,1961 年第 2 版,第 22 页、第 94 页;相似内容,参见奥托·冯·吉尔克,"法和道德",载《逻各斯》,第 6 卷(1917 年),第 211 页,第 232 页,第 250 页。

72 奥托·冯·吉尔克(*Otto von Gierke*),"雇佣合同的根源"(Die Wurzeln des

Dienstvertrages),载《海因里希·布伦纳祝贺文集》(Festschrift für Heinrich Brunner),莱比锡,1914 年,第 37 页,第 38 页。

73 奥托·冯·吉尔克(*Otto von Gierke*),《德意志合作社法》(Das Deutsche Genossenschaftsrecht),第 1 卷,达姆施塔特(Darmstadt),1954 年,第 1036 页以下;又见同一作者,《德意志私法》(Deutsches Privatrecht),第 1 卷,慕尼黑(München),1895 年,第 697 页以下。

74 奥托·冯·吉尔克,《德意志私法》,第 3 卷,莱比锡,1917 年,第 591 页。

75 奥托·冯·吉尔克,“雇佣合同的根源”,载《海因里希·布伦纳祝贺文集》,莱比锡,1914 年,第 37 页、第 38 页、第 49 页。

76 奥托·冯·吉尔克,《德意志私法》,第 3 卷,莱比锡,1917 年,第 593 页;奥托·冯·吉尔克,“雇佣合同的根源”,载《海因里希·布伦纳祝贺文集》,莱比锡,1914 年,第 37 页,第 38 页,第 55 页;弗里德海姆·约布斯(*Friedhelm Jobs*),《吉尔克与现代劳动法》(Gierke und das moderne Arbeitsrecht),法兰克福大学博士学位论文,1968 年,第 54 页及下页;托马斯·哈克,《吉尔克对民法典草案的批评》,哥廷根大学博士学位论文,1996 年,第 98 页。

77 奥托·冯·吉尔克,《德意志私法》,第 3 卷,莱比锡,1917 年,第 609 页及下页;奥托·冯·吉尔克,“雇佣合同的根源”,载《海因里希·布伦纳祝贺文集》,莱比锡,1914 年,第 37 页以下,第 53 页以下。

78 奥托·冯·吉尔克,“雇佣合同的根源”,载《海因里希·布伦纳祝贺文集》,莱比锡,1914 年,第 37 页以下,第 48 页,第 52 页,第 56 页。

79 奥托·冯·吉尔克,《德国民法典草案》,莱比锡,1889 年,第 104 页。

80 奥托·冯·吉尔克,《德国民法典草案》,莱比锡,1889 年,第 192 页;同一作者,《私法的社会使命》,柏林,1889 年,第 10 页,第 13 页。

81 奥托·冯·吉尔克,《德意志私法》,第 1 卷,慕尼黑,1895 年,第 698 页以下;奥托·冯·吉尔克,《德意志私法》,第 3 卷,莱比锡,1917 年,第 593 页及下页,第 209 页、第 679 页及下页;奥托·冯·吉尔克,《私法的社会使命》,柏林,1889 年,第 31 页;奥托·冯·吉尔克,“雇佣合同的根源”,载《海因里希·布伦纳祝贺文集》,莱比锡,1914 年,第 37 页以下,第 57 页。

82 奥托·冯·吉尔克,“雇佣合同的根源”,载《海因里希·布伦纳祝贺文集》,

莱比锡，1914 年，第 37 页以下，第 57 页。

83 奥托 · 冯 · 吉尔克，《德国民法典草案》，莱比锡，1889 年，第 247 页；奥托 · 冯 · 吉尔克，《德意志私法》，第 1 卷，慕尼黑，1895 年，第 701 页；奥托 · 冯 · 吉尔克，《德意志私法》，第 3 卷，莱比锡，1917 年，第 594 页。

84 奥托 · 冯 · 吉尔克，“雇佣合同的根源”，载《海因里希 · 布伦纳祝贺文集》，莱比锡，1914 年，第 37 页以下，第 63 页。

85 奥托 · 冯 · 吉尔克，《德国民法典草案》，莱比锡，1889 年，第 193 页，第 247 页；奥托 · 冯 · 吉尔克，《私法的社会使命》，柏林，1889 年，第 31 页。

86 《帝国法院民事裁判集》（RGZ），第 8 卷，第 149 页（第 150 页）。

87 托马斯 · 哈克，《吉尔克对民法典草案的批评》，哥廷根大学博士学位论文，1996 年，第 102 页。

88 弗里德海姆 · 约布斯，《吉尔克与现代劳动法》，法兰克福大学博士学位论文，1968 年，第 44 页。

89 托马斯 · 哈克，《吉尔克对民法典草案的批评》，哥廷根大学博士学位论文，1996 年，第 103 页。

90 奥托 · 冯 · 吉尔克，《德国民法典草案》，莱比锡，1889 年，第 193 页，第 246 页。

91 托马斯 · 哈克，《吉尔克对民法典草案的批评》，哥廷根大学博士学位论文，1996 年，第 97 页，脚注 374。

92 弗里德海姆 · 约布斯，《吉尔克与现代劳动法》，法兰克福大学博士学位论文，1968 年，第 42 页及下页。

93 弗里德海姆 · 约布斯，《吉尔克与现代劳动法》，法兰克福大学博士学位论文，1968 年，第 46 页。

94 弗里德海姆 · 约布斯，《吉尔克与现代劳动法》，法兰克福大学博士学位论文，1968 年，第 105 页及下页；帝国劳动法院（RAG），《劳动法判决汇编》（ARS），第 30 卷，第 1 页；第 37 卷，第 269 页；第 41 卷，第 55 页；第 46 卷，第 136 页。

95 奥托 · 冯 · 吉尔克，《德意志私法》，第 3 卷，莱比锡，第 613 页末尾，尤其参见脚注 95。

96 奥托·冯·吉尔克,《德国民法典草案》,莱比锡,1889 年,第 177 页。

97 奥托·冯·吉尔克,《德意志合作社法》,第 1 卷,达姆施塔特,1954 年,第 901 页;赫尔曼·克劳泽(*Hermann Krause*),"德意志法成分"(Der deutschrechtliche Anteil),载《法学教育》(JuS),1970 年,第 313 页,第 315 页。

98 奥托·冯·吉尔克,《德意志私法》,第 3 卷,莱比锡,1917 年,第 604 页。

99 奥托·冯·吉尔克,《德意志私法》,第 3 卷,莱比锡,1917 年,第 603 页及下页;奥托·冯·吉尔克,"雇佣合同的根源",载《海因里希·布伦纳祝贺文集》,莱比锡,1914 年,第 37 页以下,第 66 页。

100 奥托·冯·吉尔克,《德意志私法》,第 3 卷,莱比锡,1917 年,第 603 页。

101 奥托·冯·吉尔克,《德意志私法》,第 3 卷,莱比锡,1917 年,第 623 页;奥托·冯·吉尔克,"雇佣合同的根源",载《海因里希·布伦纳祝贺文集》,莱比锡,1914 年,第 37 页以下,第 66 页及下页。

102 弗里德海姆·约布斯,《吉尔克与现代劳动法》,法兰克福大学博士学位论文,1968 年,第 69 页及下页。

103 奥托·冯·吉尔克(*Otto von Gierke*),《合作社理论和德意志司法》(Die Genossenschaftstheorie und die deutsche Rechtsprechung),柏林(Berlin),1887 年,第 4 页。

104 奥托·冯·吉尔克(*Otto von Gierke*),《人类团体的本质》(Das Wesen der menschlichen Verbände),柏林,1902 年,第 13 页,第 15 页;汉斯·克鲁帕,"合作社和社会多元论",载《公法档案》,第 32 卷(1941 年),第 97 页以下,第 105 页。

105 迪特尔·布利克勒,"奥托·吉尔克作为证明人",载《近代法律史杂志》,第 17 卷(1995 年),第 245 页以下,第 263 页,脚注 115。

106 汉斯·克鲁帕,"合作社和社会多元论",载《公法档案》,第 32 卷(1941 年),第 97 页以下,第 99 页;迪特尔·布利克勒,"奥托·吉尔克作为证明人",载《近代法律史杂志》,第 17 卷(1995 年),第 245 页以下,第 263 页。

107 奥托·冯·吉尔克,《人类团体的本质》,柏林,1902 年,第 32 页。

108 奥托·冯·吉尔克,《民法典草案》,莱比锡,1889 年,第 148 页。

109 奥托·冯·吉尔克,《民法典草案》,莱比锡,1889 年,第 145 页;奥托·冯·

吉尔克,《人类团体的本质》,柏林,1902 年,第 5 页。

110 奥托·冯·吉尔克,《德意志私法》,第 1 卷,第 469 页,注释 3;格奥尔格·古维奇,"吉尔克作为法哲学家",载《逻各斯》,第 11 卷(1923 年),第 86 页以下,第 119 页。

111 奥托·冯·吉尔克,《人类团体的本质》,柏林,1902 年,第 13 页;奥托·冯·吉尔克,《私法的社会使命》,柏林,1889 年,第 34 页;奥托·冯·吉尔克,《民法典草案》,莱比锡,1889 年,第 145 页。

112 奥托·冯·吉尔克,《民法典草案》,莱比锡,1889 年,第 145 页。

113 奥托·冯·吉尔克,《民法典草案》,莱比锡,1889 年,第 145 页;奥托·冯·吉尔克,《德意志私法》,第 1 卷,慕尼黑,1895 年,第 458 页以下;奥托·冯·吉尔克,《德意志合作社法》,第 2 卷,达姆施塔特,1954 年,第 36 页,第 40 页。

114 奥托·冯·吉尔克,《德意志合作社法》,第 2 卷,达姆施塔特,1954 年,第 906 页。

115 汉斯·克鲁帕,"合作社和社会多元论",载《公法档案》,第 32 卷(1941 年),第 97 页以下,第 111 页;格奥尔格·古维奇,"吉尔克作为法哲学家",载《逻各斯》,第 11 卷(1923 年),第 86 页以下,第 104 页。

116 奥托·冯·吉尔克,《人类团体的本质》,柏林,1902 年,第 28 页;格奥尔格·古维奇,"吉尔克作为法哲学家",载《逻各斯》,第 11 卷(1923 年),第 86 页以下,第 121 页;托马斯·哈克,《吉尔克对民法典草案的批评》,哥廷根大学博士学位论文,1996 年,第 69 页、第 71 页。

117 奥托·冯·吉尔克,《德意志私法》,第 1 卷,慕尼黑,1895 年,第 26 页;奥托·冯·吉尔克,《德意志合作社法》,第 2 卷,达姆施塔特,1954 年,第 28 页及下页、第 40 页;格奥尔格·古维奇,"吉尔克作为法哲学家",载《逻各斯》,第 11 卷(1923 年),第 86 页,第 120 页。

118 格奥尔格·古维奇,"吉尔克作为法哲学家",载《逻各斯》,第 11 卷(1923 年),第 86 页以下,第 129 页;汉斯·克鲁帕,"合作社和社会多元论",载《公法档案》,第 32 卷(1941 年),第 97 页以下,第 99 页;托马斯·哈克,《吉尔克对民法典草案的批评》,哥廷根大学博士学位论文,1996 年,第 70 页。

119 奥托·冯·吉尔克,《人类团体的本质》,柏林,1902 年,第 4 页。

120 奥托·冯·吉尔克,《私法的社会使命》,柏林,1889 年,第 34 页;奥托·冯·吉尔克,《德意志私法》,第 1 卷,慕尼黑,1895 年,第 27 页,第 473 页;类似内容,参见奥托·冯·吉尔克,《人类团体的本质》,柏林,1902 年,第 22 页。

121 汉斯·克鲁帕,"合作社和社会多元论",载《公法档案》,第 32 卷(1941 年),第 97 页以下,第 102 页;奥托·冯·吉尔克,《德意志合作社法》,第 2 卷,达姆施塔特,1954 年,第 832 页;奥托·冯·吉尔克,《德意志私法》,第 1 卷,慕尼黑,1895 年,第 475 页。

122 奥托·冯·吉尔克,《私法的社会使命》,柏林,1889 年,第 8 页;奥托·冯·吉尔克,《德意志合作社法》,第 2 卷,达姆施塔特,1954 年,第 833 页;汉斯·克鲁帕,"合作社和社会多元论",载《公法档案》,第 32 卷(1941 年),第 97 页以下,第 104 页。

123 奥托·冯·吉尔克,《德意志合作社法》,第 2 卷,达姆施塔特,1954 年,第 576 页。

124 汉斯·克鲁帕,"合作社和社会多元论",载《公法档案》,第 32 卷(1941 年),第 97 页以下,第 111 页。

125 汉斯·克鲁帕,"合作社和社会多元论",载《公法档案》,第 32 卷(1941 年),第 97 页以下,第 111 页及下页;埃里克·沃尔夫,《伟大的德意志人》,1966 年,第 228 页。

126 奥托·冯·吉尔克,《私法的社会使命》,柏林,1889 年,第 11 页。

127 弗里德海姆·约布斯,《吉尔克与现代劳动法》,法兰克福大学博士学位论文,1968 年,第 39 页。

128 弗里德海姆·约布斯,《吉尔克与现代劳动法》,法兰克福大学博士学位论文,1968 年,第 38 页。

129 格奥尔格·古维奇,"吉尔克作为法哲学家",载《逻各斯》,第 11 卷(1923 年),第 86 页以下,第 130 页。

130 格奥尔格·古维奇,"吉尔克作为法哲学家",载《逻各斯》,第 11 卷(1923 年),第 86 页以下,第 130 页。

131 埃里克·沃尔夫,《伟大的德意志人》,1966 年,第 224 页。

132 安德雷亚斯·菲伊尔(*Andreas Fijal*),《柏林法律协会的历史》(Geschichte der Juristischen Gesellschaft zu Berlin),柏林,1991 年,1859 年至 1933 年,第 24 页。

133 乌尔里希·施图茨,“纪念奥托·冯·吉尔克”,载《萨维尼杂志:日耳曼法部》,第 43 卷(1922 年),第 7 页(第 24 页)。

134 乌尔里希·施图茨,“纪念奥托·冯·吉尔克”,载《萨维尼杂志:日耳曼法部》,第 43 卷(1922 年),第 7 页(第 24 页)。

135 赫尔曼·康拉德(*Hermann Conrad*),《德意志法律生活百年》(Hundert Jahre deutsches Rechtsleben),卡尔斯鲁厄(Karlsruhe),1960 年,第 1 卷,第 1 页(第 23 页)。

136 乌尔里希·施图茨,“纪念奥托·冯·吉尔克”,载《萨维尼杂志:日耳曼法部》,第 43 卷(1922 年),第 7 页(第 24 页)。

137 乌尔里希·施图茨,“纪念奥托·冯·吉尔克”,载《萨维尼杂志:日耳曼法部》,第 43 卷(1922 年),第 7 页(第 24 页)。

138 《第 6 次德意志法学家大会研讨文集》(Verhandlungen des 6. DJT),第 2 卷,图宾根(Tübingen),1867 年,第 56 页。

139 《第 9 次德意志法学家大会研讨文集》(Verhandlungen des 9. DJT),第 3 卷,图宾根,1871 年,第 26 页以下。

140 《第 28 次德意志法学家大会研讨文集》(Verhandlungen des 28. DJT),第 1 卷,图宾根,1905 年,第 102 页至第 144 页。

141 《第 28 次德意志法学家大会研讨文集》(Verhandlungen des 28. DJT),第 2 卷,图宾根,1906 年,第 324 页至第 351 页。

142 《第 28 次德意志法学家大会研讨文集》(Verhandlungen des 28. DJT),第 3 卷,图宾根,1907 年,第 134 页。

143 乌尔里希·施图茨,“纪念奥托·冯·吉尔克”,载《萨维尼杂志:日耳曼法部》,第 43 卷(1922 年),第 7 页(第 24 页)。

144 特奥多尔·冯·奥尔斯豪森(*Theodor von Olshausen*),《德意志法学家大会》(Der deutsche Juristentag),柏林,1910 年,第 184 页。

145 乌尔里希·施图茨,“纪念奥托·冯·吉尔克”,载《萨维尼杂志:日耳曼法部》,第43卷(1922年),第7页(第28页)。

146 奥托·冯·吉尔克,《德国民法典草案》,莱比锡,1889年,第2页。

147 托马斯·哈克,《吉尔克对民法典草案的批评》,哥廷根大学博士学位论文,1996年,第15页;这一点在冯·吉尔克的作品中也可以看出来,奥托·冯·吉尔克,《德国民法典草案》,莱比锡,1889年,第367页及下页。

148 埃里克·沃尔夫,《伟大的德意志人》,1966年,第227页。

149 奥托·冯·吉尔克,《德国民法典草案》,莱比锡,1889年,第218页。

150 奥托·冯·吉尔克,《德国民法典草案》,莱比锡,1889年,第20页。

151 奥托·冯·吉尔克,《德国民法典草案》,莱比锡,1889年,第337页。

152 奥托·冯·吉尔克,《德国民法典草案》,莱比锡,1889年,第72页及下页。

153 奥托·冯·吉尔克,《德国民法典草案》,莱比锡,1889年,第6页,第4页。

154 奥托·冯·吉尔克,《德国民法典草案》,莱比锡,1889年,第573页及下页。

155 奥托·冯·吉尔克,《德国民法典草案》,莱比锡,1889年,第67页,第273页;类似见解,参见第198页。

156 奥托·冯·吉尔克,《德国民法典草案》,莱比锡,1889年,第36页。

157 奥托·冯·吉尔克,《德国民法典草案》,莱比锡,1889年,第9页。

158 奥托·冯·吉尔克,《德国民法典草案》,莱比锡,1889年,第36页,第297页。

159 奥托·冯·吉尔克,《德国民法典草案》,莱比锡,1889年,第18页。

160 奥托·冯·吉尔克,《德国民法典草案》,莱比锡,1889年,第72页。

161 奥托·冯·吉尔克,《德国民法典草案》,莱比锡,1889年,第11页。

162 奥托·冯·吉尔克,《德国民法典草案》,莱比锡,1889年,第62页。

163 奥托·冯·吉尔克,《德国民法典草案》,莱比锡,1889年,第295页。

164 迪特尔·施瓦布(*Dieter Schwab*),“《德国民法典》和它的批评者”(Das BGB und seine Kritiker),载《近代法律史杂志》(ZNR),第22卷(2000年),第325页以下,第330页。

165 汉斯·施洛瑟,《近代私法史基础》,2001年第9版,第188页。

166 奥托·冯·吉尔克,《德国民法典草案》,莱比锡,1889年,第5页。

167 埃里克·沃尔夫,《伟大的德意志人》,1966 年,第 222 页。

168 奥托·冯·吉尔克,《德国民法典草案》,莱比锡,1889 年,第 253 页。

169 奥托·冯·吉尔克,《德国民法典草案》,莱比锡,1889 年,第 202 页。

170 奥托·冯·吉尔克,《德国民法典草案》,莱比锡,1889 年,第 201 页。

171 托马斯·哈克,《吉尔克对民法典草案的批评》,哥廷根大学博士学位论文,1996 年,第 91 页。

172 托马斯·哈克,《吉尔克对民法典草案的批评》,哥廷根大学博士学位论文,1996 年,第 92 页。

173 奥托·冯·吉尔克,《德国民法典草案》,莱比锡,1889 年,第 74 页,第 238 页。

174 奥托·冯·吉尔克,《德国民法典草案》,莱比锡,1889 年,第 74 页,第 258 页。

175 《帝国法院裁判集》(RGZ),第 69 卷,第 401 页(第 403 页);托马斯·哈克,《吉尔克对民法典草案的批评》,哥廷根大学博士学位论文,1996 年,第 110 页。

176 奥托·冯·吉尔克,《德国民法典草案》,莱比锡,1889 年,第 263 页;奥托·冯·吉尔克,《私法的社会使命》,柏林,1889 年,第 27 页。

177 《联邦最高法院民事裁判集》(BGHZ),第 13 卷,第 334 页。

178 奥托·冯·吉尔克,《私法的社会使命》,柏林,1889 年,第 14 页;同一作者,《德国民法典草案》,莱比锡,1889 年,第 183 页,第 263 页。

179 奥托·冯·吉尔克,《德国民法典草案》,莱比锡,1889 年,第 101 页及下页,第 289 页。

180 奥托·冯·吉尔克,《德国民法典草案》,莱比锡,1889 年,第 327 页。

181 奥托·冯·吉尔克,《私法的社会使命》,柏林,1889 年,第 16 页及下页。

182 奥托·冯·吉尔克,《德国民法典草案》,莱比锡,1889 年,第 101 页。

183 托马斯·哈克,《吉尔克对民法典草案的批评》,哥廷根大学博士学位论文,1996 年,第 120 页。

184 托马斯·哈克,《吉尔克对民法典草案的批评》,哥廷根大学博士学位论文,1996 年,第 127 页。

185 奥托·冯·吉尔克,《德国民法典草案》,莱比锡,1889 年,第 326 页。

186 奥托·冯·吉尔克,《德国民法典草案》,莱比锡,1889 年,第 122 页。

187 奥托·冯·吉尔克,《德国民法典草案》,莱比锡,1889 年,第 127 页。

188 奥托·冯·吉尔克,《德国民法典草案》,莱比锡,1889 年,第 119 页。

189 奥托·冯·吉尔克,《德国民法典草案》,莱比锡,1889 年,第 119 页。

190 奥托·冯·吉尔克,《德国民法典草案》,莱比锡,1889 年,第 119 页。

191 奥托·冯·吉尔克,《德国民法典草案》,莱比锡,1889 年,第 134 页。

192 奥托·冯·吉尔克,《德国民法典草案》,莱比锡,1889 年,第 127 页。

193 赫尔曼·克劳泽,"德意志法成分",载《法学教育》,1970 年,第 313 页,第 318 页。

194 托马斯·哈克,《吉尔克对民法典草案的批评》,哥廷根大学博士学位论文,1996 年,第 102 页。

195 格奥尔格·古维奇,"吉尔克作为法哲学家",载《逻各斯》,第 11 卷(1923 年),第 86 页以下,第 91 页;赫尔曼·克劳泽,"德意志法成分",载《法学教育》,1970 年,第 313 页,第 315 页;埃里克·沃尔夫,《伟大的德意志人》,第 168 页,第 227 页。

196 汉斯·施洛瑟,《近代私法史基础》,2001 年第 9 版,第 188 页。

197 赫尔曼·克劳泽,"德意志法成分",载《法学教育》,1970 年,第 313 页,第 319 页。

198 汉斯·施洛瑟,《近代私法史基础》,2001 年第 9 版,第 170 页;赫尔曼·克劳泽,"德意志法成分",载《法学教育》,1970 年,第 313 页,第 318 页。

199 迪特尔·施瓦布,"《德国民法典》和它的批评者",载《近代法律史杂志》,第 22 卷(2000 年),第 325 页以下,第 336 页。

200 乌尔里希·施图茨,"纪念奥托·冯·吉尔克",载《萨维尼杂志:日耳曼法部》,第 43 卷(1922 年),第 12 页(第 20 页)。

201 奥托·冯·吉尔克,《阿尔特胡修斯》,梅森海姆,1958 年第 5 版,第 80 页。

202 格奥尔格·古维奇,"吉尔克作为法哲学家",载《逻各斯》,第 11 卷(1923 年),第 86 页以下,第 90 页;乌尔里希·施图茨,"纪念奥托·冯·吉尔克",载《萨维尼杂志:日耳曼法部》,第 43 卷(1922 年),第 12 页(第 19 页及下页)。

203 奥托·冯·吉尔克,《阿尔特胡修斯》,梅森海姆,1958年第5版,第317页。

204 奥托·冯·吉尔克,《阿尔特胡修斯》,梅森海姆,1958年第5版,第56页;乌尔里希·施图茨,“纪念奥托·冯·吉尔克”,载《萨维尼杂志:日耳曼法部》,第43卷(1922年),第12页(第19页及下页)。

205 奥托·冯·吉尔克,《阿尔特胡修斯》,梅森海姆,1958年第5版,第29页。

206 奥托·冯·吉尔克,《阿尔特胡修斯》,梅森海姆,1958年第5版,第112页。

207 奥托·冯·吉尔克,《阿尔特胡修斯》,梅森海姆,1958年第5版,第111页。

208 奥托·冯·吉尔克,《阿尔特胡修斯》,梅森海姆,1958年第5版,第21页。

209 奥托·冯·吉尔克,《阿尔特胡修斯》,梅森海姆,1958年第5版,第144页。

210 奥托·冯·吉尔克,《阿尔特胡修斯》,梅森海姆,1958年第5版,第103页。

211 奥托·冯·吉尔克,《阿尔特胡修斯》,梅森海姆,1958年第5版,第77页。

212 奥托·冯·吉尔克,《阿尔特胡修斯》,梅森海姆,1958年第5版,第76页。

213 奥托·冯·吉尔克,《阿尔特胡修斯》,梅森海姆,1958年第5版,第226页。

214 奥托·冯·吉尔克,《阿尔特胡修斯》,梅森海姆,1958年第5版,第28页。

215 奥托·冯·吉尔克,《阿尔特胡修斯》,梅森海姆,1958年第5版,第157页。

216 奥托·冯·吉尔克,《阿尔特胡修斯》,梅森海姆,1958年第5版,第3页,第31页。

217 奥托·冯·吉尔克,《阿尔特胡修斯》,梅森海姆,1958年第5版,第218页。

218 奥托·冯·吉尔克,《阿尔特胡修斯》,梅森海姆,1958年第5版,第3页,第29页。

219 奥托·冯·吉尔克,《阿尔特胡修斯》,梅森海姆,1958年第5版,第4页及下页还有其他介绍。

220 奥托·冯·吉尔克,《阿尔特胡修斯》,梅森海姆,1958年第5版,第7页及下页。

221 奥托·冯·吉尔克,《阿尔特胡修斯》,梅森海姆,1958年第5版,第132页。

222 奥托·冯·吉尔克,《阿尔特胡修斯》,梅森海姆,1958年第5版,第167页。

223 奥托·冯·吉尔克,《阿尔特胡修斯》,梅森海姆,1958年第5版,第317页。

224 奥托·冯·吉尔克,《阿尔特胡修斯》,梅森海姆,1958年第5版,第318页及下页。

225 奥托・冯・吉尔克,《阿尔特胡修斯》,梅森海姆,1958 年第 5 版,第 100 页。

226 奥托・冯・吉尔克,《阿尔特胡修斯》,梅森海姆,1958 年第 5 版,第 217 页。

227 奥托・冯・吉尔克,《阿尔特胡修斯》,梅森海姆,1958 年第 5 版,第 4 页。

228 奥托・冯・吉尔克,《阿尔特胡修斯》,梅森海姆,1958 年第 5 版,第 9 页。

229 奥托・冯・吉尔克,《阿尔特胡修斯》,梅森海姆,1958 年第 5 版,第 101 页。

230 奥托・冯・吉尔克,《阿尔特胡修斯》,梅森海姆,1958 年第 5 版,第 101 页。

231 奥托・冯・吉尔克,《阿尔特胡修斯》,梅森海姆,1958 年第 5 版,第 144 页。

232 奥托・冯・吉尔克,《阿尔特胡修斯》,梅森海姆,1958 年第 5 版,第 76 页,第 99 页。

233 奥托・冯・吉尔克,《阿尔特胡修斯》,梅森海姆,1958 年第 5 版,第 76 页。

234 迪特尔・布利克勒,"奥托・吉尔克作为证明人",载《近代法律史杂志》,第 17 卷(1995 年),第 245 页,第 253 页还指出以下作品:卡尔・约阿希姆・弗里德里希(*Carl Joachim Friedrich*),《阿尔特胡修斯及其关于政治理论发展的作品》(Althusius und sein Werk im Rahmen der Entwicklung der Theorie von der Politik),柏林,1875 年;G. 门克(*G. Menk*),"1958 年版《约翰内斯・阿尔特胡修斯》和帝国国家学说"(Johannes Althusius 1958 und die Reichsstaatslehre),载卡尔—威廉・达姆/维尔纳・克拉维茨(*Dahm, Karl – Wilhelm/Krawietz, Werner*)(编),《约翰内斯・阿尔特胡修斯的政治理论》(Die politische Theorie des Johannes Althusius),柏林,1988 年,第 255 页至第 300 页。

235 恩斯特・兰德斯贝格(*Ernst Landsberg*),"奥托・冯・吉尔克的《合作社法》",载《萨维尼杂志:日耳曼法部》,第 35 卷(1914 年),第 448 页,第 449 页。

236 乌尔里希・施图茨,"纪念奥托・冯・吉尔克",载《萨维尼杂志:日耳曼法部》,第 43 卷(1922 年),第 7 页(第 15 页)。

237 乌尔里希・施图茨,"纪念奥托・冯・吉尔克",载《萨维尼杂志:日耳曼法部》,第 43 卷(1922 年),第 7 页(第 12 页)。

238 迪特尔・布利克勒,"奥托・吉尔克作为证明人",载《近代法律史杂志》,第 17 卷(1995 年),第 245 页以下,第 246 页。

239 迪特尔·布利克勒,“奥托·吉尔克作为证明人”,载《近代法律史杂志》,第17卷(1995年),第245页。

240 奥托·冯·吉尔克,《德意志合作社法》,第1卷,达姆施塔特,1954年,第8页及下页。

241 奥托·冯·吉尔克,《德意志合作社法》,第1卷,达姆施塔特,1954年,第9页。

242 奥托·冯·吉尔克,《德意志合作社法》,第1卷,达姆施塔特,1954年,第10页。

243 迪特尔·布利克勒,“奥托·吉尔克作为证明人”,载《近代法律史杂志》,第17卷(1995年),第245页,第246页。

244 迪特尔·布利克勒,“奥托·吉尔克作为证明人”,载《近代法律史杂志》,第17卷(1995年),第245页,第246页,第247页。

245 奥托·冯·吉尔克,《德意志合作社法》,第2卷,达姆施塔特,1954年,第30页及下页;乌尔里希·施图茨,“纪念奥托·冯·吉尔克”,载《萨维尼杂志:日耳曼法部》,第43卷(1922年),第7页(第19页)。

246 乌尔里希·施图茨,“纪念奥托·冯·吉尔克”,载《萨维尼杂志:日耳曼法部》,第43卷(1922年),第7页(第20页);埃里克·沃尔夫,《伟大的德意志人》,第224页。

247 格奥尔格·古维奇,“吉尔克作为法哲学家”,载《逻各斯》,第11卷(1923年),第86页以下,第90页。

248 乌尔里希·施图茨,“纪念奥托·冯·吉尔克”,载《萨维尼杂志:日耳曼法部》,第43卷(1922年),第7页(第21页)。

249 乌尔里希·施图茨,“纪念奥托·冯·吉尔克”,载《萨维尼杂志:日耳曼法部》,第43卷(1922年),第7页(第21页)。

250 恩斯特·兰德斯贝格,“奥托·冯·吉尔克的《合作社法》”,载《萨维尼杂志:日耳曼法部》,第35卷(1914年),第448页。

251 乌尔里希·施图茨,“纪念奥托·冯·吉尔克”,载《萨维尼杂志:日耳曼法部》,第43卷(1922年),第7页(第22页)。

252 乌尔里希·施图茨,“纪念奥托·冯·吉尔克”,载《萨维尼杂志:日耳曼法

部》,第 43 卷(1922 年),第 7 页(第 22 页)。

253 乌尔里希·施图茨,“纪念奥托·冯·吉尔克”,载《萨维尼杂志:日耳曼法部》,第 43 卷(1922 年),第 7 页(第 23 页)。

254 恩斯特·兰德斯贝格,“奥托·冯·吉尔克的《合作社法》”,载《萨维尼杂志:日耳曼法部》,第 35 卷(1914 年),第 448 页,第 450 页。

255 恩斯特·兰德斯贝格,“奥托·冯·吉尔克的《合作社法》”,载《萨维尼杂志:日耳曼法部》,第 35 卷(1914 年),第 448 页,第 451 页。

256 恩斯特·兰德斯贝格,“奥托·冯·吉尔克的《合作社法》”,载《萨维尼杂志:日耳曼法部》,第 35 卷(1914 年),第 448 页,第 452 页。

257 乌尔里希·施图茨,“纪念奥托·冯·吉尔克”,载《萨维尼杂志:日耳曼法部》,第 43 卷(1922 年),第 7 页(第 26 页)。

258 乌尔里希·施图茨,“纪念奥托·冯·吉尔克”,载《萨维尼杂志:日耳曼法部》,第 43 卷(1922 年),第 7 页(第 40 页)。

259 埃里克·沃尔夫,《伟大的德意志人》,第 225 页。

260 奥托·冯·吉尔克,《私法》,第 1 卷,第 6 页;乌尔里希·施图茨,“纪念奥托·冯·吉尔克”,载《萨维尼杂志:日耳曼法部》,第 43 卷(1922 年),第 7 页(第 37 页)。

261 最初出版在《逻各斯》,第 6 卷(1917 年),第 211 页以下。

262 乌尔里希·施图茨,“纪念奥托·冯·吉尔克”,载《萨维尼杂志:日耳曼法部》,第 43 卷(1922 年),第 7 页(第 28 页)。

263 奥托·冯·吉尔克,《私法》,第 2 卷,第 5 页;乌尔里希·施图茨,“纪念奥托·冯·吉尔克”,载《萨维尼杂志:日耳曼法部》,第 43 卷(1922 年),第 7 页(第 39 页)。

264 奥托·冯·吉尔克,《德意志私法》,第 2 卷,第 5 页;乌尔里希·施图茨,“纪念奥托·冯·吉尔克”,载《萨维尼杂志:日耳曼法部》,第 43 卷(1922 年),第 7 页(第 39 页)。

265 奥托·冯·吉尔克,《德意志私法》,第 2 卷,莱比锡,1905 年,第 7 页。

266 奥托·冯·吉尔克,《德意志私法》,第 3 卷,莱比锡,1917 年,第 5 页。

267 乌尔里希·施图茨,“纪念奥托·冯·吉尔克”,载《萨维尼杂志:日耳曼法

部》,第 43 卷(1922 年),第 7 页(第 39 页)。

268 奥托·冯·吉尔克,《德意志私法》,第 3 卷,莱比锡,1917 年,第 5 页。

269 奥托·冯·吉尔克,《德意志私法》,第 3 卷,莱比锡,1917 年,第 6 页。

270 奥托·冯·吉尔克,《德意志私法》,第 3 卷,莱比锡,1917 年,第 7 页。

271 乌尔里希·施图茨,“纪念奥托·冯·吉尔克”,载《萨维尼杂志:日耳曼法部》,第 43 卷(1922 年),第 7 页(第 39 页)。

272 托马斯·哈克,《吉尔克对民法典草案的批评》,哥廷根大学博士学位论文,1996 年,第 56 页及下页。

273 格奥尔格·古维奇,“吉尔克作为法哲学家”,载《逻各斯》,第 11 卷(1923 年),第 86 页以下,第 91 页;赫尔曼·克劳泽,“德意志法成分”,载《法学教育》,1970 年,第 313 页,第 315 页;托马斯·哈克,《吉尔克对民法典草案的批评》,哥廷根大学博士学位论文,1996 年,第 57 页及下页。

274 乌尔里希·施图茨,“纪念奥托·冯·吉尔克”,载《萨维尼杂志:日耳曼法部》,第 43 卷(1922 年),第 7 页(第 41 页)。

275 托马斯·哈克,《吉尔克对民法典草案的批评》,哥廷根大学博士学位论文,1996 年,第 148 页。

276 迪特尔·布利克勒,“奥托·吉尔克作为证明人”,载《近代法律史杂志》,第 17 卷(1995 年),第 245 页,第 248 页。

277 汉斯·施洛瑟,《近代私法史基础》,2001 年第 9 版,第 168 页。

278 托马斯·哈克,《吉尔克对民法典草案的批评》,哥廷根大学博士学位论文,1996 年,第 59 页,第 161 页。

279 埃里克·沃尔夫,《伟大的德意志人》,1966 年,第 221 页。

Philipp Heck

1858 —1943

菲利普·(冯)黑克

1858—1943

一、导论

纪律、认真、原则、勤奋、率直,所有这些,都是菲利普·黑克在科学活动中表现出的品质。怀着对正确的法学方法的坚强信念,他终其一生都坚守并捍卫着“他的”利益法学的方法。众多反对者的敌视和20世纪各种各样的政治上的错误和歧途都不能使他改变不受限制的信念,即应当通过利益法学的方法为法学发现唯一正确而有益的方法。正因为如此,利益法学在今天才与菲利普·黑克的名字密切联系,不可分割,他甚至于被视为这种方法的创始人。在世纪之交《德国民法典》立法的背景下曾经发生过方法讨论,他通过对于方法讨论的贡献和改造曾经深受概念法学影响的方法学说的理念,对20世纪法学的方法发展指明了方向。因此,他可以归入20世纪德语地区最重要的法学方法学者之列,而且可以被称为“法学的最具话语权的创新者。”[1]

尽管如此,在普遍意识中,尤其是今天大学生的普遍意识中,黑克几乎完全消失了。只有少数人能够将他的名字归入某个法律领域,更谈不上描述他在科学上的成就了。然而,诸如拉伦茨(*Larenz*)或者沃尔夫(*Wolf*)等学生熟知的20世纪其他方法学者们并未达到或者完全超过黑克的持久影响,这种现象就越发令人吃惊了。[2]黑克的作品在其独创性、持续的现实意义和科学影响等方面都不怕与20世纪德国以及某些国际上最具影响的法律思想家相比较。[3]

因此,下文将重新唤起对法学家菲利普·黑克的记忆。文章不仅包括他的生平,还包括他的作品,而且特别注意作为民法学家和方法论者的黑克。再者,文章还会尝试回答为什么这位伟大的德国法学家逐渐被人忘却这个问题。

二、菲利普·黑克的人生道路

黑克在后来属于他同时代最重要的法学家,但这在其生命开始时还没有显现出来。[4]黑克1858年7月22日出生于圣彼得堡(St. Petersburg),在俄罗斯度过了最初几年,不过,他在那里却主要是伴随着海外德国人危机成长起来的。他是尼古拉·冯·图尔(*Nikolai von Tuhr*)[5]家的常客,而黑克的母亲玛丽娅·黑克(*Maria Heck*)原姓图尔,尼古拉·冯·图尔则是她的兄弟。他也是学校里的常客,而在这所圣彼得堡的改革宗社区的教会学校里,德语是教学语言。1872年举家迁到威斯巴登(Wiesbaden)。在那里,黑克进入了文理高中学习并于1877年复活节高中毕业。

黑克的童年时期和青少年时期深受他那处于中上层阶级的家庭的影响。他的父亲菲利普·黑克虽然只是个技艺高超的木匠师傅,但却因其具有企业家般的灵活而赚得了可观的财产。黑克很早就证明了他自己是个勤奋、好胜、自信和独立的人。可以说明这一点的是,他曾经于六月间在圣彼得堡上过寄宿学校,因为他全家夏季都住在农村的乡间别墅里,而只有冬季才住在城市的住宅里。他能够支付得起在他的家庭之间的长途旅行,如在1867年至1869年欧洲旅行期间他不时还有私人教师上课,后来他父亲把生意给卖了,靠租金收入就能够生活了。威斯巴登当时的氛围对他影响很大,其中有些是受到世俗的影响,但同时又受到近代德意志民族主义影响,此外还有社会的排他性思想的影响和霍亨索伦习惯法的影响。这种社会化后来又重新出现在他以自由—保守、爱国—民族主义立场为特点的政治观点中。

中学毕业后,他因成绩优异而在莱比锡(Leipzig)开始学习数学和自然科学。不过,他很快就不满足于此了。他的目标是在对人类有用的方面做出巨大贡献,而这看起来不再能够实现了,尤其是系里老师没有认真对待他在学校时期已经形成的关于带有火箭推进器的飞行器的理念之后。最终,他经过朋友提议学习法学,实现了法学转向。黑克在"可爱的法学传统"中被当作了"对于法律问题的法律外行判断的试验品"。[6]例如,对他曾经提过一个案例,其核心问题在于丢失了用于订立合同的一封信。作为外行,黑克提出了他认为符合目的的解决方案建议,也正因此而在他同学那里偶然被拒绝了,因为这种解决方案并不能从法律领域推演出来。接着他的朋友又送给他鲁道夫·耶林(*Rudolf Jhering*)[7]的《罗马法的精神》(Der Geist des römischen Rechts)[8]这部书作为课外读物。这是黑克的第一本法学书,他因其独特论述而受到"极大鼓舞"。特别是法的概念和利益之间的对立引发他对法学进行正式研究并最终转入了法学系。[9]这使他有了一种如饥似渴的感觉。此外,实践性的法学似乎比理论性的数学更加符合他的目标愿望,此后他毕生致力于为"人类的进步和利益"作贡献。[10]这里简要描述了黑克的信仰,他将成为法学家并创立利益法学。[11]

黑克先后在莱比锡、海德堡和柏林学习法学。1881 年通过候补官员考试(Referendarsexamen),1886 年通过了候补法官考试(Assessorexamen)。他的毕业论文题目是国际私法领域的"《关于抛弃的罗迪亚法》与共同海损的关系"(Das Verhältnis der lex Rhodia de iactu zu der großen Haverei),[12]这是一个典型的存在漏洞的领域,影响了他后来的方法。在候补法官考试之后,黑克在美因河畔法兰克福(Frankfurt am Main)短期担任了法庭的候补法官,而且他利用这段时间完成了在莱温·戈德施密特(*Levin Goldschmitt*)那里的博士学位论文和教授资格论文。间隔不久他就将二者出版了,1889 年 1 月出版了博士论文"关于共同海损的历史的两项论述"(Zwei Beiträge über die Geschichte der großen Haverei),[13]1889 年 7 月出版了教授资格论文"共同海损法"(Das Recht der großen Haverei),[14]而教授资格论文早在提交博士学位论文时就已经完成了。集中于诸如共同海损等较大的法律领域使黑克很短时间内获得了博士学位和教授资格。在这些作品中就已经可以发现利益法学的萌芽了。

他的早期作品中的萌芽表明,黑克受到了经由利益导向思想实现个案公平的理念的影响,而且他对方法讨论充满向往。因此,他决定选择学术生涯就不令人诧异了。他受到了帮助耶林的利益理论成为公认的学术观点这一决定性愿望的驱动。[15]其实,令人诧异的是,他的第一个学术职位是柏林大学的日耳曼学私人讲师,后来他作为教授还撰写过很多日耳曼法律史的作品,尤其是关于佛里斯兰和古萨克森法中的等级问题。当然,他在其所处时代首先还是民法学家而非历史学家。[16]

1891 年,黑克获得了第一个任命,即赴格雷夫斯瓦尔德(Greifswald)任教,它曾经被认为是年轻教师的晋升阶梯,仅仅一年之后,他就赴哈勒(Halle)任教,成为了欧根·胡贝尔(*Eugen Huber*)的继任者,是法律史、德国私法和商法、帝国和邦国家法以及必要时教会法的教席。哈勒时期对他来说是一个发生重大个人变化的时期:他娶了原姓布吕克纳(*Brückner*)[17]的妻子海伦娜·黑克(*Helene Heck*),她同样也有俄罗斯的经历,而且他唯一的孩子卡尔·黑克(*Karl*

Heck)[18]出世了。在哈勒还开始了与马科斯·吕梅林(*Max Rümelin*)的友谊,黑克最终在1928年获得了图宾根大学的任命,他在那里留到了1928年退休。在图宾根,他作为弗里德里希·冯·图迪修姆(*Friedrich von Thudichum*)的继任者,接受了德意志法、商法和票据法和民法的正教授教席。他在符腾堡大学编写了他最重要的方法论作品,而且使他关于法的目的的理念和他对过多概念争论的拒绝得以完善而成为教义的、经过深思熟虑的利益法学的方法。对此,非常有益的是与他的图宾根的同事们频繁地交换意见,他们与黑克在方法论上是相同的。马科斯·吕梅林和海因里希·施托尔(*Heinrich Stoll*)本人也曾经发表过很多利益法学的作品,从而也对其发展有所帮助。他们是黑克之外利益法学在德国最重要的代表,这也就为这种方法论流派带来了"图宾根学派"之名。在1911/1912年,黑克担任图宾根大学法学院院长,而且获得了符腾堡王室十字勋章,与此相联系的是他被授予了终身贵族。[19]此外,他还有以下荣誉:1931年出版了向他和其他同事致敬的祝贺文集,[20]1933年希特勒(*Hitler*)向他授予了歌德艺术和科学奖章,1936年他被任命为"德国法研究院"成员。此外,他自1902年起担任《民法实务档案》杂志的编委,将这本杂志当作了向普通的专业群体传播其观点的论坛。

然而,他在图宾根的教学工作并未集中于方法学说。毋宁说是他将诸如"德国民法基础"、"德国法律史和宪法史"等讲座课、民法核心部分的讲座课和商法、票据法等讲座课程用作了贯彻其方法的实践应用。与此同时,他常常与学生交流,每隔一段时间就邀请学生到他家里去,如同这是当时图宾根的习惯一样。这就是他的基本态度和学术理解的例证:"我们工作不是为了获得科学头衔,而是为了服务于生活。"[21]为实现对法和法律思想接近现实的理解,黑克严格坚持每天主要在他家里的工作室里工作10个到14个小时。较之于从前,他更加专注于其书斋生活。这种工作状态是非常认真的结果,而且也是面对充满诸如进取心、责任感、努力等美德的领域而愿意做些有价值事情的结果。由此导致的结果是,他常常缺乏对于科学讨论的必要距离,从而受到对手的人身攻击。

1943 年 6 月 26 日,黑克在图宾根去世,[22]这正是纳粹和那些依附于纳粹的法学家们毁坏他的科学著作之前不久。

三、黑克的著作及其当代意义

(一)黑克作为方法论者和民法教义学者

1. 黑克作为利益法学的创始人

黑克的毕生事业是利益法学。创设这种方法被认为是他最重要和永久的科学贡献。在他学术生涯的最后,他无可争议地被认为是图宾根学派之父,直到今天,几乎所有作者都称他为利益法学的发起人。[23]

利益法学的发展可以分为不同阶段。[24]在其最初几年,大约 1901 年至 1905 年,处于形成阶段;黑克发展出了他的方法思想和基本观念,但还没有较为固定而且逻辑上经过深思熟虑的方法。他的方法的体系化是第二阶段,开始于 1905 年 12 月 15 日,大约持续到 1914—1918 年。1905 年 12 月 15 日,黑克发表了题为"利益法学和法律忠实"[25]的论文,这是一篇纯粹的教义论文,而且在这种语境下第一次使用了"利益法学"(Interessenjurisprudenz)一词。在随后几年里,黑克不断构建这种方法并使之成为符合逻辑、内部协调一致并且全面具有方法论性质的体系。这一阶段随着院长演讲"法律获得问题"[26]和"法律解释和利益法学"[27]的发表而达到顶峰。在"法律获得问题"中,黑克第一次描述了其体系化方向的基础,因此 1912 年有时会被称为"利益法学的诞生之年"。[28]在魏玛共和国时期,利益法学最终成为民法中的通行方法。帝国法院使用利益法学的论据作出判决,下级法院也越来越多地使用利益法学的论据;尤其是它介于自由法学说和旧的学说汇纂法学的中间立场,在实务中很受欢迎。[29]魏玛共和国的社会和科学气氛对这项成果也比较有利。当时曾经是经济变化和挑战的时期,尤其是因为经济危机和通货膨胀,因此人们在法学中寻找这些新问题的解决方案。为此出现了统一的民族的法典化的理念及其转换,高峰则是 1900 年《德国民法典》的制定,其方法论讨早在第一次世界大战前就已经讨论过了,而且已经有了丰厚的基础。[30]

对于黑克而言,这个时期重要的是对其方法的实践应用和对其他萌芽的批评性思考,因为他确信,利益法学方法应当得到最广泛的实施,或者如说它还需要实施。[31]然而,黑克这种评价并没有什么道理。在纳粹时期,利益法学经常受到攻击,通行的法学方法论认为它是非雅利安民族的方法。[32]1933 年之后,利益法学发展到了第四个阶段。黑克在这个时期的文章局限于详细说明其方法的理由,并且对各种攻击坚持不懈地进行了全力反驳。基于这种发展,黑克的方法并未概括在某几篇文章中,而是散见于很多论文和专著中,这些作品在某种程度上甚至于迷失在细节之中,就如同他的债法教科书和物法教科书一样。因此,下文将简要概括并介绍图宾根学派的重要基础和论题。

2. 黑克的方法的具体内容

(1)利益法学的基础

黑克的理念的出发点是鲁道夫·耶林。他在方法论观点上经历了一次变迁。他最初曾经是概念法学方法的追随者,但后来他偏离了这种方向,而且转到了目的指向的法学。在四卷本《罗马法的精神》中,他写道:“生活不是因为概念,相反概念却是为了生活”。[33]目的应当是全部法的创造者,没有哪项法律规则不应当归因于作为其根源的目的,即实践动机。[34]耶林本人没有继续发展他这种基本思想,没有将他构建成为一种方法或者进行实践应用,而它却成为了黑克构建利益法学发展的基础。[35]黑克自己在其作品的不同位置都指出,耶林是利益法学方法的出发点。[36]

与耶林相近的是,利益法学的根源也在于与概念法学划分界线。黑克通过使用严格区别于概念法学的表达方式而发展出这种方法的第一个萌芽。概念法学在 19 世纪德国主要是依据卡尔·弗里德里希·冯·萨维尼[37]的特定学说发展起来的,在《德国民法典》生效时是通行的法学方法。[38]对其代表人物而言,法学概念是超越实证本质的,而且是没有时间限制的关于正确的法的有效内容,并且在形式上其逻辑适用应当必然导致正确判决。[39]黑克认为,法律概念是法律规范的渊源因此也应当认为是全部实证法的渊源这种观点是错误的,并且称之为倒置方法。[40]法律规则与普遍命令概念之间的真实关系是倒置过来的,因此混淆了这些法律因素的角色。[41]

在概念法学之外,自由法学说成为与利益法学相区别的第二个方法的对立者。依照自由法学派的观点,法官可以根据公平正义解释法律,甚至法官似乎有超越法律的权限;即它可以决定法的内容。[42]对此黑克批评认为,这样就解消了法律对于法官的约束力,而法官也就不再处于自动的、主权的法治社会之下了。[43]

黑克和利益法学所反对者之间的"两线作战"超出了方法的框架条件,主要发生在其形成时期。

所谓起源的利益理论在体系上处于利益法学发展的开始。[44]起源的利益的中心是,将生活作为单个的人、人的群体和法律共同体与生活的各个部分和生活材料之间存在的丰富多样的不同关系的概括标志。[45]在其各种形式的具体表现中的利益被认为是人类生活的驱动力,因而也是形成法律命令的驱动力。[46]既不是规范也不是概念,而只有作为法律规范基础的利益才构成了法律制度的基本组成部分。“利益”一词按照黑克的观点应当在最广义上理解,它不仅涵盖了物质利益,还包括所有“渴望的意向”,也就是理念的—规范的和文化的利益。[47]概念充当了最可能开放的综合名称,在概念之中概括了所有可能影响法律制定和法律适用的观点。[48]方法在这里最终所起的作用是法律以外的目的:研究生活本身所带来的利益状态和利益冲突。生活是方法的现实的物质方面。这种对生活作用的极端强调正是黑克的新方法流派的特殊之处。[49]

直到后来几年,黑克才将起源的利益理论构建成为生产的利益理论。这就涉及有计划地提出问题和解决问题,而它们是利益法学发展出起源的利益理论的基础。关于正确的规范适用以及现有规范材料的体系化整理和描述和根据应然法的工作在实践学说的发展处于其中心。[50]对于黑克所有作品而言,重要的是坚持不懈并由此而完全扩展提出了需要在法律发现中根据经验论的要求对于具体细节中的利益检查其理性的要求。[51]

在他的方法发展的这两个阶段,黑克强调了两件事。一是他强调了利益法学的哲学自由和世界观自由。黑克经常特别自豪地反复强调,他的方法论原则具有“法律独立性”,它们并不是以任何哲学成就为基础而将其转用于法律的。[52]它的目的并不是在理论上查明真相,而是为在实践中应用于很大程度上是为生活服务的成果的非哲学的—经验的工作项目。[53]另外,他还强调“他的”方法的独创性。黑克对此非常重视,将其描述为创新的、创造性的精神,并指出以利益法学所构想的形式而存在的法学方法是以前从未存在过的。如上所述,他最多也就承认耶林具有一定的意义。然而,这些都改变不了黑克自己被认为是利益法学的创造者。[54]

黑克对于以下问题的研究在其方法内部具有特别意义:法律规范的产生问题、法官地位问题和法律漏洞的处理问题。

(2)利益法学的重要论题

①法律规范的产生

如上所述,为适应生活的概念需要重新思考法律方法。在直接的生活知识中,也就是在关于人类日常生活的过程、关于生与死、关于爱与恨、关于法和不法的感受、关于意愿和思想等的丰富的知识中,黑克发现了他的方法的出发点。[55]较之于纯粹的法律问题,他对此更感兴趣。他希望认识到生活所具有的意义。因此,在设计和形成法律规范和法律时也必须考虑生活作用。[56]在这种情况下,对于黑克而言,法律就是作为公共意志对个人意志的支配的强制规范的集合。[57]公共意志由自治的法律共同体运用其自由和自治地位通过为自己制定法律而形成。它可以自己决定法律的内容而不取决于任何预先确定的法,并且强迫其他人接受自己。[58]对于黑克而言,立法者在这里一直只考虑公共幸福,这并不是什么问题;立法者所制定的法律不可能违反常情。[59]对于黑克而言不可想象的是,基于其自由主义的基本立场和自由主义的自由概念,预先确定的法对于立法者的主权会具有重要意义。[60]

立法程序划定了法律规范和法律的产生的外部框架,在这个框架之内法律共同体决定了“正确的”规范。[61]立法程序因此而对立法者提供帮助的方法就是冲突判断。利益法学的出发点是,立法者的活动最终会将规范作为利益评价的结果,任何法律规范的根源都是利益冲突的决定。[62]法律是“在任何法律共同体中彼此对立并且为获得承认的各种物质的、民族的、宗教的和种族的利益之间相互斗争的结果或者力量对话。”[63]对此可以体系化地区分三种不同的利益:[64]生活利益具有重要意义,它通常表现为私人的渴望的意向,而且对它的考虑会导致实质正义。[65]此外重要的就是实用性利益;规范必须在实践中有效率,并且因为具有必要的确定性和连续性而能够适用。最后是描述利益,即应当重视将其规范价值转化为容易理解、简单而条理的规范体系。

这些各种各样的利益,不是彼此毫无关系而独立地跑来跑去。毋宁说它们处于彼此冲突之中,也就是说,在生活状态所形成的法律规范中,不能同时满足所有希望。因此,在构思一项法律规范时,某些渴望的意向总是会因为其他一些渴望的意向而被抛弃,[66]因为保护利益时会处在一个充满利益的世界里,而且希望其中能够兼具各种优点,成本则是其他利益,并且从来不会有空的空间。[67]法律命令应当对相互冲突的利益进行限制和权衡,保护利益并且满足渴望,而且尽可能地限制不利之处并充分利用各种优点。冲突判断应当认为是完全实现了所维护的较强利益并且对于不同利益作出判断。致力于最优解决方案和尽量考虑所有利益最大可能的要求,这正是黑克的方法。一项规范从来不只服务于一项利益。其强度和内容还取决于战败的对立利益。

这种冲突理论直到今天仍然具有意义,因为他强调了利益法学超出了简单目的论法律学说的范围,因此有可能对法律概念有全新的理解。[68]黑克这样就与耶林清楚地区别开来,因为适应单一目的是错误地只反映了得胜的利益,而且忘记了规范的内容和满足目的的程度取决于战败的利益的影响。[69]如果目的论的法律思想忘记了它在利益冲突中的基础,最后只保留了半条道路,就还没有完全告别概念法学,甚至保留了与概念法学近似的缺陷。[70]对于法律的基础没有统一评价的体系,而只存在一种相互对立的利益的立场这种持续的自然状态,这种认识是黑克在起源的利益理论的框架内最重要的认识。[71]

②法官的地位

事后确认已经具备法律形式的规范的基础是什么利益冲突,这是法官的任务。法官的宪法地位和法官对具体法律案例得出适当的解决方案构成了方法学说的核心。[72]因为法学的最终目标是,通过法官案件裁判以利益保护和利益考虑的形式影响生活,实现对生活的重大影响;法学的其他部分所发生的影响都不会如同法官所发生的影响一样大。[73]因此,在具体案例中为需要保护的利益提供保护,是法官的任务。

这样就可以实现在个案中达到确切的、正义的并且适当判断的目标,利益法学为此提供了方法工具并且确定了在案例思考时的行为方式。

在第一个阶段,法官将会查明法律命令的内容,也就是现有规范的内容。[74]他通过主观历史解释就可以成功地做到这一点。借由主观解释,他努力寻找立法者在颁布规范时所遵循的指示和达到的目的。这种主观解释要以历史的利益研究作为补充。因此,法官应当能够认识到各项法律命令的因果利益,复原这种利益,回想起对它进行权衡之时的客观存在。[75]这样他就可以清楚地认识到,立法者在规范颁布时观察和判断了哪些利益冲突。[76]在冲突观察过程中,法官会借助于法律所观察的利益状态为澄清法律的利益评价而超越概念和词句。法律观察了哪些利益,法律如何以及基于何种理由而评价这些利益,利益评价之下的规范应当如何,他对这些问题必须找到答案。[77]因为如果一项法律规范对于不同生活利益的影响是清楚的,这项法律规范首先应当如此理解。[78]由于这种观点,黑克也强烈反对解释的客观理论。客观理论的拥护者想通过解释得出脱离立法者的、规范的、自法律适用时相对人立场而言客观合理的法律意义。[79]按照黑克的观点,这样只会产生错误的结果。客观解释由于意图不明而导致司法的法律约束力降低,即使通过其他权衡也不能使之正当化。[80]它既不能得到只有以法律形式表达出来才有法律效力这种思想的支持,也不能通过援引法律安全的利益和法律续造的简单性而说明其理由。毋宁说,主观理论通过认真对待立法者的意图反而实现了法律的安全性,并因此而保障了科学的能够客观化的法律续造。只有通过确认立法程序中的决定性意图是经验—历史事实才能实现它,而且也只有基于这一目标才推导出诸如文义解释、狭义历史解释、目的解释和体系解释作为事实研究的经验性辅助工具的其他解释标准的合乎逻辑的功能。[81]因此,只有主观理论,即准确得出并转换历史上立法者的意志,才是可以承载解释的基础。[82]

在第二个阶段就涉及对历史解释所得结果的加工。首先需要查明作为呈现在法官面前的具体案件事实的基础的利益。在处理这种案件事实时,法官必须受相应具体情形的指引。只有这样他才能提取出双方当事人相互对立的具体利益。因此,处理案情也是一种利益研究。[83]

如果法官既认识到了作为案件事实的基础的利益,也认识到了作为法律命令的基础的利益,他就可以自己进行规范适用了:法官会将命令和作为命令的基础和通过历史解释确定的利益冲突的权威决定与具体由他做出判断的案件事实进行比较。[84]为了能够实现这一点,理想的方式是在分析利用案件事实时就应当寻找能够决定已经存在的利益冲突的命令。

在随后进行归摄时,核心是比较法律共同体的规范确立时所呈现的利益状态与基于评价立场发现的利益状态。法官这时必须平衡两个方面。一方面,他不能使自己降格为归摄机器,另一方面自己也不要扮演法官王。在降格为归摄机器时,在未经自己评价的判决中就有因为个案利益评价错误而导致不公正的危险。[85]如果扮演了法官王,他的判决可能就不再能够为人所理解了,而且令人担忧的是,他就不再是公正而是偏袒一方了。[86]黑克反对自由法学派,因此也就明示拒绝了经由法官的法律发现。[87]法官处于法律之下,因为法律共同体作为立法机关不仅仅对外是有主权的,对内在与法官的关系上也有主权的。[88]黑克甚至认为,应当由法官申请应当适用的法律,这是错误的。[89]这就是黑克关于法治国家原则的表达,以法律形式表达的共同意思优先于市民的个人意思;法律是法律共同体自制的表达,因此法官也应受其约束。[90]在此,法官裁判的法律安全性、可预见性和可理解性具有较高的重要地位,应当通过法官受法律约束而得到保护和维持。

对于法官的法律适用,黑克支持思考的服从者的要求。他将法官视为法律的仆人。法官应当如同仆人对待主人那样对待法律,而仆人并不是盲目地"绝对服从"地行事,而是要符合利益地行事。他应当考虑到主人的利益状态,而且行事也要符合这种利益状态,因为主人不可能长时间地给仆人以详尽并且对所有可能的情形完全正确的指示。[91]

黑克对于法律形象的这种认识对于实践具有如下意义:如果法官在归摄时确认,决定案件事实的利益冲突是立法者已经认识到的并已经进行了规制,他的活动就局限于将所选取的规范适用于案件事实了。[92]然而,如果缺乏相应规范,就不可能归摄于原初的规范或者补充的规范,思考的服从就会导致如下工作:法官可以超越按照法律语句进行纯粹归摄,对具有多重含义、有漏洞或者有瑕疵的命令进行解释、补充或者修改。[93]然而,这种法官主动性的必要性不会导致裁判官自由地甚至于任意地裁决,因为决定性的基准点不仅仅是法律文句,还包括藏在文字背后的立法者的意思。

③漏洞理论

法官应该如同这种"思考的服从者"那样行事,如果法律有漏洞,即缺乏所希望或者期望的内容时,就更是如此了。法律有漏洞,这对黑克而言是不言而喻的。他的出发点是,不可能制定完美的法律;法律应该是自其产生之时就带有瑕疵、漏洞和矛盾。[94]之所以存在漏洞,主要原因应该是立法者所具有的人类的不足。首要的并且最基本的缺陷在于,人类不能对生活的多样性一目了然,特别是人类尝试去规制广泛的领域。[95]

由此就可以得出四种不同的漏洞:授权情形、第一次漏洞、第二次漏洞和碰撞漏洞。

在授权情形或者广义的漏洞或者调解概念的情形,立法者预期有必要规定一项经过评价的命令形成并且以明示方式对此进行了安排。但是,立法者并未表达出这项命令形成本身或者以特定概念表达出这项命令形成,而是有意地将命令的形成或者概念的详细填补交由法官完成。[96]它授予法官裁量空间,在此裁量空间内,法官通过回归到既有法定规范所具有的价值判就可以进行命令补充。[97]《德国民法典》第242条可以作为立法者这种行为方式的例证,哪些行为被认为违反诚实信用以及哪些行为不违反诚实信用,都交由法官进行评价。当然,法官对其裁量判断要与实证法律制度的整体评价结构进行调整是必不可少的。[98]

第一次漏洞如同第二次漏洞和碰撞漏洞一样属于狭义漏洞,是由于无意识的规则弊端而产生的。它在各个法律产生之时就已经存在了,这个问题的原因存在于立法程序之中。[99]这些问题可能是以不同方式和途径发生的。在真正漏洞的情形中,不存在任何命令,因为立法者忽视了以这种方式可能发生的冲突。这也可能是由于没有或者错误认识事实关系而引起的动机错误所决定的。[100]一项命令的特定概念也可能不甚清楚,以至于不能确定可以由它概括出特定案件事实。“确定的意义核心”在这些情形下“为逐渐消失的意义域所包围”,这首先妨碍了命令观念的形成,而命令观念对于所有适用情形都会发生特定结果,而且,这可能使得法官不可能认识这些现有观念。[101]最后,在所谓真正漏洞的情形下,案件事实可能会被一个法律规定的命令所概括,而立法者根本就不想将它概括在内;它就会发展出全面的命令观念,规制那些并未预计的案件事实。[102]

在第二次漏洞的情形,立法者最初并未出现瑕疵。之所以出现瑕疵,是因为法律通常是为创制法律的时间而设计的。然而,随着时间推移,常常发生变化,而这些变化是没有预见到的或者不能预见到的。[103]因为法律是命令意志的永久形式,而使之生效者之间的关系战胜了变化。[104]因此,生活关系的变化这时就会导致只能与特定事实问题相联系的命令被认识倒是不合适的。在这些所谓观点漏洞的情形,法律判断的基础,因此而提供的利益保护的前提也都发生了变化。观点意义上的价值观念和法律共同体的价值观念以某种方式发生了变化,而这是立法者所谓预计到的,在价值观念变化的大多数情形下都随之发生了事实变化。[105]

最后就是所谓碰撞漏洞或者选择漏洞了。如果不同法律命令彼此矛盾,对于同一案例有多项价值判断可以适用,而这些价值判断又是互相冲突的,就会发生这种漏洞。[106]不过,法官必须准确考察事实上是否存在这样的矛盾,因为这种矛盾往往只是现象并且会在精准研究后消失。[107]

法官确认存在上述漏洞并且认为是需要规则的漏洞,如果可以借助于法律规则填补漏洞的可能性具有充分的公共利益,他就可以这样填补漏洞。[108]他的行为指引着法律解释时的行为,并且构成了历史的命令解释。[109]对于判断而言重要的是法官的评价,法官此时是作为立法者的辅助人而存在的,它负有可以根据调整、转型或者补充的方式结束法律制度的漏洞。法官应当重新回忆起这种情形下相互冲突的利益并且当对它们进行比较。他首先应当尝试依照法律中存在的评价填补漏洞。相同的利益冲突由法律通过其他事实构成的形式进行判断的,法官就应当转用这种评判。[110]利益冲突不能恢复其具体形态的,如果立法者以其他方式详细研究了这些利益,法官在裁判时就应当受到立法者认为更加重要的利益的指引。历史的利益研究帮助法官认识到了各种利益之间的评价趋势和排列顺序,从而使他能对各项利益具有一种远距离作用。对于这种比较的行为,黑克称为类推。[111]反面论证(argumentum e contrario)可见,立法者明显认识到的但没有予以重视的利益,在法官评价时必须将它留在外部。[112]

如果立法者关于利益冲突并未明确法定标准,或者他所明确的法定标准并不足以进行利益判断,这时就存在比较大的问题了。在这种情况下,法官就会按照等值的利益、法律共同体的通行价值评价和自己的价值判断去寻找解决方案,如果不管是法律本身,还是交易习惯或者宪法都没有为法官提供评价标准的话,这时法官的自由自己评价就只能是辅助性的了。[113]不过,他的自己评价没有落后于通行价值判断,即现实的日常判断。[114]

哪里允许对命令失败有命令更正,哪里就是这种经由法官的漏洞填补的界线。从极少数例外来看,如果在颁布时就处于关注中心的命令核心进行更正,就到了界限。命令更正通常也就只是在命令的意义域中允许的边缘更正。只有在存在重大立法瑕疵的情形才会涉及中心。[115]

法官在漏洞填补时必须非常谨慎地行事。法律更正必须是例外情形,而且,如果想要使现有法律命令完全涵盖或者脱离实际情况并因此而有可能进行法律补充,就需要排除法律更正。命令补充一直要走在命令更正前面。[116]

在漏洞领域的所有措施中,法官必须始终在其判决的公正性、适当性和与当时的法律安全的冲突以及这两种利益之间进行权衡,而黑克显然赋予法律安全以重要意义。[117]越是影响法律安全,适当性就越低。漏洞填补越是与立法者保留的评价相联系,法律安全的分量就越重。也正因此,几乎禁止法官进行命令更正。黑克更强调裁判的可预见性和实定规则而不是无限追求个案公正。[118]

漏洞问题明显支配着黑克的方法论述,但同时也回溯到了生产的利益理论框架中已经论述过的方法观点。这种观点甚至于知道漏洞理论框架中才部分显示出了其真正的意义。[119]尤其是他关于法律总有漏洞的认识,在今天已经不再有人怀疑了,甚至于被诸如卡尔·拉伦茨(*Karl Larenz*)等方法论者认为是正确的,尽管拉伦茨在1933年后的方法争论中属于黑克最重要的反对者之一。[120]

(3)方法争论

1933年之后的方法争论的出发点是,国家社会主义者攫取了权力并且努力寻找最合适的法律理论和对于国家社会主义意义上的法律革新最有效的方法工具。[121]此外,它所涉及的不仅仅是关于科学方法的纯粹争论。相反,讨论更多是在哲学维度和世界观维度进行的,并且导致了过度狂热和尖锐,人身攻击和敌视成为了这次辩论的特点,客观性却不属于其中。[122]哪种解释理论能最好地实现国家社会主义的目标这个问题,因其政治意义而在方法争论中格外引人注目。首先要受到立法者意志指引的主观的目的解释和基于民族共同体现在的法律意义的严格主管解释之间的对立,在法律革新中的优先性重新变得尖锐起来了。[123]

尤利乌斯·宾德尔不接受黑克利益法学的主观解释,因为它在原则上与国家社会主义的法律思想不相一致,并且认为应当坚持客观解释的要求。不久他在德国法学家中有了很多追随者:卡尔·拉伦茨、卡尔·施密特(*Carl Schmitt*),沃尔夫冈·西贝特(*Wolfgang Siebert*)、恩斯特·福斯特霍夫(*Ernst Forsthoff*)、格奥尔格·达姆(*Georg Dahm*)和弗里德里希·沙夫施泰因(*Friedrich Schaffstein*)。[124] 他们特别突出了五个攻击点,通过这些攻击点诋毁利益法学的方式是"非雅利安民族的",因此也就是不符合国家社会主义的法律革新的方法:实证主义、个人主义、唯物主义、理性主义和世界观自由。

黑克自豪地将世界观自由和哲学自由作为其方法的特殊贡献而加以突出,正是这些在1933年之后将利益法学排斥到了边缘。他在理论基础上的瑕疵总是招致指责。真正科学应该只能与具体哲学相联系。[125]全部德国法应当专门唯一地受国家社会主义精神的统治。共同体和民族制约性应当构成法的标准,因为任何世界观都有其与之相符并且专属于它的方法。[126]利益法学对于哲学和世界观的内容的不关心说明了它出自于自由主义的过去时期的特征。[127]

同样,他的个人主义倾向是与自由主义和资产阶级联系的,而这对于国家社会主义者而言是受犹太人影响的结果,同样是"非雅利安民族的"观念。利益法学将利益冲突理解为只是当事人之间的相互对立,因此不能包括共同体利益。[128]这种启蒙时期个人主义的遗产对于法、国家和政治都具有毁灭性的影响。[129]个人不能成为法律关照的中心,而民族才是。法律必须首先服务于维护民族共同体。[130]"你什么都不是,你的民族才是全部。"[131] 由于国家社会主义猛烈抨击个人主义倾向,这也就成了政治上最危险的指责了。

此外,唯物主义将利益法学置于一种与国家社会主义世界观的目标共同体不可调和的矛盾之中。黑克通过经济的思想实现了对整个社会生活的占领。通过将民族价值当作因果利益与物质利益相同等级而与之并列,他的方法清楚地表明了它的不足。[132]这就等于判决了。

对于实证主义的指责对它产生了同样严重的不利后果。实证主义被国家社会主义者认为是法律思想的蜕变、是脱离现实的并且是精神上受到过多外来影响的结果,应当予以克服。它是内容空虚的,而且属于过去的时代。黑克的法律理论应该是哲学的实证主义,而这种理论仅仅认识到了同样受现实利益支配的经验的—社会的现实,而没有认识到超越了这种现实而由民族和历史所决定的理念的具体化的客观精神的现实。谁如黑克那样说话,谁就会选择特定的精神世界。[133]对于理性主义的指责最为严重的是,原则上关于理解的指导思想被认为是外来的、内容空虚并且由形式主义的所支配的。[134]基于这些指控,拒绝利益法学被认为必然是忠于路线的、民族的法律革新者。

不过,黑克运用了各种手段对这些责难予以反击。他尝试过使用内容论证:实证主义和利益法学之间没有任何联系。利益法学早就强调了实证法的不足,支持根据应然法的工作并且注意到了存在漏洞和漏洞补充。[135]为此他在其作品中反复强调理念利益并将公正作为其方法的理想。对于唯物主义的指责是因为其方法的名称而引起的,而这个名称是与这种哲学并不相干。[136]这种方法也是既不赞同自私的利益也不涉及社会矛盾分类的意见。它的目光没有局限于个人,而是反复强调总体观和共同体利益。拒绝个人主义倾向早就表现在他作为等级历史学家的作品中了。它的反对者很少信赖利益法学的内容,因此它们的批评点也就是以误解和阅读漏洞为根据的了。[137]

对此,他想通过关于国家社会主义的个人知识使掌权者确信他具有种族主义的正确的政治态度。自古以来,泛德意志战士为锻炼民族意志全都拒绝个人主义思想并且严守着民族的观念。[138]对于这种意见,他通过其自身经历的事实进行了有力论证,因为黑克在1933

年之前也思考过政治的爱国主义,不愿意被称为民主主义者。他是泛德意志联盟的成员,属于符腾堡的“祖国党”的创始人之一,被证实加入了诸如德国殖民协会或者国外德国人社团等爱国组织。[139]他因为在考布(Kauf)服兵役而延长了学习,并且认为他因为骑马时发生意外没能参加战争是糟糕的命运安排。

黑克不倦地强调他的方法适合于国家社会主义。利益法学有三个基本观点是永恒有效的:法官的共同体服务、共同体创设命令制度的不足,正确行为回归日常经验。[140]在漏洞补充的情形中,法官恰好可以考虑到国家社会主义的立法者的意愿,并且将它关于共同体利益的概念建立在更为广泛的基础之上。

但这些防御尝试从一开始就没有什么指望。攻击利益法学的人们很短时间内就成功了,他们认为黑克的人和作品以自由的信念为标志,具有实证主义、唯物主义和个人主义等非雅利安民族的应受谴责的属性,利益法学应当在很短时间内名声扫地。这样利益法学很快就处于守势了;很多辩护者不再为它辩护了。黑克越是尝试进行辩护,反对者的数量就越多。黑克完全低估了与之进行方法争论的意义和方法,完全无视了讨论的影响。[141]

即使他的方法以此为基础也不可能获得成功。因为他并不愿意偏离他1933年之前就已经持有的立场和他已经完成的方法建构。诸如法官受到法律的无限制约束或者原则上世界观自由等原则,以及黑克的中上层阶级的观念及其中上层阶级的仪态,他对科学自由和法律规定的法律救济的效力的信仰与国家社会主义的意识形态明显对立。因此,方法争论的结果是彻底改变了利益法学的状态并且以黑克彻底失败而告终。1943年黑克去世时,他正处于毕生事业被毁坏之前不久,他的方法面临的是从德国法学消失。

(4)利益法学的当代意义

对于国家社会主义崩溃之后必然新发生的方法讨论仍然具有的影响，黑克的去世有些过早。此外，国家社会主义时期他那些反对者们占据了德国大学的教席，如拉伦茨在基尔后来在慕尼黑，沃尔夫冈·西贝特在哥廷根，这也影响了方法讨论。显而易见的是，上述内容涉及这些人有关纳粹的棕色过去，因此在方法讨论背景下与黑克的讨论也被排挤出了科学意识。这样黑克的方法在1945年之后就被阻止彻底恢复科学声誉了。[142]此外，黑克毫不妥协持之以恒地致力于贯彻利益法学，并将其作为唯一科学可行的方法，尤其是与自由法学派和概念法学相比较，但最终在德语范围内却落了个空。从利益法学者的观点来看，他考虑法官的约束太多了，自价值法学和评价法学的观点来看，他走得还不够远；对理想主义者而言，他过于虚无主义，对于现实主义者而言他过于肯定，对于自由主义者而言他过于保守，对于保守主义者而言他过于自由。[143]这种麻烦的中间立场对于利益法学的作用历史具有消极影响。图宾根学派的重要因素在当代只是在某些问题上体现为少数派了，如主观解释理论或者各种漏洞学说。[144]

然而，因此就得出黑克的思想继续发挥着作用这种模糊景象应该是错误的。确切地说，即使他的名字已经逐渐被忘却了，他的思想在今天也仍然是有意义的。在1960年，拉伦茨就认为，黑克的方法论对于民法的影响几乎不可能被高估，它在德国法律实践中取得了非凡成就。[145]作为最早认识到任何法律产生中的必要冲突的学者之一，黑克对20世纪方法发展做出的贡献是指导性的。[146]概念法学和利益法学之间的区别从那时起就成为了所有人的共同财富，即使是那些对于方法论并无特别兴趣的法学家也是如此，它们对于司法产生了显著影响。[147]司法对生活过程越来越开放，这是在方法上更加自觉、更加自由、更加精密。在当代利益法学也是德国民法领域司法的一项基础。[148]在联邦最高法院的判决中,例如在三人关系得利补偿中,很明显就能发现利益法学的根源,如果详细说的话,在对两人以上参与的过程进行不当得利法的处理时,不可能任何机械的解决方案,因为会不断遇上个案的特殊性。[149]

利益法学对很多民法学家也产生了重要影响。[150]利益法学最有成就的继续就是哈里·韦斯特曼(*Harry Westermann*)创立的评价法学。[151]韦斯特曼与黑克一样追求着相同的目标:为司法实践创立一种方法。他想表明,各条文都是为哪项利益而规定的,法律依照什么原则对它进行评价。[152]当然,他不是在各方面全都遵循着黑克。通过严格界分利益概念和法定评价,韦斯特曼清楚地将法定利益评价定位于法律适用的中心。[153]他牢记着对利益法学的批评,对于利益权衡,如同利益法学所进行的那样,通过识别法律之外的评价标准,他没有给借助外在于法的标准进行利益评价留下任何空间。[154]法官裁判的尊严只有基于正义的理念才有可能得到,对决定争议的规范所包含的默示主张所包含利益评价应当是公正的,而且应当是正义理念在特定情境的具体化。[155]强调评价问题使得利益法学改名为评价法学了。[156]其他的德国法学家,包括汉斯·布罗克斯(*Hans Brox*),在其作品中坚持了评价法学。

然而,也正是利益法学对于价值法学在承认超越法律的评价标准上的影响,争论颇多。有些作者持明确的立场,认为利益法学的传统在价值法学中继续存在。贝恩德·吕特尔斯(*Bernd Rüthers*)写道,直到今天,利益法学仍然以评价法学之名对法的适用理论指导发挥着重要影响。[157]沃尔夫冈·菲肯切尔(*Wolfgang Fikentscher*)称评价法学为"利益法学的女儿",利益法学在评价法学的范围内通过诸如以利益分析补充价值分析等方法继续发展,[158]而玛丽埃塔·奥尔

(*Marietta Auer*)在利益法学中看到了评价法学的基础,它直到今天在德国的法律方法论中仍然具有决定性意义。[159]约瑟夫·埃塞尔描绘了一种不同情景,他说,评价法学的方法不是利益法学的简单的继续发展,因为通过运行宽度和权威性基础等其他法律概念,他已经成为另一种法学了。[160]在现实的方法讨论中,利益法学甚至被认为已经真的被超越了。[161]延斯·彼得森(*Jens Petersen*)将利益法学向评价法学的转变描述为科学理论的范式转变。由利益对法律评价的优先权变成了评价优先。评价法学绝非利益法学的继续发展,而是彼此和平共处的两种范式。[162]拉伦茨也不说是继续发展,而说评价法学是利益法学的"改造"或者"转向"。[163]

虽然人们否认评价法学是利益法学在继续发挥作用,但不能因此就反过来对于黑克的某些基本思想当时成为了一般性方法措施不予理睬。图宾根学派引发了在德国的经验的法社会学研究,没有图宾根学派,就不可能进行这种研究。[164]在黑克关于方法的作品中可以找到很多认识,法律规范的适用不是将案件事实归摄于法律规范这样简单的以形式逻辑为基础的归摄,而是经常要超出它很多,对复杂的案件事实进行权衡判断,必须按照法律秩序自己的评价标准对所涉及的利益进行考虑。黑克是说明权衡判断是法律续造基础的必要性的第一位法学家。他因此就将19世纪和20世纪早期的法学体系思想引向了深受宪法影响的20世纪和21世纪的权衡思想。[165]关于利益的论述已经成为了法律语言中的常用形式,并且如同利益补偿、利益冲突和评价一样成为了他的方法的核心而在当代的教科书和注释书中经常见到。[166]黑克关于法律的必要漏洞的论题也已经成为无人再予质疑的方法上的知识了。

3. 黑克最重要的作品

(1)《共同海损法》

第一个命题在黑克的处女作《共同海损法》[167]中就已经讨论过了,后来在他的纯粹方法论作品中反复出现过。《共同海损法》是他的教授资格论文,共有 823 页,是他第一部内容丰富的作品。这部作品分为两部分,"现有法律规范的描述和补充"和"已经确定的法律关系的科学规定及其在法律体系中的编排",此外作为附录还有一篇关于"《关于抛弃的罗迪亚法》和它与当代法的所谓的不一致"(Die lex rhodia de jactu und ihre angebliche Abweichung vom heutigen Rechte)论文。

第一部分有 500 多页,构成本书的主要部分,黑克在这一部分讨论了关于共同海损的现行法。法律所理解的"共同海损"是为救助船舶和货物,使其免除一项共同的危险,而由船长或者根据船长的命令故意给船舶或者货物或者二者造成的一切损害,以及为同意目的所支出的费用,而且,共同海损由船舶、运费和货物共同承担,《德国商法典》第 700 条。它是一种由船舶参与人和货物参与人构成的风险共同体,这种风险共同体源自于为谁带来牺牲了就应对谁赔偿损失这种考虑;如果是对所有参与人带来牺牲,就必须在所有的参与人之间进行补偿。这种来自于罗马法的补偿在 19 世纪的现代海商法中变复杂了。[168]较早些时候船长需要向以货物参与的商人支付一定金额,这时由于昂贵的船舶而应当承担补偿义务的货物利害关系人可以通过保险而获得补偿了。在黑克所处的时代,刚好保险人因此要求从《一般德国商法典》(ADHGB)中清除掉共同海损制度。[169]

黑克非常详细地研究了这些新出现的问题,同时也研究了关于共同海损法中早已为人熟知的问题。他的目标是将现行法以尽可能全面的决疑论方式呈现出来。他把自己当作了特殊研究者,任务是预见疑难案件并且在重要时刻提出裁判建议,以使法官可以全面掌握决定性关系并且进行权衡,而这在进行合理解释时是绝对必要的。[170]因此,《共同海损法》包含风险共同体基本而详细的论述,它在《德国商法典》被称为共同海损,是海商法上的一个风险共同体,它允许船长为其他参与人的利益或者部分为其考虑而牺牲遭受到风险的标的物。[171]他对这种风险共同体进行了批评性考察并采取了不同于通说的见解,认为现行规则是错误的,例如,对于《德国商法典》第708条的解释。

然而,尤其值得注意的是他的教授资格论文的第二部分。在这一部分里,他研究了已经确定的法律关系的科学规定,将其编排于法律体系中,并且在他的处女作的实践应用中表现出了他的利益法学的观念和他的方法的萌芽。根据应然法的工作就是为将来法打好基础,对于黑克而言这是法学最重要的任务。然而并非所有人都如此认为。柏林大学法学系办公室就对这项法律变动的建议予以批评,因为这个问题并不属于科学。帝国司法部一位成员提出意见称,黑克的解决方案 超越了帝国司法部的职责范围。[172]文献中对于黑克的处女作的书评却说得完全不同。它赋予科学和海商法实践以价值,这种价值在德国海商法文献中在某些方面是无人能比的。在德国这个现在仍然存在漏洞的领域中,作者以一种因其勤奋、博学、清晰而使所有读者都有认识收获的方式进行了研究。[173]这部作品因其十分缜密和极其清晰而令人信服,但如果能更加平和,能经过深思熟虑而对其形式和可理解性进行加工,就是非常有价值的了。[174]后一评论者所批评的只是缺乏明白的表达和清楚易懂的语言的能力。这就使该书令人费解了,而且有一半不能使用了,[175]这里不清楚的是,要求深受概念法学影响的评论者理解黑克的利益法学的萌芽,是不是一种过分的要求。

(2)“法律解释和利益法学”/《概念形成和利益法学》

黑克在早期作品中表现出的利益法学的萌芽,在其纯粹的方法作品“法律解释和利益法学”[176]和《概念形成和利益法学》[177]中,进一步发展成为了完整成熟的方法。

在这两部作品的第一部,即“法律解释和利益法学”中,他第一次描述了利益法学方法的内容广泛而又有说服力的概念。[178]它主要涉及依照利益法学的方法研究法律解释的基本问题,即历史解释和客观解释。[179]研究解释问题的章节,即第三章“解释的形式”,第四章“法律解释”,第五章“历史解释及其补充”,占整部作品300页的三分之二还要多。尤其是关于历史解释及其补充,他讨论得非常详尽。此外,在这部作品中还有关于漏洞理论和法律地位的大量论述,例如在命令更正情形的相关内容。黑克的目标是找到一个答案,表明与生活利益最相符合的法律解释形式是历史的利益研究,应当坚持这种研究,因为只有通过这种研究才能查明法律的因果利益,它并未终止法官的法律获得,而是要求法官进行法律续造。[180]

他的第二部方法论的主要作品是专著《概念形成和利益法学》,主要是为反驳保罗·厄尔特曼(*Paul Oertmann*)的《法学中的利益和概念》(Interesse und Begriff in der Rechtswissenschaft)而完成的,他在这部作品中并未将概念法学和利益法学视为彼此排斥的对立物,而被认为是“多或者少”的问题。[181]黑克在《概念形成和利益法学》涉及对科学的概念和体系形成的要求。他否定了如概念法学那样尽可能坚持的逻辑演绎的体系,取而代之的是区分了内在体系和外在体系。[182]外在体系由制度概念组成,没有独立的认识价值;仅仅通过形成概况和描述就可以实现体系化。[183]内在体系则是一个判断冲突的体系,它包含了科学的利益研究的结果,即在法律规定中所包含的利益冲突的判断,它通过分类而归入了一般概念。这种体系概念既包含了概念的命令方面,也包括概念的利益方面,可以用于得出法律效果。[184]

关于概念形成的作品以某种方式结束了黑克的利益法学的方法发展,并且全部被图宾根学派的支持者们友好地采用了。人们应当对黑克在前述作品中确定利益法学正当性表示感谢,并因为成果颇丰应当消除对于他的方法的能力的所有怀疑。[185]

(3)《债法纲要》和《物法纲要》

《债法纲要》[186]和《物法纲要》[187]这两部教科书也包含了利益法学方法的论述。不过,这两部作品中的论述,不同于纯粹方法作品中的论述,是通过在各个法律领域中所出现问题的实际应用而进行的。准确地说,在这两部教科书中,通过对各具体情形和争议问题进行非常详细的讨论,清楚地显现出了黑克式方法的优点和不足,从而构成了这两部书的价值。[188]埃里克·根茨默尔(*Erich Genzmer*)在其书评中甚至得出判断认为,对于利益法学而言,《债法纲要》比黑克关于方法的其他作品发挥着更为有效的作用,因为人们在其中可以从结果上认识到这种方法的优点。[189]他举出黑克关于第三人利益损害赔偿的论述和关于《德国民法典》第252条的解释的论述作为例子。[190]此外,黑克还因为他的两部"纲要"教科书而在大量书评中广受好评。它们应当属于自其出版以来民法文献中最有价值的出版物之列,而且对黑克的民事生涯完成了加冕。[191]这部具有极其深远意义的作品[192]散发着一股清新生动的气息,彰显了一位创造性思想者和伟大的导师的人格。法学新人们应当感谢作者。[193]黑克如何在诸如占有法等高度教义化的领域内通过使用有利于教学的形象说明理论和规则,并借助于功能论述深入说明所涉及的利益和功能,简直可以作为榜样了。[194]这两部"纲要"是现状分析的真正杰作,[195]也是对科学和实践的宝贵遗产。[196]应当强调的是,它们不仅仅为在读学生提供了非常有帮助的工具,还为成熟法学家提供了很多教益。[197]对于优秀而上进的学生,由于进入严厉但非常有益的学校,并且在那里主要教之以法学思维,他们因此而得到了精神锻炼,对于那些有经验的读者,不管是实务家还是理论家,由于他们的特点及其特有的独立性,较之于那些初学者,给予他们的东西甚至更多一些。[198]它们凭借充满着创造性的思想对法学和司法起着推动和促进的作用。[199]教学的意义主要在于,黑克连续不断地传播并且赞赏不同观点,因此他不只是教授物法,还在以物法实例说明法学方法。[200]莱奥·拉佩(*Leo Raape*)甚至表示怀疑,是否德国民法学根本就没有一部具有相同范围的专著,它是如此有意识并且这样按部就班地密切关注着特定方法。[201]

这些作者仅仅是在内容上没有一直与黑克利益法学所发展出的问题相互一致。尤其是他的占有学说,他相信,占有法规则的整体可以追溯至持续性利益这种基本思想,但这遇到了阻力。[202]通过这种方式将全部占有法追溯至一个基本概念是片面的,特别是完全以法律和平思想为根据并不具有充分理由。[203]

当然,撰写这两部教科书的主意出自黑克的儿子卡尔。他从自身经验出发建议父亲撰写这两部“纲要”,因为第一次世界大战之后,适合教学需要的现代民法文献很少,而且现有的书几乎从未涉及过一项规则因何存在以及为何存在。[204]这两部作品称为“纲要”,而每部都有几百页,似乎过于轻描淡写了。[205]

(二)黑克作为法律史学家

黑克作为民法学家取得的伟大成就,在一定程度上影响了对于他作为法律史学家的成就的认识。他的法律历史作品没有能够获得承认,尽管黑克在历史领域也因为大量的论文、书评和专著而出名。

1894 年黑克就出版了他的第一部法律史作品《古代佛里斯兰的法院组织》(Die altfriesische Gerichtsverfassung)。[206]在此之后还有很多其他作品,如“后法兰克时代佛利斯兰的等级关系”、[207]《〈佛里斯兰法典〉的形成》、[208]《〈萨克森镜鉴〉和自由民等级》、[209]《中世纪早期萨克森的等级划分》[210]或者“埃里克·冯·雷普戈:《萨克森镜鉴》古代附录的作者”。[211]关于佛利斯兰法律史之外他最著名的法律史作品,应当是《古代萨克森法和〈萨克森镜鉴〉中的出身和等级》[212]和《中世纪早期的翻译问题》。[213]黑克在罗马法律史领域也曾经进行研究,例如他曾经撰写过“与朋友订立的信托:与萨尔曼的设质行为”,[214]还曾经撰写过关于古代罗马的文书合同的论文,[215]尽管如此,他在其所处的时代主要还是一位日耳曼学家。

黑克的法律史创作开始于佛里斯兰法,对此他撰写了很多独立的作品。他与格雷夫斯瓦尔德的语言学研究者特奥多尔·西贝斯共同研究了古代佛里斯兰的渊源,旨在由此重构统一的法院组织。与当时的通说不同,黑克得出结论认为,法兰克人在佛里斯兰建立了行政组织和法院组织,佛里斯兰的人们与农业社会秩序相关,在那里人口的大多数由古佛里斯兰的过着农民生活的地主组成,他们虽然成为贵族但对此却无贵族称号可以证明。[216]依据其他德意志法学家对德意志民族法的研究,黑克认为在伯爵领地、受保护的教区和行政区的管辖区三分与《萨克森镜鉴》是相一致的。[217]黑克到哈勒任职以后致力于后者的深入研究。对此他主要是对法院关系和等级关系感兴趣。最终,他在生命临近结束时将自己对于等级历史的研究总结成为了《古代萨克森法和〈萨克森镜鉴〉中的出身和等级》。[218]在其等级学说中,黑克的出发点是,法律等级分为两个不同等级,最初存在一个古代自由人等级,他们只是古代的自由人等级,对于他们没有贵族称号,另一个等级是其他出身的人、释放自由人及其后代。[219]在萨克森法中这种按照黑克的观点进行的分层表现得最清楚。尤其是在加洛林王朝时期和奥托王朝时期的渊源中,清楚地表现了这些古代自由等级严格区分为三个等级的情况:作为赎罪等级的贵族、自由人和大众,它们的成员资格因出生而确定,最多通过法律行为予以变更。[220]这种情景在10~13世纪因为骑士等级发展、城市行成和与之相联系的法院组织变化而发生了变化。贵族分裂成为骑士、伯爵领地的农民和可担任陪审员者,自由人完成消失成为了一个等级名称,只有大众等级总体上保留了他们的等级名称和法律地位。[221]在16世纪发展结束时,各种起源的贵族和自非自由人变化而成的农民等级之间的现代区别得以确立。[222]

黑克之所以有这种认识,是因为他对这个领域也进行了深入的方法上的研究。他常常对这些渊源进行犯罪侦查学一样缜密的研究并且从渊源中小心翼翼地找出证据线索,从而保障渊源中的证据和关于语言学的、钱币学的和法律制度的情况的深入思考与他的知识相互一致。[223]他小心翼翼地处理法律渊源及其相互联系,而且还常常进行严格的法律解释。[224]尤其是在他的晚期作品《中世纪早期的翻译问题》和《古代萨克森法和〈萨克森镜鉴〉中的出身和等级》中都表现出了法律历史的方法论。因为他认为他在方法上的观察角度对于法律历史领域也是正确的,如同它对于教义领域是正确的一样。[225]这同样是他的法律史工作最受人批评之处,并因此导致了他在这个领域的作品并不成功。黑克所受到的批评主要是,他将法学思维方式等同于历史—哲学思维方式,从而低估了空间和时间在历史发展中的意义。在解释渊源时采用逻辑知识和细致的方法等措施并不能掌握历史本身。[226]他的等级史的论述甚至被称为"迷途"。[227]如果黑克的工作方法成为所有法律史学家的工作方法,一般历史研究和法律史研究之间就会出现一道鸿沟。[228]

黑克试图通过非常认真的研究从而与其反对者进行讨论并且从逻辑上和方法上对这些否定性批评进行回应。他警告那些作者和评论者太过依赖直觉了。[229]回顾过去时,他后悔在法律史研究中花费太多精力。这也可能是海因里希·布伦纳的一个牵制行动,即与他讨论法律史研究以妨碍他开展关于方法的研究。[230]他在自己对法律史的作品和研究的投入中发现一个重大瑕疵;他仅仅将方法改革建立在了实体理由的重要性之上。[231]如此承认就表示他对于在某领域的认识有瑕疵感到痛苦,而黑克的生活在长时间里受到了很大程度的约束。

四、概述和评价

黑克在其法学创作的全部领域为他的思想和贡献获得承认而奋斗。当他为公众接受的程度降到最低点的时候,他已经去世了,而今天人们已经不再记得他的名字了。然而,这些不能改变黑克的思想仍然继续存在,而且直到今天对于科学发展仍然具有意义。这有赖于他的思想具有创新性并且是面向未来的。在一个崇拜独裁的时代,他与众不同,顽强地坚持着法律对法官的合宪约束力。他的方法经过了深思熟虑,通过一种必然带来成功的方式进行了阐述。[232]他没有精心打造的语言哲学的基础,仍然成功说明了法律文句的效用边界是法律发现的基础,而且清楚阐明了法律文句对于法律发现而言从来不构成不可逾越的边界。[233]黑克的方法学说直到今天仍然是在内部完整性上不可超越的杰作,[234]特别是他的“纲要”成了他为法学和实践留下的宝贵作品。[235]

黑克对20世纪德国方法发展的贡献是指导性的,因此,他的方法论思想和利益法学的方法,在法学和法律实践中仍然继续存在,至少部分如此,而不能确定的是,他的名字在多大程度上会保留在将来的法律人的记忆中。

注释

1 罗·杜比沙尔(*R. Dubischar*),"菲利普·黑克(1858 年—1943 年)"[*Philipp Heck*(1858 - 1943)],费迪南德·埃尔斯纳(主编),《图宾根大学法律系历史人物传记》(Lebensbilder zur Geschichte der Tübinger Juristenfakultät),图宾根(Tübingen),1977 年,第 101 页至第 119 页。

2 海·朔彭迈尔(*H. Schoppmeyer*),《作为毕生使命的法学方法——菲利普·黑克的生平、作品和影响史》(Juristische Methode als Lebensaufgabe - Leben, Werk und Wirkungsgeschichte Philipp Hecks),博士学位论文,2001 年,图宾根,第 7 页[贝·吕特尔斯(B. Rüthers)的导言]。

3 玛·奥尔(*M. Auer*),"方法批评和利益法学——菲利普·黑克诞辰 150 周年"(Methodenkritik und Interessenjurisprudenz - Philipp Heck zum 150. Geburtstag),《欧洲私法杂志》(Zeitschrift für Europäisches Privatrecht),2008 年,第 517 页至第 533 页。

4 关于黑克生平的信息,来自于以下作品:罗·杜比沙尔,《传记》(注 1);海·朔彭迈尔,《作为毕生使命的法学方法》(注 2);曼·沃尔夫(*M. Wolf*),《菲利普·黑克作为民法学家——他的方法学说的教义学转化》(Philipp Heck als Zivilrechtsdogmatiker - Studien zur dogmatischen Umsetzung seiner Methodenlehre),埃伯斯巴赫(*Ebelsbach*),1996 年;格·克莱因海尔(*G. Kleinheyer*),"菲利普·黑克(1858 年—1943 年)",载格尔德·克莱因海尔(*Gerd Kleinheyer*),扬·施罗德(*Jan Schröder*)主编,《九百年来德意志及欧洲法学家》(Deutsche und Europäische Juristen aus neun Jahrhunderten),海德堡(Heidelberg),第 4 版,1996 年,第 183 页至第 187 页;格·克莱因海尔,"菲利普·黑克(1885 年—1943 年)"[*Philipp Heck*(1885 - 1943)],载格·克莱因海尔,扬·施罗德主编,《五百年来的德国法学家——法学历史传记导论》(Deutsche Juristen aus fünf Jahrhunderten - Eine biographische Einführung in die Geschichte der Rechtswissenschaft),海德堡,1989 年第 3 版,第 115 页至第 118 页;乌·法尔克

(*U. Falk*),“菲利普·黑克”(*Philipp Heck*),载米·施托莱斯(*M. Stolleis*)主编,《古代到二十世纪的法学家——传记百科全书》(Juristen – ein biographisches Lexikon – von der Antike bis zum 20. Jahrhundert),1995 年,慕尼黑(München),第 275 页;马·冯·比贝尔施泰因(*W. von Bieberstein*),“菲利普·尼古拉·冯·黑克”(*Philipp Nicolai von Heck*),载《新德国人传记 8》(Neue Deutsche Biographie 8),1969 年,慕尼黑(München),第 176 页至第 177 页;汉·克雷勒尔(*H. Kreller*),“利益法学——为菲利普·黑克八十五华诞而作”(Interessenjurisprudenz – zum 80. Geburtstag von Philipp Heck),载《德国法学研究院杂志》(Zeitschrift der Akademie für Deutsches Recht),第 5 卷(1938 年),第 642 页至第 626 页,1974 年重印,载金·埃尔沙伊德(*G. Ellscheid*),温·海塞默尔(*W. Hassemer*)主编《利益法学》(Interessenjurisprudenz),1974 年,达姆施塔特(*Darmstadt*),第 418 页至第 424 页;尤·奥尔达(*J. Oldag*),“菲利普·黑克(1953 年—1943 年)的方法和民法”[Methode und Zivilrecht bei Philipp Heck (1858 – 1943)],载约·吕克特(*J. Rückert*)主编,《萨维尼以来近代民法方法的具体案例》(Fälle und Fallen in der neueren Methodik des Zivilrechts seit Savigny),1997 年,巴登—巴登(Baden – Baden),第 71 页至第 103 页;约·埃塞尔(*J. Esser*),“后记”(Nachwort),“法的理论和方法的研究和文本”,第 2 册,载菲利普·黑克,《法律获得、法律解释和利益法学问题,概念形成和利益法学问题》(Studien und Texte zur Theorie und Methodologie des Rechts – Band 2:Philipp Heck – Das Problem der Rechtsgewinnung,Gesetzesauslegung und Interessenjurisprudenz,Begriffsbildung und Interessenjurisprudenz),1968 年,图宾根,第 213 页至第 229 页;玛·奥尔,“方法批评和利益法学”(注 3);悼词和评价,载卡·西·巴德尔(*K. S. Bader*),《萨维尼基金会法律史杂志:日耳曼法部》(Zeitschrift der Savignystiftung für Rechtsgeschichte Germanistische Abteilung)(以下简称《萨维尼杂志·日耳曼法》),第 64 卷(1944 年),第 538 页至第 545 页;汉·克雷勒尔,《萨维尼基金会法律史杂志:罗马法部》(avigny Zeitschrift der Savignystiftung für Rechtsgeschichte Romanistische Abteilung)(以下简称《萨维尼杂志·罗马法》),第 65 卷(1944 年),第 469 页至第 476 页;《民法实务档案》(Archiv für die civilistische Praxis,缩写为 AcP)编辑部和出版社,载《民法

实务档案》,第148卷(1944年),第257页。

5 俄国公职机构的法学家,安德雷亚斯·冯·图尔(*Andreas von Thur*)的父亲。安德雷亚斯·冯·图尔曾在施特拉斯堡(Straßburg)、哈勒(Halle)、科隆(Köln)和苏黎世(Zürich)担任教授,属于当时最重要的法学家之一。

6 菲·黑克,《概念形成和利益法学》(Begriffsbildung und Interessenjurisprudenz),1932年,图宾根,第32页。

7 耶林属于最著名的德国法学家之列。

8 鲁·耶林(*R. Jhering*),《不同发展阶段的罗马法的精神》(Der Geist des römischen Rechts auf den verschiedenen Stufen seiner Entwicklung),第2册,第1分册,1958年,莱比锡。该书共4册,但并未完成。

9 菲·黑克,《概念形成》(注6),第32页。

10 海·朔彭迈尔,《作为毕生使命的法学方法》(注2),第9页。

11 参见格·克莱因海尔(注4),第185页。

12 作为教授资格论文的附录而出版。

13 博士学位论文作为教授资格论文的特印本而出版,题献给生了他的母亲,图尔所生玛丽娅·黑克。

14 菲·黑克,《共同海损法》(Das Recht der großen Haverei),柏林,1889年,教授资格论文敬献给莱温·哥德施密特。

15 菲·黑克,《回忆录》(Erinnerungen),第112页,第113页。

16 卡·西·巴德尔,悼词(注4),第538页。

17 海伦娜·布吕克纳(*Helene Brückner*)是波罗的海德意志历史学家和多尔帕特(*Dorpat*)大学教授亚历山大·布吕克纳(*Alexander Brückner*)的女儿。

18 后来担任联邦法院和联邦宪法法院的法官。

19 黑克自己通常不使用其贵族头衔。

20 海·施托尔主编,《菲利普·黑克、马科斯·吕梅林、阿图尔·本诺·施密特祝贺文集》(Festgabe für Philipp Heck, Max Rümelin, Arthur Benno Schmidt),图宾根,1931年,《民法实务档案》,第134卷(1931年)副刊。

21 菲·黑克,《概念形成》(注6),第24页。

22 黑克安葬在图宾根大学后面的老墓地。

23 典型代表很多:弗・比德林斯基(*F. Bydlinski*),《法律方法论和法的概念》(Juristische Methodenlehre und Rechtsbegriff),1991 年第 2 版,维也纳/纽约;卡・巴德尔,悼词(注 4),第 538 页;海・朔彭迈尔(注 2)对此写到:"黑克的方法从未公开活着隐蔽地以任何其他科学的成果为依据"(序言)。

24 海・朔彭迈尔,《作为毕生使命的法学方法》(注 2),第 47 页以下。

25 菲・黑克,"利益法学和法律忠实"(Interessenjurisprudenz und Gesetzestreue),载《德国法学家报》(Deutsche Juristenzeitung),第 24 卷(1905 年),第 1140 页至第 1142 页。

26 菲・黑克,《法律获得问题》(Das Problem der Rechtsgewinnung),院长讲座,1932 年第 2 版,图宾根。

27 菲・黑克,"法律解释和利益法学"(Gesetzesauslegung und Interessenjurisprudenz),载《民法实务档案》,第 112 卷(1914 年),第 1 页至第 318 页。

28 尤・奥尔达,"菲利普・黑克的方法和民法"(注 4),第 74 页。

29 海・朔彭迈尔,《作为毕生使命的法学方法》(注 2),第 178 页及下页。

30 约・埃德尔曼(*J. Edelmann*),《利益法学的发展——18 世纪到当代德国法学方法论的历史批评研究》(Die Entwicklung der Interessenjurisprudenz – Eine historisch – kritische Studie über die deutsche Rechtsmethodologie vom 18. Jahrhundert bis zur Gegenwart),1967 年,图宾根,第 82 页以下。

31 菲・黑克,《概念形成》(注 6),第 11 页;海・朔彭迈尔(注 2),第 182 页。

32 玛・奥尔,"方法批评和利益法学"(注 3),第 520 页。

33 鲁・耶林,《不同发展阶段的罗马法的精神》,第 4 册,1968 年第 9 版,亚伦(Aalen),第 321 页。

34 鲁・耶林,《法律的目的》(Der Zweck im Recht),第 1 册,1916 年,莱比锡,第 5 页(前言)。

35 曼・沃尔夫,《菲利普・黑克作为民法学家》(注 4),第 11 页;伯・东贝克(*B. Dombek*),《图宾根学派与德国法社会学的关系》(Das Verhältnis der Tübinger Schule zur deutschen Rechtssoziologie),博士学位论文,1968 年,柏林,第 17 页。

36 例如,菲・黑克,"利益法学"(Interessenjurisprudenz),载《法和国家》(Recht

und Staat),第 97 卷(1933 年),第 1 页至第 36 页(第 12 页)。

37 萨维尼属于最重要的德国法学家之列,此外,还是历史法学派的创始人。

38 赫·科英(H. Coing),《施陶丁格德国民法典评论》(J. von Staudingers Kommentar zum Bürgerlichen Gesetzbuch mit Einführungs – und Nebengesetzen – Einleitung zum BGB),1995 年第 13 次修订版,边码 177。

39 海·朔彭迈尔,《作为毕生使命的法学方法》(注 2),第 67 页。

40 菲·黑克,《债法纲要》(Grundriss des Schuldrechts),1929 年,图宾根,第 474 页。

41 菲·黑克,"什么是我们所反对的概念法学?"(Was ist die Begriffsjurisprudenz, die wir bekämpfen?),载《德国法学家报》,第 14 卷(1909 年),第 1457 页至第 1461 页。

42 诺·亨佩尔(*N. Hempel*),《魏玛共和国的法官理想》(Richterleitbilder in der Weimarer Republik),博士学位论文,1978 年,法兰克福,第 38 页以下。

43 菲·黑克,"利益法学和他的新对立者"(Die Interessenjurisprudenz und ihre neuen Gegner),载《民法实务档案》,第 142 卷(1936 年),第 129 页至第 332 页。

44 维·卡尔法斯(*W. Kallfass*),《利益法学的图宾根学派》(Die Tübinger Schule der Interessenjurisprudenz),1971 年,美因河畔法兰克福,第 9 页及下页。

45 菲·黑克,《概念形成》(注 6),第 38 页。

46 菲·黑克,《法律获得》(注 26),第 7 页。

47 菲·黑克,《法律获得》(注 26),第 27 页以下。

48 海·朔彭迈尔,《作为毕生使命的法学方法》(注 2),第 81 页。

49 海·朔彭迈尔,《作为毕生使命的法学方法》(注 2),第 54 页。

50 尤·奥尔达,《菲利普·黑克的方法和民法》(注 4),第 81 页及下页。

51 玛·奥尔,"方法批评和利益法学"(注 3),第 519 页。

52 菲·黑克,"法律解释"(注 27),第 313 页。

53 约·埃塞尔,"后记"(注 4),第 219 页。

54 菲·黑克,《概念形成》(注 6),第 32 页。

55 菲·黑克,"法哲学和利益法学"(Rechtsphilosophie und Interessenjurispru-

denz),载《民法实务档案》,第 143 期(1937 年),第 129 页至第 196 页(第 144 页)。

56 菲・黑克,《概念形成》(注 6),第 38 页。

57 菲・黑克,“米勒—埃茨巴赫的新方法学说”(Die neue Methodenlehre Müller – Erzbachs),载《民法实务档案》,第 140 卷(1935 年),第 257 页至第 295 页(第 274 页)。

58 菲・黑克,“法律革新和法学方法论”(Rechtserneuerung und juristische Methodenlehre),载《法和国家》,第 118 卷(1936 年),第 5 页至第 41 页(第 9 页)。

59 海・朔彭迈尔,《作为毕生使命的法学方法》(注 2),第 89 页。

60 诺・亨佩尔,《魏玛共和国的法官理想》(注 42),第 41 页及下页。

61 海・朔彭迈尔,《作为毕生使命的法学方法》(注 2),第 91 页。

62 菲・黑克,“法律解释”(注 27),第 17 页。

63 菲・黑克,“法律解释”(注 27),第 17 页。

64 曼・沃尔夫,《菲利普・黑克作为民法学家》(注 2),第 82 页以下。

65 菲・黑克,《概念形成》(注 6),第 40 页。

66 菲・黑克,《利益法学和他的新对立者》(注 43),第 181 页及下页。

67 菲・黑克,《利益法学》(注 46),第 13 页。

68 玛・奥尔,“方法批评和利益法学”(注 3),第 524 页。

69 菲・黑克,《利益法学》(注 36),第 13 页。

70 玛・奥尔,“方法批评和利益法学”(注 3),第 525 页。

71 玛・奥尔,“方法批评和利益法学”(注 3),第 524 页。

72 海・朔彭迈尔,《作为毕生使命的法学方法》(注 2),第 98 页。

73 维・卡尔法斯,《利益法学的图宾根学派》(注 44),第 18 页及下页。

74 菲・黑克,“法律解释”(注 27),第 26 页。

75 菲・黑克,“利益法学和他的新对立者”(注 43),第 191 页。

76 格・克莱因海尔,《九百年来德意志法学家》(注 4),第 185 页。

77 菲・黑克,《概念形成》(注 6),第 107 页。

78 弗・比德林斯基,《法律方法论和法的概念》(注 23),第 428 页。

79 玛・奥尔,“方法批评和利益法学”(注 3),第 528 页。

80 菲·黑克,“法律解释”(注 27),第 59 页以下。

81 菲·黑克,“法律解释”(注 27),第 26 页以下。

82 菲·黑克,“法律解释”(注 27),第 23 页以下。

83 海·朔彭迈尔,《作为毕生使命的法学方法》(注 2),第 107 页。

84 例如,菲·黑克,“帝国法院 Nov. 1918 244/15 V 判决评论”(Urteilsanmerkung zu RG Nov. 1918 244/15 V),载《法学周刊》,1919 年,第 102 页至第 103 页(尤其参见第 102 页)。它涉及 1915 年发生的“直到战争结束的清偿”。

85 菲·克,“米勒艾泽特的动力方法和实践法学”(Die dynamische Methode Müllereiserts und die praktische Rechtswissenschaft),载《民法实务档案》,第 144 卷(1938 年),第 165 页至第 175 页(第 167 页)。

86 菲·黑克,“法律获得”(注 26),第 24 页。

87 罗·杜比沙尔,“菲利普·黑克”(注 1),第 113 页。

88 菲·黑克,“法律获得”(注 26),第 13 页。

89 菲·黑克,“法律革新”(注 58),第 9 页。

90 菲·黑克,“法律获得”(注 26),第 13 页。

91 菲·黑克,“法律解释”(注 27),第 19 页及下页。

92 菲·黑克,“海因里希·施托尔悼词”(Nachruf auf Heinrich Stoll),载《民法实务档案》,第 144 卷(1938 年),第 3 页至第 25 页(第 12 页)。

93 菲·黑克,“法律解释”(第 27 页),第 19 页及下页。

94 菲·黑克,《概念形成》(注 6),第 76 页及下页。

95 菲·黑克,“利益法学”(注 36),第 20 页。

96 菲·黑克,《概念形成》(注 6),第 109 页。

97 菲·黑克,《概念形成》(注 6),第 109 页。

98 维·卡尔法斯,《利益法学的图宾根学派》(注 44),第 37 页。

99 菲·黑克,“法律解释”(第 27 页),第 127 页及下页。

100 菲·黑克,“法律解释”(第 27 页),第 215 页及下页。

101 菲·黑克,“法律解释”(第 27 页),第 173 页及下页。

102 菲·黑克,“法律解释”(第 27 页),第 169 页及下页。

103 菲·黑克,“法律解释”(第 27 页),第 172 页及下页。

104 菲·黑克,“法律解释”(第27页),第176页。

105 菲·黑克,“法律革新”(注58),第16页。

106 菲·黑克,《概念形成》(注6),第110页。

107 菲·黑克,《概念形成》(注6),第110页。

108 菲·黑克,《概念形成》(注6),第39页及下页。

109 海·朔彭迈尔,《作为毕生使命的法学方法》(注2),第127页。

110 菲·黑克,“利益法学”(注36),第20页。

111 菲·黑克,《法律解释》(注27),第195页。

112 菲·黑克,《概念形成》(注6),第110页。

113 菲·黑克,“利益法学”(注36),第21页。

114 菲·黑克,《法律解释》(注27),第239页。

115 菲·黑克,《法律解释》(注27),第206页和下页。

116 海·朔彭迈尔,《作为毕生使命的法学方法》(注2),第133页。

117 菲·黑克,“利益法学和法律忠实”(注25),第1140页至第1142页。

118 海·朔彭迈尔,《作为毕生使命的法学方法》(注2),第135页。

119 海·朔彭迈尔,《作为毕生使命的法学方法》(注2),第122页。

120 卡·拉伦茨(*K. Larenz*),《法学方法论》(Die Methodenlehre der Rechtswissenschaft),1960年第1版,哥廷根(Göttingen),第53页。

121 贝·吕特尔斯(*B. Rüthers*),《堕落的法——第三帝国的法学教师和皇冠法学家》(Entartetes Recht – Rechtslehren und Kronjuristen im Dritten Reich),1988年第2版,慕尼黑,第33页以下。

122 海·朔彭迈尔,《作为毕生使命的法学方法》(注2),第184页及下页。

123 贝·吕特尔斯,《堕落的法》(注121),第35页及下页。

124 贝·吕特尔斯,“导言”,载海·朔彭迈尔,《作为毕生使命的法学方法》(注2),第8页。

125 卡·拉伦茨,“法学和法哲学”(Rechtswissenschaft und Rechtsphilosophie),载《民法实务档案》,第143卷(1937年),第257页至第281页(第261页)。

126 恩·福斯特霍夫,“论十九世纪的法律发现”(Zur Rechtsfindung im 19. Jahrhundert),载《综合国家法杂志》(Zeitschrift für die gesamte Staatswissen-

schaft),第 96 卷(1936 年),第 49 页至第 70 页(第 67 页)。

127 贝·吕特尔斯,《堕落的法》(注 121),第 38 页。

128 卡·拉伦茨,《当代的法和国家哲学》(Rechts – und Staatsphilosophie der Gegenwart),1934 年,图宾根,第 22 页及下页。

129 尤·宾德尔,"私法学方法争论的评论"(Bemerkungen zum Methodenstreit in der Privatrechtswissenschaft),载《综合商法杂志》(Zeitschrift für das gesamte Handelsrecht),第 100 卷(1934 年),第 4 页至第 38 页(第 65 页,第 67 页及下页)。

130 1933 年 3 月 23 日在评议授权法时希特勒的政府发言。

131 国家社会主义的常用口号。

132 卡·拉伦茨,《当代的法和国家哲学》(注 128),第 23 页。

133 卡·拉伦茨,"法学和法哲学"(注 125),第 275 页。

134 海·朔彭迈尔,《作为毕生使命的法学方法》(注 2),第 184 页及下页。

135 菲·黑克,"利益法学和他的新对立者"(注 43),第 159 页以下。

136 菲·黑克,"利益法学和他的新对立者"(注 43),第 161 页。

137 菲·黑克,"法律革新"(注 58),第 21 页。

138 菲·黑克,"利益法学和他的新对立者"(注 43),第 178 页及下页。

139 然而,黑克从未成为国家社会主义工人党(NSDAP)的党员。

140 菲·黑克,"法律革新"(注 58),第 9 页。

141 玛·奥尔,"方法批评和利益法学"(注 2),第 520 页。

142 贝·吕特尔斯(B. Rüthers)的导言(注 2),第 284 页。

143 玛·奥尔,"方法批评和利益法学"(注 2),第 518 页。

144 海·朔彭迈尔,《作为毕生使命的法学方法》(注 2),第 250 页及下页。

145 卡·拉伦茨,《法学方法论》(注 120),第 48 页,第 58 页。

146 玛·奥尔,"方法批评和利益法学"(注 2),第 533 页。

147 格·克莱因海尔,《五百年来的德国法学家》(注 2),第 117 页及下页。

148 赫·科英,《施陶丁格德国民法典评论》(注 38),边码 188。

149 《联邦最高法院民事判决》(BGHZ),第 61 卷(1974 年),1973 年 10 月 18 日第七审判庭的判决,第 289 页至第 296 页(第 292 页)。

150　弗·维亚克尔(*F. Wieacker*),《近代私法史》(Privatrechtsgeschichte der Neuzeit),弗莱堡(Freiburg),1951 年,第 341 页。

151　海·朔彭迈尔,《作为毕生使命的法学方法》(注 2),第 232 页。

152　哈·韦斯特曼(*H. Westermann*),《物法教科书》(Lehrbuch des Sachenrechts),1951 年第 1 版,卡尔斯鲁厄(Karlsruhe),“前言”。

153　哈·韦斯特曼,《动产和债权上的担保权利中的利益冲突及其司法评价》(Interessenkollisionen und ihre richterliche Wertung bei Sicherungsrechten an Fahrnis und Forderungen),1951 年,卡尔斯鲁厄,第 4 页及下页。

154　沃·菲肯切尔(*W. Fikentscher*),《法的方法比较论》(Methoden des Rechts in vergleichender Darstellung),第 3 册,中欧法域,图宾根,1976 年,第 383 页。

155　哈·韦斯特曼,《民法中法官争议判决的本质和界限》(Wesen und Grenzen der richterlichen Streitentscheidung im Zivilrecht),1955 年,明斯特(Münster),第 17 页。

156　海·朔彭迈尔,《作为毕生使命的法学方法》(注 2),第 234 页。

157　贝·吕特尔斯,“导言”,载海·朔彭迈尔,《作为毕生使命的法学方法》(注 2),第 7 页。

158　沃·菲肯切尔,《法的方法比较论》(注 154),第 374 页。

159　玛·奥尔,“方法批评和利益法学”(注 3),第 517 页。

160　约·埃塞尔,“后记”(注 4),第 228 页。

161　玛·奥尔,“方法批评和利益法学”(注 3),第 517 页。

162　延·彼得森(*J. Petersen*),《从利益法学到评价法学:以民法为例》(Von der Interessenjurisprudenz zur Wertungsjurisprudenz – Dargestellt an Beispielen aus dem Privatrecht),2001 年,图宾根,第 95 页。在此应当注意的是,彼得森是克劳斯—威廉·卡纳里斯(Claus – Wilhelm Canaris)的学生,而卡纳里斯本人则是拉伦茨最著名的学生。

163　卡·拉伦茨,《法学方法论》(注 120),第 126 页;卡·拉伦茨,《法学方法论》,学生版,1983 年第 5 版,第 12 页。

164　伯·东贝克(*B. Dombek*),《图宾根学派与德国法社会学的关系》(Das Verhältnis der Tübinger Schule zur deutschen Rechtssoziologie),博士学位论

文,1968 年,柏林,第 58 页。

165 玛·奥尔,“方法批评和利益法学”(注 3),第 525 页。

166 海·朔彭迈尔,《作为毕生使命的法学方法》(注 2),第 250 页。

167 菲·黑克,《共同海损法》(注 14)。

168 罗·杜比沙尔,“菲利普·黑克”(注 1),第 106 页。

169 罗·杜比沙尔,“菲利普·黑克”(注 1),第 106 页。

170 菲·黑克,《共同海损法》(注 14),“前言”。

171 E. 迈尔(*E. Mayer*),“书评”(Rezension),载《立法和法学批评季刊》(Kritische Vierteljahresschrift),第 34 卷(1892 年),第 381 页至第 383 页。

172 海·朔彭迈尔,《作为毕生使命的法学方法》(注 2),第 25 页。

173 M. 帕彭海姆(*M. Pappenheim*),“书评”,载《综合商法杂志》(ZHR),第 38 卷(1891 年),第 329 页至第 333 页。

174 E. 迈尔,“书评”(注 171),第 381 页。

175 E. 迈尔,“书评”(注 171),第 381 页及下页。

176 菲·黑克,“法律解释和利益法学”(注 27)。

177 菲·黑克,《概念形成和利益法学》(注 6)。

178 罗·杜比沙尔,“菲利普·黑克”(注 1),第 114 页。

179 罗·杜比沙尔,“菲利普·黑克”(注 1),第 114 页。

180 菲·黑克,“法律解释和利益法学”(注 27),第 8 页。

181 保·厄尔特曼(*P. Oertmann*),《法学中的利益和概念》(Interesse und Begriff in der Rechtswissenschaft),1931 年,莱比锡。

182 格·克莱因海尔,《五百年来的德国法学家》(注 2),第 117 页。

183 菲·黑克,《概念形成和利益法学》(注 6),第 142 页及下页。

184 菲·黑克,《概念形成和利益法学》(注 6),第 139 页以下。

185 H. 雷曼(*H. Lehmann*),“书评”,载《民法实务档案》,第 138 卷(1934 年),第 95 页至第 103 页(第 96 页)。

186 菲·黑克,《债法纲要》(注 40)。

187 菲·黑克,《物法纲要》(Grundriss des Sachenrechts),1930 年,图宾根。

188 格·克莱因海尔,《五百年来的德国法学家》(注 2),第 186 页。

189 埃·根茨默尔(*E. Genzmer*),"书评",载《民法实务档案》,第137卷(1933年),第241页至第249页(第243页及下页)。

190 埃·根茨默尔,"书评"(注189),第244页及下页。

191 莱·拉佩(*L. Raape*),"书评",载《法律实务总报》(Zentralblatt für die juristische Praxis),1931年,第671页至第675页(第671页)。

192 意指《物法纲要》。

193 M.莱茵施泰因(*M. Rheinstein*),"书评",载《法学周刊》(JW),第60卷(1931年),第2897页至第2899页。

194 罗·杜比沙尔,"菲利普·黑克"(注1),第118页。

195 弗·维亚克尔,《近代私法史:尤其关注在德国的发展》(Privatrechtsgeschichte der Neuzeit – unter besonderer Berücksichtigung der deutschen Entwicklung),1967年第2版,哥廷根,第574页以下。

196 罗·杜比沙尔,"菲利普·黑克"(注1),第116页。

197 特·基普(*T. Kipp*),"书评",载《法学周刊》,1931年,第1169页。

198 莱·拉佩,"书评"(注190),第671页。

199 H.赫尼格尔(*H. Hoeniger*),"书评",载《德国法学家报》(DJZ),第36卷(1931年),第640页。

200 M.莱茵施泰因,"书评"(注192),第2899页。

201 莱·拉佩,"书评"(注190),第672页。

202 菲·黑克,《物法纲要》(注130),第10页以下。

203 M.莱茵施泰因,"书评"(注192),第2897页。

204 罗·杜比沙尔,"菲利普·黑克"(注1),第116页及下页。

205 格·克莱因海尔,《五百年来的德国法学家》(注2),第185页。

206 菲·黑克,《古代佛里斯兰的法律组织——附特奥多尔·西贝斯的语言学论文》(Die altfriesische Gerichtsverfassung – Mit sprachwissenschaftlichen Beiträgen von Theodor Siebs),魏玛(Weimar),1894年。

207 菲·黑克,"后法兰克时代佛利斯兰的等级关系——附特奥多尔·西贝斯的语言学论文"(Die friesischen Standesverhältnisse in nachfränkischer Zeit – Mit sprachwissenschaftlichen Beiträgen von Theodor Siebs),载《图宾根大学法学

院祝贺弗里德里希·冯·图迪修姆获得博士学位五十周年文集》(Festgabe der Tübinger Juristenfakultät für Friedrich von Thudichum zum fünfzigsten Doktorjubiläum),H. 劳普(*H. Laupp*)主编,1907 年,图宾根,第 47 页至第 230 页。

208 菲·黑克,"《佛里斯兰法典》的形成"(Die Entstehung der Lex Frisiorum),载《德国法律史和宪法史研究》(Arbeiten zur deutschen Rechts – und Verfassungsgeschichte),第 6 册,1927 年,斯图加特(Stuttgart)。

209 菲·黑克,《〈萨克森镜鉴〉和自由民等级——附阿尔贝特·比尔克的语言论文》(Der Sachsenspiegel und die Stände der Freien – Mit sprachlichen Beiträgen von Albert Bürk),1905 年,哈勒(Halle)。

210 菲·黑克,《中世纪早期萨克森的等级划分》(Die Standesgliederung der Sachsen im frühen Mittelalter),1927 年,图宾根。

211 菲·黑克,"埃里克·冯·雷普戈:《萨克森镜鉴》古代附录的作者"(Eike von Repgow: Verfasser der alten Zusätze zu dem Sachsenspiegel),《法和国家》,第 123 卷(1939 年),第 5 页至第 43 页。

212 菲·黑克,《古代萨克森法和〈萨克森镜鉴〉中的出身和等级》(Blut und Stand im altsächsischen Rechte und im Sachsenspiegel),1935 年,图宾根。

213 菲·黑克,《中世纪早期的翻译问题》(Übersetzungsprobleme im frühen Mittelalter),1931 年,图宾根。

214 菲·黑克,"与朋友订立的信托:与萨尔曼的设质行为"(Die fiducia cum amico contracta, ein Pfandgeschäft mit Salmann),载《萨维尼基金会法律史杂志:罗马法部》(SavZ RA),第 10 卷(1889 年),第 82 页至第 138 页。

215 菲·黑克,"古代罗马的文书合同"(Der altrömische Litteralkontrakt),载《民法实务档案》,第 116 卷(1918 年),第 129 页至第 156 页。

216 菲·黑克,《等级史三论(宫廷侍臣、头领、法兰克人的共同自由)》[Drei Studien zur Ständegeschichte (Hofleute, Häuptlinge, fränkische Gemeinfreiheit)],1939 年,斯图加特,第 137 页以下。

217 菲·黑克,《古代佛里斯兰的法律组织》(注 206),第 5 页。

218 菲·黑克,《古代萨克森法和〈萨克森镜鉴〉中的出身和等级》(注 212)。

219 菲·黑克,《古代萨克森法和〈萨克森镜鉴〉中的出身和等级》(注 212),第 3 页。

220 菲·黑克,《古代萨克森法和〈萨克森镜鉴〉中的出身和等级》(注 212),第 2 页。

221 菲·黑克,《古代萨克森法和〈萨克森镜鉴〉中的出身和等级》(注 212),第 4 页及下页。

222 菲·黑克,《古代萨克森法和〈萨克森镜鉴〉中的出身和等级》(注 212),第 108 页以下。

223 罗·杜比沙尔,"菲利普·黑克"(注 1),第 109 页。

224 卡·西·巴德尔,"菲利普·黑克"(注 4),第 539 页。

225 菲·黑克,《中世纪早期萨克森的等级划分》(注 210),第 6 页。

226 卡·西·巴德尔,"菲利普·黑克"(注 4),第 541 页。

227 海·布伦纳(*H. Brunner*),《德国法律史》(Grundzüge der deutschen Rechtsgeschichte),1911 年第 5 版,莱比锡,第 101 页。

228 卡·西·巴德尔,"菲利普·黑克"(注 4),第 539 页。

229 菲·黑克,《等级史三论》(注 216),第 143 页及下页。

230 黑克这种估计是比较谨慎的,因为他在其他场合说过,他首先必须证明自己是一位法律史家,由于他想通过自己方法上的观点反对单独处于支配地位的历史法学派,因此他就与缺乏法律史领域知识的反对意见进行了斗争。

231 海·朔彭迈尔,《作为毕生使命的法学方法》(注 2),第 21 页。

232 罗·杜比沙尔,"菲利普·黑克"(注 1),第 119 页。

233 玛·奥尔,"方法批评和利益法学"(注 3),第 537 页。

234 海·朔彭迈尔,《作为毕生使命的法学方法》(注 2),第 286 页。

235 罗·杜比沙尔,"菲利普·黑克"(注 1),第 116 页。

Ernst Rabel

1874—1955

恩斯特·拉贝尔

1874—1955

一、导论

“对法律问题的思考材料应当是全球的法,包括过去的和当代的……各成熟民族的法律在阳光和风中闪耀,千姿百态。所有这些颤动着的个体共同构成了尚无人理解的整体”,恩斯特·拉贝尔1924年在《民法和民诉法莱茵报》(Rheinische Zeitung für Zivil – und Prozessrecht)这样写道。[1]这段引语是拉贝尔对于法的理解和他的法学工作方法的标志。他的作品既深入透彻,又宽泛广博,卓然出众。他的写作涉及地球上不同国家的法律体系,如奥地利、美国、法国、意大利等国家的法律或者拉丁美洲国家的法律。他的研究领域涉及罗马法学、纸草学、现代民法学的教义学、近代法律史、国际法、国际私法和比较法。在其八十周岁祝贺文集中,仅仅列举其所有作品,就用了20页。此外,作为高校教师和很多杂志的编者,正如同在很多国家和国际法庭的活动一样,他还写过很多鉴定意见。在此期间,他的最重要作品结集为四册文选[2]出版,每一册都有数百页。马丁·沃尔夫(*Martin Wolff*)甚至说,他使法律科学具有了全新理念并得到了推动,超越了萨维尼以后的其他所有人。[3]

本文概括描述了恩斯特·拉贝尔的丰富创作,描述了拉贝尔生平的高峰和低谷,并且概要介绍了其重要作品。文章既描述了他与法律史的联系以及他的全部作品对于比较法的重要意义,同样也描述了他的作品对于当代的研究、教学和司法的作用。

二、恩斯特·拉贝尔的生平和作品

(一)法律史的活动

1. 生平

恩斯特·拉贝尔的 生命之初就已经表明了他今生的方向。1874年1月28日,他作为阿尔贝特·拉贝尔(*Albert Rabel*)和贝尔塔·拉贝尔(*Berta Rabel*)[原姓埃廷格(*Ettinger*)]的孩子在维也纳(Wien)出世,他在那里入学,1891年高中毕业,然后开始其法学学习。[4]他遵从他的父亲——一位宫廷和法院顾问——的意见,决定学习法学。此外,对他产生影响的主要是奥匈帝国首都的氛围,而奥匈帝国曾经是仅次于俄罗斯的欧洲第二大国。维也纳当时正处于科学艺术繁荣昌盛时期。它是一个强大帝国的文化中心,在这个帝国生活着德意志人、匈牙利人、意大利人、克罗地亚人、斯洛文尼亚人、捷克人、斯洛伐克人、波兰人和罗马尼亚人。多种民族、语言和习惯彼此交错地生活着,这对拉贝尔而言是他的童年和青年时期自然而然的印象。[5]由此也说明了他的基本立场,使其科学品格具有了他所生活时代的特点,并且为其研究指明了方向。拉贝尔所看到的已经超越了他自己的国家和他自己的文化,而且他确信存在一个西方文明的统一体。[6]

拉贝尔在1893年通过第一次法学国家考试,两年后在路德维希·米泰斯(*Ludwig Mitteis*)那里获得博士学位。在他父亲的事务所工作很短时间之后,他到巴黎学习了一年,然后又在维也纳担任了短期的执业律师。1899年,他最终追随他的学术老师米泰斯来到莱比锡(Leipzig)。他就这样开始了不同寻常的科学生涯。在莱比锡,米泰斯将拉贝尔引入古代历史中,尤其是纸草学。拉贝尔在教学中给米泰斯以支持,还就《迄至戴克里先时期的罗马私法》的修改提供了帮助。[7] 1900 年,他出版了自己的第一部作品,“根据奥地利 1895 年 12 月 26 日所颁布之法律著作权的可转让性”,[8]文章旨在说明著作权的人格权方面,不同于此前仅涉及其财产法方面。在这部作品中,他已经表达了法律作为生活的产物和写照的观点。[9]两年以后,他向米泰斯和埃米尔·施特罗哈尔(*Emil Strohal*)提交了《出卖人权利瑕疵责任》的论文。[10]取得教授资格后,拉贝尔在莱比锡继续作了两年的编外讲师,直到接受巴塞尔大学罗马法和瑞士法教席的聘书。在这个时期,他撰写的作品主要是关于瑞士和德国民法以及法律史。这些作品包括“模仿法律行为”、[11]“给付不能”[12]等,他在这些作品中对《德国民法典》的教义学基本判断进行了广泛而可靠,但在当时令人吃惊的批评,而罗马法论文“规则的起源:对不能没有任何债”[13]则被用作对给付不能的概念进行深入教义学批评的历史基础。此外,他还承担了《民法和民诉法莱茵报》的编辑工作,这本杂志在 1926 年并入了《外国和国际私法》。

1910 年,拉贝尔到了基尔(Kiel),但他在那里学习和研究的时间不长。1911 年 9 月 29 日,他就接到普鲁士文化和教育事务部长的命令,自 1911 年 10 月 1 日起调任哥廷根大学法律系。[14]他接任了约瑟夫·帕尔奇(*Josef Partsch*)的罗马法和德国民法的教席。这一任命非常突然,完全出乎拉贝尔意料。他甚至不能为基尔的房子找到续租人,而他必须在租期届满前搬到哥廷根。[15]在哥廷根,他于 1912 年 4 月 9 日和安妮·韦伯(*Anny Weber*)结婚,他们是在多洛米蒂之旅时相识的。一年之后,他们的女儿伊丽莎白(*Elisabeth*)出生了。又过了一年,他们的儿子弗里德里希·卡尔(*Friedrich Karl*)来到世上。1914 年第一次世界大战爆发时,拉贝尔已经四十岁了。虽然拉贝尔并未积极服役,但他却在布鲁塞尔(Brüssel)和布鲁日(Brügge)为从前线回来短期度假的士兵们讲课。拉贝尔绝对不是简单而枯燥的教师或者教育学家。他丝毫未能觉察到学生接受能力的局限性,[16]他的教学报告体现了精英化的倾向。[17]他的讲座倒不如说是问题的预先思考,因此也就不能使得学生对现行法律规范有完整的、没有漏洞的概览。[18]因此,他的讲座课在正常的学校教学里表现得较为一般。[19]

拉贝尔在哥廷根时期的学术作品主要致力于罗马法。特别是他撰写的法律史作品《罗马私法基础》,[20]1915 年作为弗朗茨·冯·霍尔岑多夫和约瑟夫·科勒主编的“体系化法学全书”的一部分而得到出版。即使拉贝尔后来的作品主要涉及国际私法和现行法,他对罗马法的热爱也从未消逝。[21]

2. 拉贝尔与法律史的关系

拉贝尔对罗马法的这种喜爱是他的老师路德维希·米泰斯激发出来的。[22]米泰斯是世纪之交最为重要并且最有影响的罗马法学家之一。[23]通过其主要作品《罗马帝国东部行省的帝国法和民众法》,[24]他使罗马研究达到了新高度并且使人们重新认识了罗马法,因为他将罗马法置于古代法律现实的整体中并作为一个历史现象加以描述。通过努力分析罗马帝国东部地区的法律发展,他开启了历史比较研究的全新境界,从而也结束了对罗马法的孤立考察。[25]

拉贝尔或许比其他任何学生都更接近他的老师。[26]从米泰斯那里,他学会了在渊源考察中严谨的语文学的极端缜密性和在历史研究中的极端科学性,因为米泰斯要求发现任何可能的渊源,对它进行全面细致的学习和内行老练的解释,而不要让好古癖和现代观念相互渗透到一起。[27]他将拉贝尔引入了纸草学研究,并将拉贝尔的视野拓展到了古代社会的全部法学遗产。[28]拉贝尔在这个时期开始了对古代不同法律制度的功能研究,尤其是与罗马法相比较。通过米泰斯学派,他成为了一位历史比较法学者。

拉贝尔认为,历史比较法就是通过可以追溯到共同起源、继受或者独立但相互作用的因素而确定的相似性而对法律秩序的历史关系的研究。[29]他采用历史比较的方法,旨在通过使流传下来的残缺不全的法重新恢复其法律状态,以便更好地认识文化阶段彼此相同的法律,从而重构这些法。他使用这种方法,旨在研究历史上的法律秩序的基本观念和法律制度,而不在于研究法律历史中的一般性原则。然而,历史比较对拉贝尔而言并不局限于历史上的法律秩序。通过将历史事实作为引申出一项规则及其现实效力的参照点,他也对当代法作出了判断。在主要致力于法律史的较早时期,他也不仅仅是一个法律史学家。他的历史作品因此表现出某种程度的与实践的相结合。法律史和法教义学对拉贝尔而言并不是两个相互分离的领域,而是相互区别但具有同等价值并且又相互联系的出发点,由此就可以从法律史的观点得出他的作品的主导动机。他梦想着,历史比较法并通过这种方法使整个法律历史未来的最高顶点上能够具有哲学部分,作为抽象思考而产生的法律现象的一般理论和文化的杠杆、因果关系的表现和法的作用。[30]法律历史的目标是深化对于法的本质和形成的历史的和哲学的认识,并且通过获得的知识而促进立法和法律适用。[31]拉贝尔甚至在其纯粹的罗马法作品中看到了学说汇纂法学脱离教义学建构的任务,并且努力按照文雅深入的思考方式去认识应当如何小心翼翼地理解和说明事实的多样性。[32]现行法只有从其历史,欧洲现行法律秩序也只有从其现代法律史的基础出发,才能获得理解,这对拉贝尔是不言而喻的。

也正因为如此,他对罗马法研究和日耳曼法研究的抽象分离进行了严厉的批评,并且为推进日耳曼法研究贡献了大量精力。[33]罗马灭亡后私法的历史只具有欧洲法律史的意义。如果有谁想写中世纪和近代的法律史问题,就应当同时是罗马法学家和日耳曼法学家。[34]

这种立场对拉贝尔而言是可能的,只因为他并未赋予罗马法任何特殊地位,而是将其列入不同的法律秩序中。[35]他否定罗马法具有特别精神,而人们主要是从鲁道夫・冯・耶林的作品中发现这种特别精神的。[36]他将罗马法视为历史上的法律秩序,并且认为德国继受它的理由并不是因为它具有内在优势,而是因为它对教会法产生的影响、文艺复兴中适合于古代的精神和意大利不断扩大的影响。[37]只有具备这种思维方式,才能将罗马法纳入历史比较法中,并且超然于罗马法而进行历史比较。

这种工作方法使拉贝尔成为新的罗马法学者中的领军人才。他的历史比较方法对约瑟夫・帕尔奇和保罗・科沙克尔(*Paul Koschaker*)的工作具有示范意义。[38]他在历史法学方面的威望究竟有多高,从1926年至1934年参与《萨维尼法律史杂志:罗马法部》的编辑工作和与恩斯特・利维(*Ernst Levy*)共同编辑《优士丁尼〈学说汇纂〉添加索引》,[39]可见一斑。沃尔夫冈・孔克尔称其为罗马法律史的大师,[40]而汉斯・尤利乌斯・沃尔夫则称赞他是罗马法学历史上所有时代中最伟大的罗马法学家之一,永远存在的伟大的创新者,[41]当然,拉贝尔从来就不仅仅是一位法律史学家。

3. 最重要的作品

(1)《出卖人权利瑕疵责任》

早在他的教授资格论文《出卖人权利瑕疵责任》[42]中,拉贝尔就不仅仅致力于法律史研究。毋宁说,历史描述的目的在于随后的法教义解释,是为它奠定必要的历史基础。法律史成为了法教义的辅助工具。他成功地做到了这点,因为早在他的教授资格论文中就已经显现出他的方法和法学思想的这种本质特征。拉贝尔表现出了他的解释艺术的谨慎精致和他对教义史发展过程复杂性的认识。特别是他在此就已经采用了(历史)比较法的方法,对于这种方法,他在后来的作品中继续发展并完善了它。

他的教授资格论文在内容上主要涉及两个问题:瑕疵担保请求权的内容是什么?赔偿请求权可以赔偿的最高金额多少?他从不同历史法的比较开始,如希腊埃及法、日耳曼法和东方法与罗马法。罗马买卖法构成这部作品的中心。在第二章中,这种描述的历史范围有了重要扩展。权利瑕疵责任问题不限于罗马法的继受,一直到了19世纪,其中特别考虑到普鲁士立法和奥地利立法。拉贝尔就这样实现了对《德国民法典》权利瑕疵责任基于历史的批评。不同于《德国民法典》立法分别处理物的瑕疵责任和权利瑕疵责任,他想到了物的瑕疵和权利瑕疵的联系。[43]将近代私法历史包括在内使得拉贝尔的文章区别于此前的所有其他法律史和法教义学的文章。它超越了这些研究的历史的以及空间的通常范围。[44]当时的评论家海因里希·埃尔曼(*Heinrich Erman*)称赞拉贝尔的书思想丰富,在各方面都受人欢迎,因为它表现出了洞察力、推理能力和对于法律发展因素的生动理解。当然,他并没有真正开始研究近代早期的法律发展。直到50年后,汉斯·尤利乌斯·沃尔夫或者格尔哈德·胡塞尔等评论家称赞说这一部分是真正的新东西而且完全是原创的内容,任何其他国家的作品中都没有范本。[45]其他评论家现在对这部教授资格论文还有很多评论。胡塞尔称其为完全成熟的作品,因为由这部作品应该看不出作者的年龄。[46][47]孔克尔称其为重要的成功作品,今天仍然构成学说的基础。[48]尽管如此,第二部分的写作并未完成,而拉贝尔在前言中曾经宣布过有第二部分。[49]

(2)《模仿法律行为》

《出卖人权利瑕疵责任》是拉贝尔的第一部作品,这部作品是以历史比较的方法为基础的。在《模仿法律行为》[50]中,他充分展示了这种方法。[51]《模仿法律行为》是对他1905年10月28日在莱比锡举行的学术就职演讲的相同题目的详细加工。它发表于萨维尼法律史杂志罗马法部。拉贝尔最初计划《模仿法律行为》还有一项附录,这项附录将会简要说明古埃及纸草上记载的让与禁止,但这项附录并未出版,因为米泰斯表示反对将其出版。而这是惟一一次米泰斯否定了拉贝尔作品。[52]

在《模仿法律行为》的第一部分,拉贝尔深入研究了耶林的虚伪行为学说。耶林对比了虚伪行为情形的“虚伪行为”和最初法律行为情形的“真意行为”。[53]他因此建设性地认为,虚伪行为具有一种教义学上的非依赖性或者独立性,[54]为此可将拟诉弃权描述为典型例证支持其观点。但为确保虚伪行为发生效力,他认为,表象所涉及的行为不应当完全否定。[55]为区别于耶林的观点,拉贝尔这时发展出了模仿法律行为的学说。拉贝尔认为,模仿法律行为应当是一项法律行为,这项法律行为是基于提供了创造的动力的新目的而由旧法律行为产生的。[56]他批评耶林的学说存在一项逻辑矛盾,“使法律秩序落空,骗取其同意,使本应无效的法律行为因为其表面而作有效处理”。[57]拉贝尔的出发点则相反,法律形式包括其效力使得模仿法律行为发生了效力。这样他在拟诉弃权看到的并非任何虚伪行为,而是一项法律制度包括其法律效果在其他功能联系中的应用。他因此强调具有相同目的和功能的法律制度的可替换性,而不必使用虚伪行为这一略带贬义的概念。[58]

在《模仿法律行为》的第二部分,拉贝尔反对了耶林的一个观点。他认为,如果局限于罗马法,就不能理解模仿法律行为的论题。因此,他进行了比较法研究,首先是莎草纸上的法,还有德意志法和初次比较的英格兰法。他指出,耶林的虚伪行为并非以罗马法为典型,其他法律体系中也存在。[59]拉贝尔就这样反驳了耶林关于罗马法的特别精神的论题。

(3)《罗马私法基础》

《模仿法律行为》中阐释的论题，在拉贝尔关于法律史的主要作品中还可以再次发现。《罗马私法基础》[60]收于霍尔岑多夫和科勒主编的“法学全书”，它使拉贝尔在法律史上的创作达到顶峰。这篇文章在评价拉贝尔的杰出成就时被反复提及。孔克尔称它是一部在浓缩度和原创性方面都深刻而又不可企及的作品，在很多知识点上都非常确切，此后有时在专著中都应当这样写。[61]对于沃尔夫而言，它是拉贝尔一生中在这个时期法律史工作上的光辉顶峰。这部作品表明，作者在窘迫空间内信心十足地掌握了包括普通法和新近的罗马法文献中的材料和知识。[62]当然，在狭小空间容纳尽可能多的内容的严格精炼的写作风格，拉贝尔思想中喜欢行文简明如同数学公式般的倾向，都使得他的作品不易阅读。拉贝尔在《罗马私法基础》仅有的 140 页里完全考虑到了当时的研究状态，此外还表达了某些个人见解。因此，关于拉贝尔的风格，孔克尔说过，“哪里都找不到一处没有经过思维链加工过的空行、细节列举”。[63]这种风格使得拉贝尔的主要作品更像是给行家的作品或者是供参阅用的，而不像是给普通人的读物。

《罗马私法基础》主要内容是纯粹罗马法的内容，描述了古典晚期罗马法，拉贝尔将其定义为塞维鲁王朝时期（公元 193 年至 235 年）的法。[64]他将文章分为五章。位于起首的是人法，因为最初的法应当就是罗马市民的法。[65]他既讨论了自然人的法，也讨论了法人的法，在这一部分他还批评性地分析了学说汇纂法学的理论。此后一章是物法，一章是债法。第四章有其特点。在“法律行为概说”（Allgemeines über Rechtshandlungen）的题目下，他联系上下文说明对于罗马学说的现代研究。因此，拉贝尔就明确了罗马法所给出的历史答案和学说汇纂法超越了罗马法的观点。《罗马私法基础》结尾一章是继承法,它对于拉贝尔而言是“残缺不全和东拼西凑的”最为糟糕的法律领域。[66]随着《罗马私法基础》的完成,拉贝尔主要致力于法律史研究的这个人生段落也宣告结束了。

(二)比较法、法律统一化和国际私法的活动

1. 生涯

(1)德国时期

①慕尼黑时期——比较法研究所

第一次世界大战接近结束时,他通常写作的法律史文献和作品逐渐消失了,法律统一化和比较法开始引起注意。其原因是拉贝尔于1916年10月1日转到了慕尼黑大学法律系,而且在那里创建了比较法研究所。他加入慕尼黑大学还是在第一次世界大战期间,但拉贝尔那时就已经明白,战争结束后将会出现应当去解决的重大法律问题,如和平条约的实施、不断增长的法律比较的努力和国际层面的组织机构等。这些问题只有在法学家们是在从事国际法工作中培养起来的而且继续从事国家法研究的条件下,才能得到解决。为保障实现这项条件,拉贝尔早就决定建立一个科学研究所,就像自然科学领域早已通行的那样。起初拉贝尔相信这项努力可以在法兰克福实现。[67]那里的市长弗朗茨·阿迪克斯(*Franz Adickes*)允诺在筹建中的法兰克福大学建立一个比较法学研究和进修的研究所,由拉贝尔担任领导。1916年6月28日最终颁布了相应的部长调职命令。这也推迟了研究所的创立,而且拉贝尔也放弃了移居法兰克福。他在这个时候代之以与巴伐利亚高校管理管理部门协商,该部门是经过对创建研究所必要性的反复说明才有此确信的。在工业界、银行界和事务所附加资金支持下,最终比较法研究所得以在慕尼黑创建。由于第一次世界大战后糟糕的资金和人事条件,研究所的工作自始就

遇到了一些障碍。例如，图书馆的基础是仅有的一些法语书籍，而这些书籍还是拉贝尔在比利时的时期带过来的。尽管如此，拉贝尔还是成功地使得慕尼黑研究所发展得具有了“必不可少的光辉的必要性”。[68]它成为在法兰克福、海德堡、汉堡、柏林创建其他研究所甚至于在罗马的国际联盟比较法研究所的榜样。[69]拉贝尔关心的是，不但应当向大学生和年轻的实务人员介绍外国法和比较法，而且应当向研究者提供支持，并且，如果对在外国进行法律追诉时涉及特定具体问题，还应当为实务人员配备文献并提供个人指导，[70]因为拉贝尔的观点是，任何人在德国都必须有机会了解外国法律、裁判的现状，了解法院组织和机关组织及其程序和费用的细节，也包括其弊端和弱点。[71]拉贝尔在研究所和为研究所而做的工作使他成为德国当时领先的比较法学家和外国法专家。因此，外交部任命他在不同的国际法庭代理德国事务，也就不令人吃惊了。在其慕尼黑时代，他是挪威常设仲裁委员会成员（Mitglied der ständigen Schiedskommission für Norwegen）（1919 年至 1936 年），德国—意大利混合仲裁庭（des deutsch – italienisch gemischten Schiedsgerichts）（1921 年至 1927 年）成员和海牙常设国际法院的法官（Richter am ständigen internationalen Gerichtshof in Den Haag）（1925 年至 1928 年）。通过这些工作，拉贝尔努力使德国法学摆脱孤立，重新占领国际舞台的一席之地，因为“人民，如果将自己隔绝在高墙后面，就会衰老并且枯萎”。[72]

尽管在国际社会和研究有如此多的工作，拉贝尔还是担任了慕尼黑高等法院的陪席法官，出席那里每两周一次的会议，撰写分派给他的判决。在大学里，他作为德国民法、罗马法和民事诉讼法教席担当人举办讲座。因此，对于拉贝尔在慕尼黑时期没有什么大部头作品问世，而只写了诸如《比较法的任务和必要性》、[73]《买卖中的风险承担》[74]或者《德国—意大利混合仲裁庭诉讼程序》[75]等一些小册子，也就不会惊讶了。

②柏林时期——拉贝尔和威廉皇帝外国私法和国际私法研究所

随着转到柏林，拉贝尔并未减少很多工作，甚至是完全相反：在慕尼黑刚开始的那些小打小闹的工作，在柏林却要大刀阔斧地去做，因为在那里拉贝尔要在威廉皇帝科学促进协会（Kaiser – Wilhelm – Gesellschaft zur Förderung der Wissenschaften）的框架下建立威廉皇帝外国私法和国际私法研究所（Kaiser – Wilhelm – Institut für ausländisches und internationales Privatrecht）。[76]在威廉皇帝协会、普鲁士经济部和不同的工业领域支持者的财政帮助下，1926 年 1 月 25 日，这个研究所终于成立了。它搬进了柏林城市宫（Berliner Stadtschloss），并以这座建筑为其住所，正如一年前由维克托·布伦斯（*Viktor Bruns*）创建的威廉皇帝外国公法和国际法研究所（Kaiser – Wilhelm – Institut für ausländisches öffentliches Recht und Völkerrecht）[77]一样，并且很快就发展成为了独特的大型机构。想从事比较法基础上的国际私法研究的人都不能错过拉贝尔的研究所。

研究所的任务，既有理论性质又有实务性质，因为拉贝尔希望他的研究所的工作既有助于科学又有助于实务。[78]他支持其研究所在外国或者外国法庭进行法律追诉，与外国企业订立合同并且用撰写国别法和比较法的论文进行研究。在不同出版物上，他通常都会报道其他国家的法律发展和国际私法领域和比较法领域的发展。这些出版物包括：《外国私法和国际私法杂志》（Die Zeitschrift für ausländisches und internationales Privatrecht）、[79]出版长篇论文的“外国私法和国际私法文集”（Beiträge zum ausländischen und internationalen Privatrecht）系列、“德国国际私法裁判汇编”（Die Sammlung der deutschen Rechtsprechung zum internationalen Privatrecht）。出具专家鉴定很快就成为研究所工作中最大的部分。大约一半的人手，有时甚至更多,用于满足政府各部、其他机关、法院、重要的律师、经济领域的顶级社团和大企业的请求。[80]在拉贝尔领导下出具了一千多份鉴定。[81]研究所未经其同意没有出具过一份鉴定,也没有任何一篇文章未经拉贝尔之手就得以在出版物上发表了。通过完成研究所的各种任务,拉贝尔形成了一个经过谨慎挑选的科学家们组成的班子,他们很快就可以使研究所完成对有成就的法学家的干部训练处的任务。[82]这样强大的工作班子和如此配备的图书馆,对于法律研究领域某种程度上是全新的。当然,拉贝尔曾经承认,为"开展外国法研究",这项改革是必不可少的。[83]即使当时也有不少同时代的人对此表示怀疑,但结果使其具有了正当性。威廉皇帝外国法和比较私法研究所,现称马克斯—普朗克外国私法和比较私法研究所,对于德国和世界的法律生活是不可或缺的,对于法学和法律事务产生了持久影响。[84]甚至因此法学领域又建立了其他三个普朗克研究所。[85]

研究所主要研究内容是一般私法、民事诉讼法、商法和破产法的某些部分以及国际私法。在这些领域,新近出现的材料被仔细认真通常又非常迅速地收集整理起来,以便它们能够公开。拉贝尔在这方面的主要兴趣是国际买卖法的统一化,为此研究所作的鉴定和报告都是基础性的。这一研究重点与拉贝尔在罗马统一私法协会的工作密切相关,他自 1927 年起就属于该协会了。基于这些工作,最终形成了他的主要作品《货物买卖法》,[86]第 1 册于 1936 年完成。

拉贝尔在柏林时期还完成了著名的论文"识别问题",[87]此外还有其他一些小篇幅作品,例如,对"彭梵德的继承法理论"的批评[88]和"国际私法各学说中的德国裁判"。[89]1928 年至 1935 年担任德国意大利常设仲裁委员会成员(Mitglied der ständigen Schiedskommission für Deutschland und Italien),1929 年至 1938 年担任意大利和挪威常设仲裁委员会(Mitglied der ständigen Schiedskommission für Italien und

Norwegen),1928 年至 1933 年担任紧急协会法律专家委员会主席(Vorsitzender des juristischen Sachverständigendenausschusses der Notgemeinschaft)。在弗里德里希—威廉大学(Friedrich - Wilhelm - Universität),[90]他作为帕尔奇的继任者担任了罗马法和德国民法的教席。拉贝尔在柏林的活动就这样达到了顶峰。[91]

③民族社会主义时期

然而,正当其声誉达到顶峰时,民族社会主义者在德国掌握权力了。拉贝尔是洗礼过的天主教徒,与一名雅利安人结婚,被认为是德意志民族的并且是保守的。[92]他是"德意志的爱国者",努力投入而且颇有成效地努力工作,以使德意志帝国在世界上重新取得地位和承认。[93]然而,这种责任心和思想对拉贝尔并没什么帮助。他的祖父母全都是犹太人,因此他被认为是非雅利安的,并且感觉到了民族社会主义者方面越来越强烈的镇压措施。1934 年,拉贝尔被排除在《萨维尼法律史杂志:罗马法部》的编者之外。一年后,在没有法律原因的情况下,他在大学的教职又被停职了,而仅限于研究所的领导工作。1936 年,他在国际私法和外国私法杂志的编辑工作也终止了。他对研究所的领导于 1937 年 1 月中旬也被剥夺了。随后是出版禁令和到威廉皇帝研究所图书馆的进出禁令。拉贝尔特别受到了严苛的其研究所图书馆的房屋禁令,这就剥夺了他的劳动条件。尽管如此,他还是等了较长时间,直到最后决定移居他国。1939 年 3 月,他开始向不同机关申请批准出境,迁移住所,最终经由比利时移居到了美利坚合众国。

(2)美国时期

刚到美国时,拉贝尔和他的家庭遇到很多困难。拉贝尔原本处于一生中的富裕时期,现在必须生活在相对困窘之中。此外,常常不能确定是,从哪里搞到金钱以满足他从事研究工作的支出。年近七十,他很难找到一份合适的工作,因为在他这个年龄,美国教授通常都必须退休了。[94]多亏他与那些移民美国的法学家们——如他的学生马克斯·莱茵施泰因(*Max Rheinstein*)——的良好关系和威廉·德雷铂·刘易斯(*William Draper Lewis*)的丰富想象力,拉贝尔找到了一份颇有尊严的科学工作。[95]刘易斯,曾任美国法律协会(American Law Institut)主席,成功地为他获得了一份研究委托,内容是为"美国冲突法重述"撰写"欧洲的评注"。此外,早在1939年就成立了"恩斯特·拉贝尔基金会"(Ernst Rabel Fund)。美国法律协会的研究奖学金1942年结束时,莱茵施泰因和赫塞尔·E.英特马(*Hessel E. Yntema*)成功地请他赴密歇根安娜堡大学(Universität Ann Arbor Michigan)担任研究助教。他在此于1945年完成了其主要作品《冲突法比较研究》的第1卷。[96]这部宏大作品的其他几卷出版于1947年、[97]1950年[98]和1958年。[99]在完成这部内容广博的作品之外,拉贝尔几乎没有时间发表其他作品了。他只写了几篇小文章,如"西方文明中的私法"、[100]"论法律历史和现代法中的比较研究"[101]或者"在路德维希·米泰斯学派",[102]这是他亲笔写的最后作品。

战争结束后,拉贝尔仍然留在了美国,甚至接受了美国公民资格。他参与了重新开始的买卖法统一化工作,属于为联合国人权公约做准备工作的工作组,并且在德国、西班牙和波兰举办讲座。柏林自由大学(Freie Universität Berlin)授予他退休教授的权利,图宾根大学(Universität Tübingen)和鲁汶天主教大学(katholische Universität in Löwen)授予他名誉博士学位。拉贝尔担任了美国外国法学会名誉会员、都灵和博洛尼亚科学院通讯成员、科尔多巴和墨西哥比较法研究所通讯成员、德国比较法学会名誉主席。在他七十周岁时,汉斯·尤利乌斯·沃尔夫向他呈交了祝贺文集的底稿。在他八十周岁时,收到了两册组成的第二份祝贺文集。同样是在八十周岁时,他获得了星级联邦勋章和希腊救世主骑士十字勋章。对于他在国际私法领域的工作和他的著作《冲突法》,哈佛大学法学院授予他埃姆斯奖(Ames price),罗马的林琴科学院授予他安东尼奥·费尔特里内利奖(Antonio Feltrinelli – Preis)。

尽管其作品获得了世界范围的承认和赞赏,拉贝尔直到其寿终之时在美国一直处于流亡状态。他在合众国从未感觉到熟悉,而他又不愿回到德国,因此,他在战后常常来回往返于欧洲和美国之间。

1955 年 9 月 17 日,他患病后不久逝世于苏黎世的一家医院。

2. 拉贝尔作为德国现代比较法的创立者

在拉贝尔去世以后,其比较法领域的工作却未终止。不管是在共同法盛期还是在伟大的法典化盛期,首先是欧洲大陆的法学家们对法学教义感兴趣。对于他们来说,法律文本中包含的法是一个没有漏洞的体系,只要对它正确解释,任何可能想到的问题都已经准备好了答案。因此,对于他们来说既没有动机也没有兴趣去比较世界上的不同法律制度。这种观点直到 19 世纪后半叶才发生了改变,这时法学家们认识到,其他国家的理念和经验有可能用于本国的法律创制,并且国际私法统一化是有可能的和值得追求的。[103] 因此,1900 年第一届国际比较法大会在巴黎召开。不过这次会议对于欧洲的法学并未产生任何大的影响。比较法只有在四分之一世纪以后才真正进入了欧洲法学家的视野。对于比较法在欧洲法律世界的重要性得到承认,拉贝尔是共同负责的人之一,他可以被称为世界上最重要的比较法学家之一。他提出了功能比较法作为法律发现的独立方法,并通过其研究所的工作而使之进入了法学家世界的意识中。[104] 通过将德国法学家的视线转移到世界法并使德国法学摆脱孤立,他成为德国现代比较法学的创立者,而比较法在德国获得承认也可以视为[105]他的功绩。

对拉贝尔而言,比较法意味着将一个国家或者其他立法共同体的法律规范与另一个或者尽可能多的过去或者现在的法律制度中的法律规范进行分析。[106]他的出发点新颖之处在于,不是直接设定法律措施为出发问题,而是以所谓的生活事实为出发问题,因为人类共同生活中的问题需要法律规制,[107]而比较僵硬的数据和孤立的法条在此是没有任何用的。“一部法律如果没有附属的裁判就如同仅有骨架而没有肌肉。”[108]比较法学家因此必须更多地问问,对于相同生活问题,一国或者他国全部法律生活整体上有哪些解决方案,为何为产生这种解决方案以及由此发生了什么后果。[109]属于这个全部法律生活整体的有法律制度、法律思想、法律规范、法律事实、法律体系、法律技术、文书、裁判以及全部法律方法。[110]从具体问题、具体生活关系出发,遵循抽象的程序,在给定问题上由于各种局限性而具有唯一性并且有国别限制的情形,就排斥这种方案,但在这种法律现象与其他法律现象是共同的情形,尽管该法律现象可能处于其他法律范畴内,就坚持这种方案。[111]在此,重要的是对过去和现行的法律秩序进行合理选择并尽可能完整地进行比较。这样它最好的实现自己的目标是,揭示所有法律的国家特点并从超然于一国法律秩序的方面描述国内法。因此,对于不是遵循特定国内政治方向或者哲学而得出的但却是随基于比较法而形成的知识而得出的比较法,拉贝尔予以了重视。对他来说,比较法学者的首要任务就是应当尽可能地以确定轮廓认识并使各个法律秩序中理想与义务论研究相分离,以便实证法的事实作为相对事实能够从其必要性和符合自然上得到理解和说明。[112]在他看来,只有这样才能得到比较法学最重要也是最安全的经验,即实证法的相对性和局限性不断地为法律形成引入各种各样的因素。[113]

在比较法内部,拉贝尔又区分了三个领域。一个领域是历史比较法,旨在对历史上的法律关系进行研究。[114]拉贝尔的早期作品主要致力于该领域。随着创立研究所,拉贝尔作品中的历史比较法就让位于当下的实证现行法的教义比较法或者体系比较法了。它提出的问题是,诸规范在内容上如何彼此照应。[115]比较法的第三个领域对拉贝尔而言是比较法哲学或者比较法社会学。他认为,它包括一个伸入到哲学领域的总论部分,历史的法学和体系的法学在这一部分与哲学和社会学共同研究法的形成及其生效的问题。[116]这三部分充分发展,在拉贝尔看来,表现为核心、基础和法律哲学法相结合的法的高峰。[117]他希望由此变得活跃起来,思考方式有所裨益,摆脱未经检验的成见,纯化概念并使法律思维的基础更加完善。[118]此外他还确信,比较法推动了本国法的继续发展,为本国法的发展提出了建议。

关于这种观点,拉贝尔在早期关于古代的研究中就已经得出,而且很快就不仅仅是在私法交往的古代文书中得出。这使他"成为了一个从事比较法研究的人",而比较法又使他具有了这种观点:人类关系的秩序,我们称之为法,它最终是一种社会实践,对于这项实践,所有法律同仁都有其参与的一部分。[119]因此,他早就将比较法的功能方法转用到了其法律史的作品中,"由此它就像一根红线贯穿于其作品之中"。

3. 拉贝尔在统一买卖法方面的工作

比较法对法律最重要的影响,就是法律统一化领域,当然这首先也是国际法领域。拉贝尔确信,统一化以总结分析将要统一化的法为前提。没有比较法就没有统一法。[120]同时,法律统一化构成比较法最高的但也是最难的目标。[121]

特别是自1927年起,拉贝尔开始有可能实现这一目标了。通过在德国—意大利混合仲裁庭任职,拉贝尔认识了很多意大利学者。

他们访问慕尼黑和后来柏林的研究所,激发了其在意大利创立类似研究所的希望。于是,墨索里尼政府把握住了创建统一私法研究所这一雄心勃勃的计划,然后再把它移交给国际联盟。1926 年,罗马统一私法研究所(Römisches Institut zur Vereinheitlichung des Privatrechts)成立。[122]它由管理委员会领导,其成员是世界权威的比较法学者。因此,1927 年德国派拉贝尔为其代表进入管理委员会,一点也不令人惊讶。在按照世界范围统一化而达成的一致内容寻找理事时,拉贝尔指出,经过征求帝国司法部部长弗朗茨·施勒格贝格尔(*Franz Schlegelberger*)的意见,建议由维多里亚·夏洛亚(*Vittorio Scialoja*)担任罗马研究所的所长,并以买卖法作为适当领域。在 1929 年 2 月 18 日至 22 日的会议上,管理委员会决定开始实施拉贝尔建议的项目。[123]会议确定了一个专家小组,拉贝尔担任总负责人,其成员包括塞西尔·赫斯特(*Cecil Hurst*)、哈罗德·库克·格特里奇(*Harold Cook Gutteridge*)、亨利·卡皮唐(*Henri Capitant*)、约瑟夫·哈梅尔(*Joseph Hamel*)、阿尔戈特·巴格(*Algot Bagge*)、马丁·费尔(*Martin Fehr*)和汉斯·菲克尔(*Hans Ficker*)。他们应当完成第一草案稿本。该研究所既没有足够的承担能力,也没有足够强的工作人员班子,而且还缺乏必要的财政支持,所以,威廉皇帝研究所在拉贝尔领导下在比较法基础方面做了必要的准备工作。所以,拉贝尔不仅仅是国际统一私法协会(UNIDROIT)理事会和买卖法委员会会议中的推动力,而且借助于他在柏林的研究所具有了执行力。[124]基于威廉皇帝研究所的很多鉴定,最著名的是所谓的"蓝皮报告",[125] 1935 年完成了统一买卖法的第一稿。第一稿在随后几年里经过了拉贝尔、巴格和哈贝尔修订,1939 年以经过修订的第二版的形式出版了。然而,第二次世界大战的爆发阻碍了买卖法统一化的实现及相关工作的进展。直到 1950 年,在拉贝尔帮助下这项工作才重新进行。一年以后,荷兰政府邀请在海牙(Den Haag)召开一次国际会议,为此拉贝尔准时提交了《货物买卖法》[126]第二册的手稿。以1939年的稿本为基础,买卖法的统一化得以继续推进。经过谈判磋商,形成了"动产买卖统一法律海牙公约"和"国际货物买卖合同成立统一法律海牙公约",1964年发布,尽管此后它只获得了9个国家批准。[127]海牙买卖法公约并未取得较大成果,主要因为它主要涉及以西欧为限的统一化努力。作为联合国调查委员会而创设的国际贸易法委员会[128]在1968年,即拉贝尔去世13年后,重新着手研究买卖法统一化的问题。从海牙买卖法出发,形成了一个新的稿本,经过些微加工后在1980年维也纳会议上为与会国所接受。在此期间,[129]已经有74个国家批准了《联合国国际货物销售合同公约》。[130]拉贝尔去世后经年,他国际层面的法律统一化这一宏伟愿望和终生目标就这样得以实现了。

不管是海牙法还是《联合国国际货物销售合同公约》,依据的都是恩斯特·拉贝尔的科学基础和准备工作构成的牢固根基。对他而言早就非常清楚,只有将其领域限制在属于实践方面的问题,法律统一化才可以实现。[131]因此,拉贝尔将需要规制的领域限定为买卖法。货物所有权转移的难题、不动产的讨论和债法的一般学说,不同国家在处理上的原则完全不同,他对此都没有涉及。同样其他很多债务关系也未予处理,正如买卖合同也仅涉及完全属于国内法的内容。对于那些依照他的估计虽经过各种努力法律统一化仍然无法企及的方面,拉贝尔都没有涉及。因此,海牙买卖公约在处理涉外货物买卖合同时,除诸如背俗或者意思瑕疵等生效条件外,并不取决于它涉及商事买卖还是民事买卖。合同成立原则上形式自由,基于该合同买受人负担的义务是支付买卖价款并受领标的物,而出卖人负担的义务是交付符合合同的没有瑕疵的物。位于合同订立中心的是当事人意思和商事习惯,合同应当首先取决于它们。缔约和交付货物之间的给付障碍与合同违反的核心概念相联系,而它不取决于过失。债权人收到有瑕疵的物,可以并行主张损害赔偿和其他法律救济,如解除。然而,只有在根本违约的情况下,才可以(通过解除)使合同归于消灭。法律中存在漏洞而涉及的各法律问题,不应当通过将其置于国际私法而得到解决,而应当通过解释法律的精神而得到解决。因此,在海牙买卖法公约中,可以重新找到拉贝尔关于统一法的形成的所有重要建议和观点,正如他在蓝皮报告和《货物买卖法》两卷本中所记下来的那样。

在当代很多国家生效的《联合国国际货物销售合同公约》中,拉贝尔的思想也继续存在。它构成了海牙法律的主要部分,并且只有少数几点有所不同。但也有一种可能,拉贝尔可能阻止了某些不一致。例如,拉贝尔自始就努力保持来自于国际私法的外国团体的免于存在统一法规制。法律中的漏洞应当按照一般法律原则体系化地予以填补,如《海牙统一买卖法》(EKG)第 17 条。《联合国国际货物销售合同公约》依照其第 7 条第 2 款规定的国际私法规则追溯到各国实体法中的最后理性而采取了分阶段处理方式。《联合国国际货物销售合同公约》实际上也限定于商事买卖,因为立法者也害怕与各国的消费者保护法发生冲突。所以,拉贝尔通过统一法而消灭商事买卖和与私人间买卖的区别的希望[132]就随着《联合国国际货物销售合同公约》而落空了。

尽管如此,仍然可以说,随着买卖法的统一化并且因此而完成其毕生事业,拉贝尔对此应该是满意的,因为对他来说,一项法律不受国界限制适用于尽可能多的国家的尽可能多的人,这是私法和国际法发展中的一个"里程碑",而且是法学应当实现的最高目标。[133]

4. 最重要的作品

(1)《货物买卖法》

拉贝尔的《货物买卖法》是买卖法统一化必不可少的一项基础。该书第一册[134]是1936年作为《拉贝尔杂志》第9卷的特刊出版的。它是柏林研究所的一部集体作品,而其完成除起领导作用的拉贝尔之外,几乎所有重要的负责人和助手也都参与其中。它涵盖了以威廉皇帝研究所为准备买卖法统一化而交给罗马法研究所的材料为基础的研究成果。[135]拉贝尔在这部费力而又琐碎的作品中描述了世界最重要法律秩序中买卖法问题的解决方案,并且为愿意法律统一化的人们提供了实现法律统一化的主导思想。《货物买卖法》第一册分为四部分。在第一部分,拉贝尔提出了可能的法律统一化的范围和目标。第二部分涉及买卖合同的订立,第三部分是买卖合同所生义务的总论。该书的重点是第四部分,主要讨论出卖人的义务。出卖人义务的中心,依照拉贝尔的意见是交付货物,即约束出卖人行为的义务的结束,从而使得货物占有能够转移于买受人。为得出这个结论,拉贝尔通过功能法比较了不同国家的不同规则,非常好地证明了其正当性。[136]格特里奇甚至说,拉贝尔的作品是在债法的比较法研究方面迄今为止最重要的作品,就比较法方面而言,还找不到哪一部作品可与它的认真和周密相比。[137]它包含了形成比较法领域论述的最完整而又最有成效的努力。[138]其他书评对于该书也都给予了极高评价。它被称为比较法研究和论述的杰作,[139]应当被认为是比较法研究所能达到的顶峰。[140]因此,将拉贝尔的作品的意义仅仅局限于为统一买卖法做准备就不合适了。

在第一册取得成功后,拉贝尔在第二册出版前[141]并没有安排太多时间。然而,这一计划由于政治形势而未能实现。它到1958年才得以出版,这已经是拉贝尔去世后三年了。拉贝尔在其中研究了买受人的义务、物的瑕疵责任和风险转移。关于物的瑕疵责任的部分构成了该书的主要部分,拉贝尔在其中表达了将物的瑕疵和权利瑕疵结合于瑕疵的统一概念之下的观点。关于引入第八部分,即出卖人应当享有的担保权部分,由于拉贝尔记载缺陷而不得不将其予以放弃。关于其他部分,拉贝尔早在美国就已经完成了内容丰富的提纲。在图宾根时,他在克劳斯·冯·多纳尼(*Klaus von Dohnanyi*)和约尔格·克泽尔(*Jörg Käser*)帮助下完成了一份手稿,他将这份手稿提交到了海牙。《货物买卖法》第二册在拉贝尔去世后还能够出版,多纳尼和克泽尔参与该项工作所起的决定性作用非常重要。和第一册完全一样,第二册也颇得批评家们赞扬。这种绝对有把握的方式方法令人佩服,通过这种方法所展示和使用的材料非常充分,这是再明了不过的了。[142]拉贝尔在这册中将买卖法的研究提到了这样的高度,读者也就只能问在这个领域还有什么可做这个问题了。[143]

(2)《冲突法》

当然,《货物买卖法》第二册并不是拉贝尔在美国生活期间撰写的唯一的大部头作品。他在国际私法领域的主要作品《冲突法比较研究》就是在这个时期完成的。最初,美国法律协会根据阿尔布雷希特·门德尔松·巴尔托迪(*Albrecht Mendelsson Bartholdy*)的提议委托拉贝尔,对于美国的《美国冲突法重述》(Restatement of the American law of conflict of laws)通过附加一册以法律重述的方式介绍国外重要的法律制度中的国际私法,从而对其予以补充。但是,重述这种形式并不适合用于展示非美国法,这点很快就清楚了。在密歇根大学法学院支持下,拉贝尔在1942年可能就决定了不仅仅写附加一册,而是要完成一部独立的作品。由此就形成了关于不同国家国际私法的四册作品。这部作品仅仅因其外在篇幅就已经给人留下了深刻印象。它包括正文2349页,仅仅第一册的索引就有119个法域的

360 部法律,470 个英美法庭判决,197 项文献渊源和 50 部国家条约。在第一册[144]中,拉贝尔集中讨论家庭法。他在全书之前设置了导言,在其中分析了国际私法的文献、结构、渊源、理论和发展。各章依次是自然人法、婚姻、离婚、婚姻宣告无效和父母关系。第二册[145]围绕公司法、侵权法和债法总论展开。合同法在第三册[146]处于中心地位。其中涉及各种合同关系及其变动和履行。在第四册[147]中,拉贝尔最终致力于研究所有权、支票和票据以及继承法。虽然拉贝尔完成了这一册的手稿,但其最终出版却是在他去世以后了。同样在他去世以后,第一册、第二册、第三册出版了新的第二版。关于这个新版,是拉贝尔及其编者决定的,因为他们在 1955 年注意到,已经出版各册的第一版都已经卖光了。对于因拉贝尔去世而中断的新版工作,乌尔里希·德罗布尼希完成了前两册的修订,马克斯—普朗克外国私法和国际私法的工作人员在赫伯特· 伯恩斯坦的领导下作为第三册的编辑者完成了该册的修订。

通过《比较法》,拉贝尔想对世界冲突法进行内容广泛的论述。此外,他还想对诸如法律、国家条约、法庭判决和学术观点等所体现出的现行法进行批评性考察,而这在一定程度上适于实现拉贝尔所认为的尽量简化并支持超越各国边界的关系的国际私法的目标。[148]拉贝尔作品的主要贡献和创新性也包含在其中。他将实体法和冲突法密切结合,从而使不管是实体法比较还是冲突法评价都可以实施。这一点体现在,拉贝尔在十六章每一章前面都增加一部分,集中说明有关实体法规则的比较法结论。在处理冲突法时,拉贝尔也先进行比较法研究。对于各具体问题,他也将重要的法律体系相互比较,因为他认为,他在国际私法领域的任务是在渊源允许的范围内,对世界比较私法的既有的和计划中的法律规则进行鉴定,并且确定其背景、时机和社会作用。[149]他的作品中流淌着由此而得出的观点、解决方法和建议。通过将美国法纳入其中,他希望能够由此促进美国法学摆脱其孤立主义。但事实上他对美国法有多大影响,很难估量。他的第一册书经常有美国法学者写书评并予以称赞,1955 年前三册就已经卖光了这件事实表明他的作品仍然受到美国人的喜爱。尽管如此,还必须要强调的是,在这期间几乎已经不再提及拉贝尔的作品了,学生们更有可能完全不知道这些作品。[150]对美国法律生活可能存在的这种微不足道的影响不会影响拉贝尔作品的伟大。格哈德·克格尔对此事是这样表述的:萨维尼和斯托里对十九世纪有怎样的意义,他的四册本《冲突法》对二十世纪就有怎样的意义。[151]

三、拉贝尔对当代司法、学说和文献的影响

(一)概说

拉贝尔对美国私法的影响微不足道,他和他基于德国国际私法的观点也很少再被人们想起来。但是,他被很多人称为国际私法的第三学派的创立者,主张比较法优先并且以普通冲突法的世界效力为长远目标。[152]他关于"识别问题"[153]的论文直到今天仍然是任何有志于国际私法者的必读文献。此外,在其国际私法作品中所使用的并由拉贝尔所创立的功能比较的方法,成为了很多其他法学家作品的典范,并且确立成为法学内部的方法了。

最清楚的是,他的观点在统一买卖法领域仍然继续存在。《联合国国际货物销售合同公约》基本上是以拉贝尔的准备工作为基础的,适用于 73 个国家,并且超越了《联合国国际货物销售合同公约》纯粹的规范效力。有的国家来自于不同法域,但它将统一买卖法作为其实体买卖法的范本而加以采用。联合国买卖法的规则已经结合进入了斯堪的纳维亚国家的买卖法。2004 年《俄罗斯民法典》和荷兰的买卖法很大程度上也采用了它。欧盟的消费品买卖指令很大程度上

也是以《联合国国际货物销售合同公约》为依据的,德国的债法改革中它也发生了作用。它对中国和爱沙尼亚关于买卖法的新法律都产生了影响,非洲商法协调组织(Organisation pour l' Harmonisation en Afrique du Droit des Affaires)[154]的买卖法甚至就是逐字逐句照抄联合国买卖法了。

拉贝尔的观点和法律见解经由他的学生而超越其作品的直接效果继续产生着影响。很多法学家曾经属于拉贝尔在威廉皇帝外国私法和国际私法研究所的工作班子,后来成为民法教席的担当人。这里可以例举如下:马克斯·莱茵施泰因,在芝加哥大学(Universität Chicago)任教;恩斯特·冯·克默雷尔,弗赖堡大学(Universität in Freiburg)外国私法和国际私法教席担当人和比较法学会主席;格哈德·克格尔,科隆大学(Universität Köln)任教并负责领导国际私法和外国私法研究所。

以下将举出三个例子,说明拉贝尔的学说在今天如何在不同法律领域影响着裁判、文献和学说。

(二)识别问题

在国际私法领域,拉贝尔关于识别问题的观点可能是他最为著名的观点了。1929年,在关于国际私法中的识别问题的国际私法的德国裁判概况[155]的前言中,拉贝尔表达了他的观点。他在前言中第一次提到的概念,在1931年他的论文"识别问题"[156]中得到了详尽细致的说明。拉贝尔在文章里集中讨论的问题是,如何决定冲突规范的主要适用范围。哪一法律制度应当确定为前提,我们据此决定应当适用哪个国家的法律。[157]对于确定与外国相关的案件事实具有决定性的冲突规范,少数意见认为应当采用准据法,即案件事实的识别依照待适用的外国法决定。[158]当时的通说也是今天的通说,与法院地法(lex fori)相联系。依照这种学说,应予适用的冲突规范按照被请求法院所在地的法律决定。[159]拉贝尔对这两种观点均予以否定。较之于它受到法院地法的约束,冲突规范需要更加自由的地位。它应该是一个从法院地法的桎梏中解放出来的独立法律分支。国际私法的概念必须由实体法解放出来,从而能够发展出普遍有效的冲突法。[160]对拉贝尔而言,涉外案件事实的识别问题的出发点就是作为其基础的生活关系整体。对他来说,法律关系只不过是预先规定的特定法律体系中人和人之间或者人和标的之间的关系的抽象形式。国际私法在思想上不应当追溯到国家和国家之间相互不同的法律概念,而应当追溯到其背后所存在的生活关系,因为有待识别的案件事实除此之外与国家并没有更强和更早的联系。[161]国际私法具有不受限制地指引不同于国内法的外国法的自然能力,不应被剥夺。毋宁说重要任务是基于比较法将生活关系置于冲突法的事实构成中。[162]因此,他赞成借助于比较法对既有冲突规范进行解释并使之成形。[163]为此,需要准确认识很多不同法律制度,详细研究冲突标的、冲突规范的本质、其构成要件和法律效果的含义。然而,这种概念构成的方法成本很高,而且不太实用,因此,在法律实务中也没有得以实施的宽广基础。只有在个别领域,拉贝尔关于识别问题的解决方案才得到了适用,例如,对婚姻概念的理解,它可以将多配偶婚或者苏维埃式婚姻归摄于其中。[164]

(三)不能学说

拉贝尔关于不能学说的观点广受赞同,甚至于法律也有所表现。《德国民法典》旧文本第306条将自始不能的合同规定为无效。拉贝尔认为这种解决方案难谓圆满,因为随着合同被废除,基于合同的损害赔偿请求权也归于消灭了。[165]作为替代,依照拉贝尔的意见,在自始不能的情形合同原则上仍然可以发生效力。自始不能的合同无效，只能限定在荒唐的给付允诺的情形。[166]拉贝尔通过他对罗马法的研究，对此予以论证。他列举了古典法时期属于自始不能但被认为是有效的情形，如自由人（homo liber）的买卖或者神息物（res religiosa）的买卖。随着 2002 年债法现代化改革，德国立法者采用了拉贝尔的意见。《德国民法典》旧文本第 306 条被废止，自始不能和嗣后不能的情形予以同样处理。依照《德国民法典》新文本第 311a 条，自始不能的合同现在也可以发生效力了。被排除的仅仅是给付请求权。不管是主观不能还是客观不能，它都同样适用，由此产生的后果是，对债务人和债权人会发生合同所生的效果，债务人有可能会负担代替给付的损害赔偿义务。

（四）瑕疵担保法

债法现代化改革之后，拉贝尔对《德国民法典》最深的影响体现在《德国民法典》第 280 条中新的核心的义务违反事实构成。它所依据的是《联合国国际货物销售合同公约》中违约这个统一的概念，而不再区分不能、迟延和积极侵害契约。[167]此外，《德国民法典》对买卖合同和承揽合同的瑕疵担保法和总则中的给付法进行了区别，而它们在判断时部分存在冲突，拉贝尔在《货物买卖法》中对此表示了反对。过于突出给付不能法的地位，使之与债务人迟延并列，成为给付障碍法的两大支柱之一，是债法现代化改革之前德国债法的主要缺陷，德国立法者现在也承认了这一点，并且在立法材料中甚至明确提到，对于《德国民法典》中给付不能这个由弗里德里希·莫姆森（*Friedrich Mommsen*）酝酿并经伯恩哈德·温德沙伊德（*Bernhard Windscheid*）完善的概念所具有的核心地位，拉贝尔 1906 年就开始反对了。[168]在法律效果上也类似于《联合国国际货物销售合同公约》，因此也体现了拉贝尔的观点。这样,依照《德国民法典》,损害赔偿请求权和履行请求权或者解除就可以同时主张,而这正是拉贝尔在其《货物买卖法》中支持的观点。[169]

四、总结和评价

在这里仅仅列举出拉贝尔的创造性劳动在当代司法裁判、立法和学说中发挥作用的三个例子,他的影响远大于此。与此同时,他的作品不仅是继续存在于一个或者两个特定法学领域,而是在诸如法律史、一般民法或者国际私法等很多不同领域持续产生影响。不仅是德国法学,还包括世界范围的法学,它们都不可缺少。这一方面清楚地表现在实体法中,拉贝尔通过他的作品对国际买卖法产生了决定性影响;另一方面,他通过创立在慕尼黑和柏林的研究所,还在法学领域确立了一种研究方法,这种方法当时在不同国家有为数众多的追随者。理论和实践相联系、对于实践的需求的理解和他的全部创造如同一条红线指引着功能性比较法,拉贝尔的作品因此而出色,与其他法学家相比更为突出。因此就可以理解,为什么马丁·沃尔夫将拉贝尔与伟大的德国法学家卡尔·弗里德里希·冯·萨维尼相提并论了。

注释

1 恩·拉贝尔,"比较法的任务和必要性"(Aufgabe und Notwendigkeit der Rechtsvergleichung),载《民法和民诉法莱茵报》(Rheinische Zeitung für Zivil – und Prozessrecht),第 13 卷(1924 年),第 279 页至第 301 页(第 283 页)。

2 《恩斯特·拉贝尔论文集,第 1 册:1907 年至 1930 年私法作品》(Ernst Rabel – Gesammelte Aufsätze, Band I: Arbeiten zum Privatrecht 1907 – 1930),汉·

格·莱泽(*H. G. Leser*)编,图宾根(Tübingen),1965 年[以下简称《拉贝尔论文集第 1 册》(GA I)];《恩斯特·拉贝尔论文集,第 2 册:1922 年至 1951 年国际司法和国际私法作品》(Ernst Rabel – Gesammelte Aufsätze, Band II: Arbeiten zur internationalen Rechtsprechung und zum internationalen Privatrecht 1922 – 1951),汉·格·莱泽编,图宾根,1965 年[以下简称《拉贝尔论文集第 2 册》(GA II)];《恩斯特·拉贝尔论文集,第 3 册:1919 年至 1954 年比较法和法律统一化作品》(Ernst Rabel – Gesammelte Aufsätze, Band III: Arbeiten zur Rechtsvergleichung und zur Rechtsvereinheitlichung 1919 – 1954),汉·格·莱泽编,图宾根,1957 年[以下简称《拉贝尔论文集第 3 册》(GA III)];《恩斯特·拉贝尔论文集,第 4 册:1905 年至 1949 年古希腊、希腊化和罗马的法律史作品》(Ernst Rabel – Gesammelte Aufsätze, Band IV: Arbeiten zur Altgriechischen, Hellenistischen und Römischen Rechtsgeschichte 1905 – 1949),汉·尤·沃尔夫(*H. J. Wolff*)编,图宾根,1971 年,[以下简称《拉贝尔论文集第 4 册》(GA IV)]。

3 康·茨威格特(*K. Zweigert*),"恩斯特·拉贝尔八十华诞"(Ernst Rabel 80 Jahre),载《法学家报》(Juristenzeitung)(简写为"JZ"),1954 年,第 60 页至第 61 页(第 61 页)。

4 拉贝尔生平和评价的信息来自于:蒂·乌特马克(*T. Utermark*),"恩斯特·拉贝尔的法律史和比较法"(Rechtsgeschichte und Rechtsvergleichung bei Ernst Rabel),博士学位论文,美因河畔法兰克福(*Frankfurt am Main*),2005 年;汉·格·莱泽,"编者导言",载《拉贝尔论文集第 1 册》(注 2),第 12 页至第 49 页;格·克格尔(*G. Kegel*),恩斯特·拉贝尔,《国际私法和程序法的实践》(Praxis des internationalen Privat – und Verfahrensrechts)[以下简称《国际私法和程序法的实践》(IPrax)],第 1 页至第 4 页;格·克格尔,"恩斯特·拉贝尔——作品和人"(Ernst Rabel – Werk und Person),载《拉贝尔外国私法和国际私法杂志》(Rabels Zeitschrift für ausländisches und internationales Privatrecht)[以下简称《拉贝尔杂志》(RabelsZ)],第 54 卷(1990 年),第 1 页至第 23 页;格·克格尔,"恩斯特·拉贝尔(1874 年—1955 年):世界买卖法的先驱"[Ernst Rabel (1874 – 1955) Vorkämpfer des Weltkaufrechts],载《犹太裔德国法学家》(Deutsche Juristen jüdischer Herkunft),赫·海因里希斯(*H. Heinrichs*)编,慕尼黑,

1993年,第571页至第591页;格·克格尔,"恩斯特·拉贝尔(1874年—1955年)"[*Ernst Rabel*(1874—1955)],载《学生报告中的二十世纪德语民法学家——个别描述中的观念史》(Deutschsprachige Zivilrechtslehrer des 20. Jahrhunderts in Berichten ihrer Schüler – eine Ideengeschichte in Einzeldarstellungen),第1册,施·格伦德曼(*S. Grundmann*)、卡·里森胡贝尔(*K. Riesenhuber*)编,柏林(Berlin),2007年,第17页至第28页;格·克格尔,"恩斯特·拉贝尔"(Ernst Rabel),载《欧洲法、能源法、经济法:博多·伯尔纳七十周岁祝贺文集》(Europarecht, Energierecht, Wirtschaftsrecht; Festschrift für Bodo Börner zum 70. Geburtstag),科隆(Köln),1992年,第835页至第840页;汉·尤·沃尔夫,"恩斯特·拉贝尔"(Ernst Rabel),载《萨维尼基金会法律史杂志:罗马法部》[以下简称《萨维尼杂志》(SavZ Rom. Abt.],第73卷(1956年),第10页至第28页;弗·加米尔舍格(*F. Gamillscheg*),"恩斯特·拉贝尔(1874年—1955年)——法律史和比较法"(Ernst Rabel(1874—1955) – Rechtsgeschichte und Rechtsvergleichung),载《哥廷根的法学——250年来哥廷根的法学家》(Rechtswissenschaft in Göttingen – Göttinger Juristen aus 250 Jahren),弗·洛斯(*F. Loos*)编,哥廷根(Göttingen),1987年,第456页至第470页;马·莱茵施泰因(*M. Rheinstein*),"恩斯特·拉贝尔"(Ernst Rabel),载《恩斯特·拉贝尔祝贺文集:比较法和国际私法》(Festschrift für Ernst Rabel, Rechtsvergleichung und internationales Privatrecht),第1册[以下简称《拉贝尔祝贺文集第1册》(FS Rabel I)],汉·德勒(*H. Dölle*)编,图宾根,1954年,第1页至第4页;马·莱茵施泰因,"恩斯特·拉贝尔博士教授枢密工作的纪念演讲"(Gedächtnisrede für Geheimrat Prof. Dr. Ernst Rabel),载《法学评论》(Juristische Rundschau)[以下简称《法学评论》(JR)],1956年,第135页至第138页;马·莱茵施泰因,"纪念恩斯特·拉贝尔"(In Memory of Ernst Rabel),载《美国比较法杂志》(The American Journal of Comparative Law,简写为Am. J. Comp. L.),1956年,第185页至第195页;沃·孔克尔(*W. Kunkel*),"恩斯特·拉贝尔作为法律史学家"(Ernst Rabel als Rechtshistoriker),载《恩斯特·拉贝尔祝贺文集:古代法的历史和一般法律学说》(Festschrift für Ernst Rabel – Geschichte der antiken Rechte und allgemeinen Rechtslehre),第2册[以下简称《拉贝尔

祝贺文集第 2 册》(FS Rabel II)],沃·孔克尔编,图宾根,1954 年,第 1 页至第 6 页;格·胡塞尔(*G. Husserl*),“试评恩斯特·拉贝尔”(Ernst Rabel – Versuch einer Würdigung),载《法学家报》,1956 年,第 385 页至第 392 页,第 430 页至第 434 页;康·茨威格特,“恩斯特·拉贝尔八十周岁”(Ernst Rabel 80 Jahre),载《法学家报》,1954 年,第 60 页至第 61 页;乌·德罗布尼希(*U. Drobnig*),“当代比较法的诞生——恩斯特·拉贝尔逝世五十周年”(Die Geburt der modernen Rechtsvergleichung – Zum 50. Todestag von Ernst Rabel),载《欧洲私法杂志》[Zeitschrift für europäisches Privatrecht(以下简称 ZEuP)],2005 年,第 821 页至第 831 页;约·格·富克斯(*J. G. Fuchs*),“恩斯特·拉贝尔——1874 年至 1955 年”(Ernst Rabel 1874 – 1955),载《五百年来巴塞尔大学的教授——肖像和评价》(Professoren an der Universität Basel aus fünf Jahrhunderten – Bildnisse und Würdigungen),安·施特林(*A. Staehlin*)编,巴塞尔(Basel),1960 年,第 242 页至第 243 页;达·克斯特尔 – 瓦尔特延(*D. Coester – Waltjen*),“恩斯特·拉贝尔——比较法生涯”(Ernst Rabel – Ein Leben für die Rechtsvergleichung),载《慕尼黑大学法律系伟大的犹太裔学者》(Große jüdische Gelehrte an der Münchener Juristischen Fakultät),彼·兰道(*P. Landau*)、赫·内尔森(*H. Nehlsen*)编,美因河畔埃波尔斯巴赫(Ebelsbach am Main),2001 年,第 77 页至第 96 页。

5 弗·加米尔舍格(注 4),第 458 页。

6 汉·尤·沃尔夫(注 4),第 11 页。

7 路·米泰斯,《迄至戴克里先时代的罗马私法》(Römisches Privatrecht bis auf die Zeit Diokletians),第 1 册,基本概念和法人学说,莱比锡(Leipzig),1908 年

8 恩·拉贝尔,“1895 年 12 月 26 日奥地利法律中著作权的可转让性”(Die Übertragbarkeit des Urheberrechts nach dem österreichischen Gesetze vom 26. December 1895),载《现代私法和公法杂志》(Zeitschrift für das private und öffentliche Recht der Gegenwart),第 27 卷(1900 年),第 71 页至第 182 页。

9 拉贝尔这篇文章 1990 年再次重印,这也表明了它对法学仍然具有意义。重印:《著作权法和媒体法档案》(Archiv für Urheber – und Medienrecht),第 108 卷(1988 年)。

10 恩·拉贝尔,“出卖人权利瑕疵责任——责任结果的历史研究”(Die Haftung des Verkäufers wegen Mangels im Rechte – Geschichtliche Studien über den Haftungserfolg),莱比锡,1973年重印,伦敦、纽约,1973年。

11 恩·拉贝尔,“模仿法律行为附论拟诉弃权和质权学说”(Nachgeformte Rechtsgeschäfte mit Beiträgen zu den Lehren von der Injure – Zession und vom Pfandrecht),载《萨维尼杂志》,第27卷(1906年),第290页至第335页,第28卷(1907年),第311页至第379页。

12 恩·拉贝尔,“给付不能:《德国民法典》的批评研究”(Die Unmöglichkeit der Leistung. Eine kritische Studie zum Bürgerlichen Gesetzbuch),载《罗马法和民法选:恩·伊·贝克尔祝贺文集》(Aus römischem und bürgerlichem Recht – Festschrift für E. I. Bekker),魏玛(Weimar),1907年,第171页至第273页。

13 恩·拉贝尔,“规则的起源:对不能没有任何债”(Origine de la Règle:Impossibilium nulla obligatio),载《格丁纪念文集》(Melanges Géradin),巴黎(Paris),第473页至第512页。

14 弗·加米尔舍格(注4),第459页。

15 弗·加米尔舍格(注4),第459页。

16 马·莱茵施泰因,“纪念演讲”(注4),第136页。

17 汉·尤·沃尔夫(注4),第28页。

18 马·莱茵施泰因,“纪念演讲”(注4),第136页。

19 格·克格尔,“恩斯特·拉贝尔(1874年至1955年)”(注4),第24页。

20 恩·拉贝尔,《罗马私法基础》(Grundzüge des römischen Privatrechts),“体系化法学全书”(Enzyklopädie der Rechtswissenschaft in systematischer Bearbeitung),弗朗茨·冯·霍尔岑多夫(*Franz von Holtzendorff*)和约瑟夫·科勒(*Josef Kohler*)主编,慕尼黑和莱比锡,1915年第7版。独立出版,恩·拉贝尔,《罗马私法基础》(Grundzüge des römischen Privatrechts),达姆施塔特(*Darmstadt*),1955年。

21 格·克格尔,“恩斯特·拉贝尔(1874年—1955年)”(注4),第24页。

22 恩·拉贝尔,“在路德维希·米泰斯学派”(In der Schule Ludwig Mitteis),载《纸草学杂志》(Journal of Papyrology),1953年至1954年卷,第157页至第

161 页(第 161 页)。

23 赖·齐默尔曼,“在路德维希·米泰斯学派”(In der Schule Ludwig Mitteis),载《拉贝尔杂志》,第 65 卷(2001 年),第 1 页至第 38 页(第 3 页)。

24 路·米泰斯,《罗马帝国东部行省的帝国法和民众法》(Reichsrecht und Volksrecht in den östlichen Provinzen des römischen Kaiserreiches),莱比锡,1891 年。

25 格·胡塞尔(注 3),第 387 页及下页;赖·齐默尔曼(注 23),第 13 页。

26 赖·齐默尔曼(注 23),第 23 页。

27 恩·拉贝尔(注 22),第 157 页及下页。

28 汉·尤·沃尔夫(注 4),第 12 页。

29 恩·拉贝尔,“比较法的任务和必要性”(注 1),第 281 页;《拉贝尔论文集第 3 册》,第 1 页至第 21 页(第 3 页)。

30 汉·尤·沃尔夫(注 4),第 12 页。随着年龄增长拉贝尔越来越怀疑这一目标能否实现,但至少直到其科学活动结束时仍坚持将其作为一个工作假设。

31 赖·齐默尔曼(第 23 页),第 30 页。

32 沃·孔克尔(注 4),第 3 页。

33 例如,恩·拉贝尔,“一项建议”(Eine Anregung),载《罗马法和古代法国际杂志》(IURA)1951 年,第 119 页至第 122 页(第 120 页及下页);《拉贝尔论文集第 3 册》,第 372 页至第 375 页(第 373 页)。

34 格·胡塞尔(注 4),第 389 页。

35 蒂·乌特马克(注 4),第 33 页。

36 鲁·冯·耶林(*R. von Jhering*),《不同发展阶段罗马法的精神》(Geist des römischen Rechts auf den verschiedenen Stufen seiner Entwicklung),莱比锡,1866 年。

37 恩·拉贝尔,“罗马法的继受”(Rezeption des römischen Rechts),载《罗马法研究:罗马法国际大会论文集》(Instituto di Sudi Romani, Atti del Congresso Internatzionale di Diritto Romano),第 2 卷,博洛尼亚(Bologna),1935 年,第 183 页至第 190 页(第 186 页),《拉贝尔论文集第 4 册》,第 574 页至第 579 页(第 575 页)。

38 赖·齐默尔曼(第23页),第33页。

39 《优士丁尼〈学说汇纂〉添加索引》(Index Interpolationum quae in Iustiniani Digesti inesse dicuntur),恩·拉贝尔和恩·利维主编,魏玛,1929年至1935年。

40 沃·孔克尔(注4),第1页。

41 汉·尤·沃尔夫(注4),第21页,第27页。

42 准确的图书版本信息,参见注10。

43 恩·拉贝尔,《出卖人 的责任》(注10),第315页。

44 马·莱茵施泰因,“纪念演讲”(注4),第136页。

45 汉·尤·沃尔夫(注4),第14页;格·胡塞尔(注4),第388页。

46 拉贝尔时年28岁。

47 格·胡塞尔(注4),第28页。

48 沃·孔克尔(注4),第1页。

49 恩·拉贝尔,《出卖人的责任》(注10),第4页。第二部分应当包括《德国民法典》所规定的权利瑕疵责任的体系化描述。

50 关于详细的图书版本信息,参见注11。

51 沃·孔克尔(注4),第2页。

52 恩·拉贝尔,《在路德维希·米泰斯学派》(注22),第157页。

53 鲁·冯·耶林,《不同发展阶段罗马法的精神》,第2册,第9版,阿伦(Aalen),1868年,第528页。

54 鲁·冯·耶林,《不同发展阶段罗马法的精神》,第3册,第9版,阿伦(Aalen),1868年,第294页。

55 鲁·冯·耶林,《不同发展阶段罗马法的精神》,第2册之1,第9版,阿伦(Aalen),1868年,第530页以下。

56 恩·拉贝尔,《模仿法律行为》(注11),第373页;《拉贝尔论文集第4册》,第99页。

57 恩·拉贝尔,《模仿法律行为》(注11),第296页;《拉贝尔论文集第4册》,第99页。

58 蒂·乌特马克(注4),第60页。

59 恩·拉贝尔,《模仿法律行为》(注11),第311页;《拉贝尔论文集第4册》,第

47 页。

60 关于详细的图书版本信息,参见注 20。

61 沃·孔克尔(注 4),第 4 页及下页。

62 汉·尤·沃尔夫(注 4),第 18 页。

63 沃·孔克尔(注 4),第 5 页。

64 恩·拉贝尔,《罗马私法基础》(注 20),第 1 页。

65 恩·拉贝尔,《罗马私法基础》(注 20),第 14 页。

66 恩·拉贝尔,《罗马私法基础》(注 20),第 201 页。

67 弗·加米尔舍格(注 4),第 461 页。

68 马·莱茵施泰因(注 4),第 137 页。

69 达·克斯特尔—瓦尔特延(注 4),第 80 页。

70 恩·拉贝尔,"慕尼黑大学比较法研究所"(Das Institut für Rechtsvergleichung an der Universität München),载《巴伐利亚州司法杂志》(Zeitschrift für Rechtspflege in Bayern),第 15 卷(1919 年),地 2 页至第 6 页(第 4 页及下页);《拉贝尔论文集第 3 册》,第 22 页至第 30 页(第 27 页)。

71 恩·拉贝尔,"慕尼黑大学比较法研究所"(注 70),第 5 页;《拉贝尔论文集第 3 册》,第 27 页。

72 恩·拉贝尔,"慕尼黑大学比较法研究所"(注 70),第 4 页;《拉贝尔论文集第 3 册》,第 26 页。

73 恩·拉贝尔,"比较法的任务和必要性"(注 1)。

74 恩·拉贝尔,"买卖中的风险承担"(Gefahrtragung beim Kauf),载《萨维尼杂志·罗马法部》(SavZ Rom. Abt.),第 42 卷(1921 年),第 543 页至第 564 页。

75 恩·拉贝尔,"德国—意大利混合仲裁庭诉讼程序"(Die Prozessordnung des deutsch – italienischen gemischten Schiedsgerichtshofes),载《法学周刊》(Juristische Wochenschrift),第 51 卷(1922 年),第 1161 页至第 1162 页。

76 今天称为"马克斯·普朗克外国私法和国际私法研究所"(Max – Planck – Institut für ausländisches und internationales Privatrecht),位于汉堡。

77 这两个研究所共同的图书馆很快就举世闻名,并且在欧洲独一无二。

78 恩·拉贝尔,"国际私法方面的两个法律研究所"(Zwei Rechtsinstitute für die

internationalen privatrechtlichen Beziehungen)，载《法学周刊》，第 61 卷(1932 年)，第 2225 页至第 2228 页；《拉贝尔论文集第三册》，第 73 页至第 81 页(第 76 页)。

79 自 1961 年起称《拉贝尔外国私法和国际私法杂志》(Rabels Zeitschrift für ausländisches und internationales Privatrecht)[简称《拉贝尔杂志》(RabelsZ)]。

80 格·克格尔，"马克斯—普朗克外国私法与国际私法研究所 50 周年"(50 Jahre Max – Planck – Institut für ausländisches und internationales Privatrecht)，载《立法理论、法学逻辑、民法和民事诉讼法：于尔根·勒迪希纪念文集》(Gesetzgebungstheorie, juristische Logik, Zivil – und Prozessrecht – Gedächtnisschrift für Jürgen Rödig)，乌·克卢格(*U. Klug*)编，柏林/海德堡，1978 年，第 301 页至第 312 页(第 305 页)。

81 汉·尤·沃尔夫(注 4)，第 14 页。

82 关于研究所曾经的工作人员，如马克斯·莱茵施泰因(*Max Rheinstein*)、路德维希·赖泽尔(*Ludwig Raiser*)或者康拉德·茨威格特。

83 恩·拉贝尔，"(1926 年创立的)威廉皇帝外国私法和国际私法研究所的专业领域(1900 年至 1935 年)"(Die Fachgebiete des Kaiser – Wilhelm – Instituts für ausländisches und internationales Privatrecht(gegründet 1926)1900 – 1935)，载《威廉皇帝科学促进会成立 25 周年》(25 Jahre Kaiser – Wilhelm – Gesellschaft zur Förderung der Wissenschaften)，第 3 册，1937 年，柏林，第 77 页至第 190 页(第 83 页)；《拉贝尔论文集 3》，第 180 页至第 234 页(第 188 页及下页)。

84 马·莱茵施泰因，《拉贝尔祝贺文集第 1 册》〉(注 4)(FS Rabel I)，第 2 页。

85 慕尼黑的马克斯—普朗克国际竞争法律保护和著作权研究所(Max – Planck – Institut für internationalen gewerblichen Rechtsschutz und Urheberrecht in München)、弗莱堡的马克斯—普朗克刑法研究所(Max – Planck – Institut für Strafrecht in Freiburg)和法兰克福的马克斯—普朗克欧洲法律史研究所(Max – Planck – Institut für europäische Rechtsgeschichte in Frankfurt)。

86 恩·拉贝尔，《货物买卖法》(Das Recht des Warenkaufs)，第 1 册，1936 年，柏林；1957 年重印；第 2 册在其去世后不久于 1958 年出版。

87 恩·拉贝尔,“识别问题”(Das Problem der Qualifikation),载《拉贝尔杂志》,第5卷(1931年),第241页至第288页;《拉贝尔论文集2》,第189页至第241页。

88 恩·拉贝尔,“彭梵德的继承法理论”(Erbrechtstheorie Bonfantes),载《萨维尼杂志》,第50卷(1930年),第295页至第332页。

89 恩·拉贝尔,“国际私法各学说中的德国裁判”(Die deutsche Rechtsprechung in einzelnen Lehren des internationalen Privatrechts),载《拉贝尔杂志》,第3卷(1929年),第752页至第757页。

90 自1949年起为柏林洪堡大学(Humboldt – Universität zu Berlin)。

91 马·莱茵施泰因,“纪念演讲”(注4),第137页。

92 安·玛·格雷芬·冯·勒施(*A. M. Gräfin von Lösch*),《纯粹的精神》(Der nackte Geist),图宾根,1999年,第366页以下。

93 马·莱茵施泰因,“纪念演讲”(注4),第138页。

94 马·莱茵施泰因,“纪念恩斯特·拉贝尔”(注4),第195页。

95 马·莱茵施泰因,“纪念恩斯特·拉贝尔”(注4),第195页。

96 恩·拉贝尔,《冲突法比较研究》(The conflict of laws – A coparative study),第1卷,“导论,家庭法”,安娜堡/芝加哥(Ann Arbor/Chicago),1945年;第2版由乌·德罗布尼希(*U. Drobnig*)修订,于1958年出版。

97 恩·拉贝尔,《冲突法比较研究》,第2卷,“外国团体法、侵权法、合同法总论”,安娜堡/芝加哥,1947年;第2版由乌·德罗布尼希修订,于1960年出版。

98 恩·拉贝尔,《冲突法比较研究》,第3卷,“各种之债、债的调整和消灭”,安娜堡/芝加哥,1950年;第2版由赫·伯恩斯坦(*H. Bernstein*)修订,于1964年出版。

99 恩·拉贝尔,《冲突法比较研究》,第4卷,“财产权、票据、证券、继承、信托、外国法的适用、时际关系”,安娜堡,1958年。

100 恩·拉贝尔,“西方文明中的私法”(The private law of western civilisation),载《路易斯安那法律评论》(Louisiana Law Review),第10卷(1949年至1950年),第1页至第14页,第107页至第119页,第265页至第275页,第431页至第460页;《拉贝尔论文集3》,第276页至第341页。

101 恩·拉贝尔,“论法律历史和现代法中的比较研究”(On comparative research in legal history and modern law),载《美国波兰艺术和科学研究所季刊》(Quaterly Bulletin of the Polish Institute of Arts and Siences in Amerika),1944年,第1页至第14页;《拉贝尔论文集3》,第247页至第260页。

102 恩·拉贝尔,“在路德维希·米泰斯学派”(注22)。

103 曼·莱茵施泰因,《比较法导论》(Einführung in die Rechtsvergleichung),1987年第2版,第45页。

104 约·米·赖纳(*J. M. Rainer*),《欧洲私法—比较法》(Europäisches Privatrecht – Die Rechtsvergleichung),美因河畔法兰克福,2007年,第44页。

105 曼·莱茵施泰因,《比较法导论》(注103),第59页。

106 恩·拉贝尔,“比较法的任务和必要性”(注1),第280页;《拉贝尔论文集3》,第2页。

107 恩·拉贝尔,“比较法的任务和必要性”(注1),第280页;《拉贝尔论文集3》,第2页;汉·格·莱泽,“恩斯特·拉贝尔——现代比较法的创立者”(Ernst Rabel – Begründer der modernen Rechtsvergleichung),载《法律学习》(JuS),1987年,第852页至第855页(第853页)。

108 恩·拉贝尔,“比较法的任务和必要性”(注1),第282页;《拉贝尔论文集3》,第4页。

109 恩·拉贝尔,“威廉皇帝外国私法和国际私法研究所的专业领域”(注83),第82页;《拉贝尔论文集3》,第191页。

110 恩·拉贝尔,“慕尼黑大学比较法研究所”(注70),第3页;《拉贝尔论文集3》,第24页。

111 格·胡塞尔,“试评恩斯特·拉贝尔”(注4),第434页。

112 恩·拉贝尔,“比较法的任务和必要性”(注1),第300页;《拉贝尔论文集3》,第21页。

113 恩·拉贝尔,“比较法的任务和必要性”(注1),第283页;《拉贝尔论文集3》,第5页。

114 恩·拉贝尔,“比较法的任务和必要性”(注1),第280页;《拉贝尔论文集3》,第2页及下页。

115 恩・拉贝尔,“比较法的任务和必要性”(注 1),第 280 页;《拉贝尔论文集 3》,第 2 页及下页。

116 恩・拉贝尔,“慕尼黑大学比较法研究所”(注 70),第 2 页;《拉贝尔论文集 3》,第 22 页及下页。

117 恩・拉贝尔,“比较法的任务和必要性”(注 1),第 281 页;《拉贝尔论文集 3》,第 3 页。

118 恩・拉贝尔,“慕尼黑大学比较法研究所”(注 70),第 3 页;《拉贝尔论文集 3》,第 24 页。

119 恩・拉贝尔,“论法律历史和现代法中的比较研究”(注 101)(第 4 页及下页);《拉贝尔论文集 3》,第 250 页及下页。

120 恩・拉贝尔,“慕尼黑大学比较法研究所”(注 70),第 3 页;《拉贝尔论文集 3》,第 25 页。

121 汉・格・莱泽,“恩斯特・拉贝尔——现代比较法的创立者”(注 107),第 855 页。

122 缩写为:UNIDROIT。

123 恩・拉贝尔,“罗马国际统一私法研究所”(Internationales Institut für die Vereinheitlichung des Privatrechts in Rom)(会议报道),载《拉贝尔杂志》,第 3 卷(1929 年),第 402 页至第 406 页(第 405 页);《拉贝尔论文集 2》,第 490 页。

124 马・莱茵施泰因,“纪念恩斯特・拉贝尔”(注 4),第 137 页。

125 恩・拉贝尔,“柏林外国私法和国际私法研究所货物买卖比较法报告”(Rapport sur le droit comparé en matière de vente par l’ “Institut für ausländisches und internationales Privatrecht“ de Berlin),国际联盟罗马国际统一私法协会(Société des Nations Institut International de Rome pour l’unification du Droit privé),第 4 部分(买卖)(第 1 稿),罗马,1929 年;《拉贝尔论文集 3》,第 381 页至第 476 页。

126 关于详细的图书版本信息,参见注 86。

127 德意志联邦共和国参加了海牙买卖法公约,1974 年生效。

128 缩写为:UNICITRAL。

129 2009年6月1日的状态。

130 缩写为:CISG或者维也纳买卖法。德意志联邦共和国参加了CISG,1991年生效。

131 恩·拉贝尔,"罗马国际统一私法研究所"(注123),第405页;《拉贝尔论文集3》,第490页。

132 格·赖因哈特(*G. Reinhart*)(注132),第358页。

133 恩·拉贝尔,"统一买卖法草案"(Der Entwurf eines einheitlichen Kaufgesetzes),载《拉贝尔杂志》,第9卷(1935年),第1页至第79页,第339页至第363页;《拉贝尔论文集3》,第522页至第612页(第527页)。

134 关于详细的图书版本信息,参见注86。

135 恩·拉贝尔,"作者前言",《货物买卖法》(注86)。

136 汉·勒斯勒尔(*H. Rösler*),"恩斯特·拉贝尔的《货物买卖法》七十年——作品史和影响史"(Siebzig Jahre Recht des Warekaufs von Ernst Rabel – Werk – und Wirkgeschichte),载《拉贝尔杂志》,2006年,第793页至第805页(第797页)。

137 哈·库·格特里奇的书评,载《现代法律评论》(Modern law review),1937年,第249页至第250页。

138 哈·库·格特里奇(注139),第250页。

139 恩·冯·克雷默尔(*E. von Caemmerer*),《拉贝尔论文集1》(注2)的"导言",第7页至第9页(第7页)。

140 汉·格·莱泽,《拉贝尔论文集1》(注2)的"编者导言",第11页至第39页。

141 恩·拉贝尔,《货物买卖法》,第2册,柏林,1958年。

142 E. D. 格劳厄(*E. D. Graue*)的书评,载《企业外贸服务顾问》(Außenwirtschaftsdienst des Betriebs – Berater),第291页至第292页。

143 E. D. 格劳厄(E. D. Graue)(注144),第292页。

144 关于详细的图书版本信息,参见注96。

145 关于详细的图书版本信息,参见注97。

146 关于详细的图书版本信息,参见注98。

147 关于详细的图书版本信息,参见注99。

148 莱茵施泰因,“恩斯特·拉贝尔对国际私法的比较法研究——逝世十周年纪念”(Ernst Rabels vergleichende Studie zum IPR – zu seinem 10. Todestag),载《拉贝尔杂志》,第29卷(1965年),第457页至第472页(第461页)。

149 恩·拉贝尔,“关于比较法的临时报告”(An interim account on comparative law),载《密歇根法律评论》(Michigan law review),第46卷(1948年),第625页至第638页(第625页);《拉贝尔论文集2》,第625页至第638页(第625页)。

150 戴·S.克拉克(*D. S. Clark*),“恩斯特·拉贝尔对美国法的影响”(The influence of Ernst Rabel on American Law),载《德国移民对美国法的影响》(Der Einfluss deutscher Emigranten auf die Rechtsentwicklung in den USA),马·卢特尔(*M. Lutter*)、恩·C.施蒂费尔(*E. C. Stiefel*)、米·H.赫夫利希(*M. H. Höflich*)编,1993年,第107页至第126页(第121页);莱茵施泰因,“恩斯特·拉贝尔对国际私法的比较法研究”(注150),第470页。

151 格·克格尔,“恩斯特·注恩斯特·拉贝尔:作品和其人”(注4)。

152 康·茨威格特这样说,“国际私法的第三学派——论冲突法的近代学术史”(Die dritte Schule im internationalen Privatrecht – zur neueren Wissenschaftsgeschichte des Kollisionsrechts),载《莱奥·拉佩七十周岁祝贺文集》(Festschrift für Leo Raape zu seinem 70. Geburtstag),H. P.伊普森(*H. P. Ipsen*)编,汉堡,1948年,第35页至第52页(第38页)。

153 关于详细的图书版本信息,参见注87。

154 缩写为:OHADA。

155 恩·拉贝尔,“国际私法各学说中的德国裁判”(Die deutsche Rechtsprechung in einzelnen Lehren des internationalen Privatrechts)之前言(Vorbemerkung),载《拉贝尔杂志》,第3卷(1929年),第742页至第757页;《拉贝尔论文集2》,第242条至第28条。因此,他领导编写的《德意志帝国法院成立五十周年祝贺文集》(Festheft, Dem Deutschen Reichsgericht zum 50järigen Bestehen dargebracht)就有了威廉皇帝研究所国际私法研究系列。

156 关于详细的图书版本信息,参见注87。

157 恩·拉贝尔,“识别问题”(注87),第241页及下页;《拉贝尔论文集2》,第

190 页。

158 马·沃尔夫在《德国国际私法》(Das internationale Privatrecht Deutschlands)中这样认为,柏林/哥廷根海德堡,1954 年。

159 持此观点者,如库·西尔(*K. Siehr*),《国际私法——学习和实务中的德国冲突法》(Internationales Privatrecht – Deutsches und europäisches Kollisionsrecht für Studium und Praxis),海德堡,2001 年。

160 恩·拉贝尔,"前言"(注 157),第 755 页;《拉贝尔论文集 2》,第 245 页及下页。

161 恩·拉贝尔,"识别问题"(注 87),第 245 页;《拉贝尔论文集 2》,第 194 页。

162 恩·拉贝尔,"识别问题"(注 87),第 241 页;《拉贝尔论文集 2》,第 190 页。

163 恩·拉贝尔,"识别问题"(注 87),第 287 页;《拉贝尔论文集 2》,第 239 页。

164 弗·加米尔舍格(注 4),第 468 页。

165 恩·拉贝尔,《货物买卖法》(注 86),第 1 册,第 122 页。

166 《施陶丁格民法典评论》(J. von Staudingers Kommentar zum Bürgerlichen Gesetzbuch mit Einführungsgesetzen und Nebengesetzen),第 2 编,债务关系法,第 311 条、第 311a 条、第 312 条、第 312a – f 条(合同订立),2005 年修订版,迪特尔·罗伊特(*Dieter Reuter*)主编,边码 21,第 63 页;边码 33,第 66 页。

167 汉·勒斯勒尔(注 138),第 804 页。

168 2001 年 5 月 14 日《联邦议院出版物》(Bundestagsdrucksache 14/60/40),第 127 页。

169 恩·拉贝尔,《货物买卖法》(第 87 页),第 1 册,第 434 页。

Karl Larenz

1903—1993

卡尔·拉伦茨

1903—1993

一、导论

他们围坐在一起，讨论、争辩、交谈。黑格尔（*Hegel*）的作品、哈贝马斯（*Habermas*）的观点或者柏拉图（*Platon*）的观念，哲学总是中心话题。这个小圈子里面，首先就是主人。额头高高、嘴巴细长、头发向后偏分。这就是卡尔·拉伦茨（*Karl Larenz*）。他的学生们围坐在他四周，例如，克劳斯—威廉·卡纳里斯（*Claus-Wilhelm Canaris*）或者乌韦·迪德里希森（*Uwe Diederichsen*）。即使是拉伦茨退休之后，他们仍然定期在他的房子里聚会，以便谈论哲学，这是他在法学之外的最爱。这完全就像拉伦茨作为学生做客他老师尤利乌斯·宾德尔（*Julius Binder*）那里以便讨论黑格尔作品那样。现在拉伦茨自己就是老师，就是导师。他在生前就已经是20世纪德国最优秀的法学家了。几乎没有其他哪位战后法学家像他那样深深影响了联邦德国法学。几乎没有其他哪位作者像或者将像拉伦茨那样经常为法官裁判引用，也几乎没有其他哪部教科书将像他的民法书那样经常为人阅读。当然，人们曾经对他有不同看法，而且直到现在仍有不同看法。尤其是他在所谓“第三帝国”中的角色，自60年代起就引起了讨论，相关意见针锋相对。

本文旨在对这位伟大的德国法学家的生平提供一个概况，尝试探讨他在第三帝国时的角色并说明哲学对其著作的影响,简单介绍他最重要作品,并说明他在联邦德国对司法、学说和立法的影响。

二、生平

(一)1933 年之前

1. 履历

卡尔·拉伦茨 1903 年 3 月 23 日出生于莱茵河畔维瑟尔(Wesel am Rhein),当然这时还不能看出他将来会选法学家为其职业。[1] 但是,拉伦茨出生在一个法律人之家。他父亲名字也叫卡尔,曾任普鲁士高等行政法院(preußischen Oberverwaltungsgericht)的高等行政法院顾问(Oberverwaltungsgerichtsrat)并最终担任其合议庭庭长(Senatspräsident)。该法院位于柏林(Berlin),拉伦茨一家因此于 1915 年搬到了柏林。在那里,拉伦茨就读于海因里希·冯·克莱斯特实科中学(Heinrich von Kleist-Realgymnasium)并于 1921 年毕业。此前,他曾在波兹南(Posen)上过中学预科,在莱茵河畔诺维德(Neuwied am Rhein)和奥斯纳布吕克(Osnabrück)上过实科中学。中学刚毕业时,拉伦茨仍然逗留在首都。由于自幼就对历史感兴趣,因此他决定在学习法学和国民经济学的同时还要学习历史学。但在柏林的时间不长,他就转到马尔堡(Marburg),后来又返回柏林,最终到达哥廷根(Göttingen),在那里找到了他的导师宾德尔。1926 年 1 月,他在策勒(Celle)通过候补文官考试。同年 11 月他通过法学博士学位论文答辩,成绩优秀(summa cum laude)。他的论文题目是"黑格尔的归责学说和客观归责的概念"(Hegels Zurechnungslehre und der Begriff der objektiven Zurechnung)。该文借助黑格尔法哲学对各个法领域中存在的归责问题进行了说明。没有进行候补文官实习(Referendariat),也没有进行第二次国家考试(Assessorexamen),拉伦茨开始撰写教授资格论文。这主要由于他的导师宾德尔着急了，担心国家由于劳动力市场情况紧张而确定编外讲师最高人数，这可能会阻断他那颇具天赋的学生谋取教职之路。[2] 凭借《法律行为的解释方法》(Methode der Auslegung des Rechtsgeschäfts)[3] 这篇论文，拉伦茨在1926年11月取得教授资格，时年仅25岁。在这篇论文中，拉伦茨在法政策基础上通过发展出效力理论从而克服了意思理论和表示理论之间的矛盾。同年，他娶了伊姆加德·米勒(Irmgard Müller)，并且留在哥廷根担任编外讲师直至1933年。在此期间，除了《当代法和国家哲学》(Rechts-und Staatsphilosophie der Gegenwart)[4] 第一版之外，他还完成了《黑格尔论国家和宗教》(Staat und Religion bei Hegel)、[5]《黑格尔的哲学概念和法哲学》(Hegels Begriff der Philosophie und Rechtsphilosophie)[6] 和《黑格尔的意志辩证法和法人格问题》(Hegels Dialektik des Willens und das Problem der juristischen Persönlichkeit)[7]。他在魏玛共和国时期出版的作品有明显的哲学烙印，这也表明了他对哲学有强烈兴趣。拉伦茨在这里就已经将法哲学观点作为解决问题的基础。对他产生深刻影响的哲学家首先就是格奥格·弗里德里希·威廉·黑格尔(*Georg Friedrich Wilhelm Hegel*)。

2. 宾德尔和黑格尔的影响

然而，魏玛共和国时期法学中最初流行另外一种哲学。新康德主义追随者们将《纯粹理性批判》(Kritik der reinen Vernunft)的基本思想运用到法律中。因而，科学的全部基本概念都被回溯到了理性的概念。[8] 鲁道夫·施塔姆勒(*Rudolph Stammler*)是最著名的新康德主义者之一。他开始对法律是什么的问题进行了形式化理解。他试图将法律的概念认为是全部特殊法律观念的逻辑条件并因此也是应当普遍有效的形式要素。对他而言，只有那些历史上已存在的法律才是正当的法律，它们具备了正当性的形式特性。[9] 拉伦茨从一开始就对新康德主义感到失望。后来,他在批评施塔姆勒的学说时写道,因为理性既然可以认为是抽象的又可以认为是形式的,因此就有必要将历史相对化并抛弃对具体历史形态的各种意义说明。[10]这样否定历史的任何形而上学,对拉伦茨并不具有代表性。对他来说,新康德主义的严重不足在于思想的一维性,他们具有忽略生活现象多样性的倾向,将一切都回溯到最终要素,并且由这些孤立的、最简单的要素重构世界。这种对新康德主义的失望促使拉伦茨转向了宾德尔。他在赫尔穆特·迈尔(*Helmut Meyer*)建议下转到了哥廷根大学,并在那里成为"宾德尔的学生"。

宾德尔在这一时期早已从康德转向了黑格尔哲学。因为他的努力已经从自然的法定性转移到判断力的法定性上,而不是引用到法学中,因为法的世界涉及的不是理论法则而是实践法则。[11]因此,宾德尔从法的经验现实性出发。他认为,法的存在是因为其效力,反之,法的效力又在于它是在明知是法而被遵守或者适用的。法的理念说明了那些可以称为法律制度的实证法律制度的法特征。[12]今天,宾德尔被认为是新黑格尔主义的创始人。通过宾德尔,拉伦茨也接触到了黑格尔。整整14天,他和诸如格哈德·杜尔凯特(*Gerhard Dulckheit*)、卡尔·米夏埃利斯(*Karl Michaelis*)、亚当·冯·特洛特·楚·萨尔茨(*Adam von Trott zu Salz*)等其他宾德尔的学生以及宾德尔夫人聚在宾德尔房里一起学习哲学家的作品,尤其是《精神现象学》(Phänomenologie des Geistes)。这对拉伦茨在法理论和法哲学领域都产生了深远影响。尤其是他1945年之前的作品中,分析黑格尔法哲学占据了中心地位,正如他的博士学位论文所表现出的那样。20世纪30年代初,他最终成为法学中法黑格尔主义的主要代表人物之一。他是黑格尔学会会员并由此参加了黑格尔会议。直到1933年之前,黑格尔式哲学主要活跃于黑格尔学会。后来,他参加了排犹运动,甚至担任了黑格尔学会机关刊物《逻各斯》(Logos)的编者。[13]

拉伦茨自始就将其目标定在用黑格尔基本思想有效解决法哲学问题和法学问题,因此,在哥廷根时期,他在说明其立场时总要追溯到黑格尔哲学上。他只是确信,任何法律制度都有形而上学的思想内容、道德原则作为基础,因此,法所根据的不能只是立法者的意志或者偶然环境。[14]但是,在联系到他自己的毕生事业时,拉伦茨更多地涉及黑格尔的形而上学而不是其概念性。例如,拉伦茨认为,对于概念形成具有决定性的规范目的,如果与法学实践中通行的做法相背,在法学上就不应当采用到国家法律中,而只能是在哲学上这样认为。拉伦茨将这种哲学归于客观唯心主义,它与黑格尔的哲学并无不同。[15]他与宾德尔都认为,法律必须符合法的理念,否则法官将无从适用法律。这就可以说明,拉伦茨在哪些内容上援用了诸如自由和公正等以黑格尔哲学为根据的不同理念。所有法律概念的最终说明都在于保守主义的国家图景,拉伦茨和宾德尔在这一点上有其共同之处。[16]通过这种方式,拉伦茨努力对魏玛共和国立法者产生影响,根据他的学说,立法者只有在符合法的实证理念时才能制定现行法律。因而拉伦茨断然拒绝了魏玛共和国、它的国家形式和它因之而存在的一切,并且宣传成立主权国家。创建主权国家对他意味着取消民主和政党活动以及超越自由主义和社会主义。当然,在这方面拉伦茨还没能想象出像希特勒那样的专制。其实,他关于国家的观点与其老师宾德尔的观点相符,后者想采用弗里德里希大帝(*Friedrichs des Großen*)时期君主制形式的主权国家。

在拉伦茨的作品中,每当更多涉及法哲学问题而较少涉及实体法问题时,就更能清楚地体现出他老师宾德尔的重大影响。在哥廷根时代出版的所有作品的脚注或者行文中都可以看到参引宾德尔作品并因此而参引其法哲学。拉伦茨在这些作品中反复重申支持宾德尔学说并公开地绝对承认其学说。[17]直到在魏玛共和国时期最后一部作品《德国唯心主义的法哲学和国家哲学及其当代含义》(Rechts- und Staatsphilosophie des deutschen Idealismus und ihre Gegenwartsbedeutung),拉伦茨才第一次在其作品结尾时没有援引宾德尔,而是援引了民族社会主义。[18]当然,宾德尔对拉伦茨的影响在拉伦茨分析黑格尔哲学时继续存在,宾德尔和他的学生拉伦茨之间就存在这样联系。在第三帝国期间完成的作品中,拉伦茨再次涉及黑格尔哲学,尽管这时他对此作出不同解释。即使1945年之后,黑格尔对拉伦茨作品的影响仍然有所表现。他基于其法哲学完成了战后时期的教义作品,其教义灵活性是从黑格尔哲学发展出来的。他的学生迪德里希森(*Diederichsen*)后来说,拉伦茨主要是在借助于概念把握和控制现实方面得益于黑格尔,因此他在解决教义问题时从未站在极端立场上。[19]拉伦茨在其《法学方法论》(Methodenlehre der Rechtswissenschaft)第一版中自己将其科学贡献归功于黑格尔,他在其中将法学类型化的概念作为黑格尔具体——一般概念的纯粹表现形式,当然在其生平结束之时,他回避了黑格尔哲学。拉伦茨的作品以一种示范性方式受到法学和哲学问题结合、法学和哲学思维结合的影响。这种双重印迹像一根红线贯穿拉伦茨一生。

(二)关于民族社会主义时期

1. 概说

法哲学在拉伦茨的生活和作品中这种重要意义和作为黑格尔主义者的知名度可能对他受聘于基尔大学(Universität Kiel)有实质性帮助。他在那里最初担任哲学家格哈特·胡塞尔(*Gerhart Husserl*)的讲师职位的代理人,到1935年他成为法哲学教席的担当人。这种发展得益于1933年4月7日《重建职业公务员制法》(Gesetz zur

Wiederherstellung des Berufsbeamtentums）体现的民族社会主义高校政策和人事政策，该法旨在使民族社会主义者能够将他们不喜欢的教授从高校驱逐出去。这些人中也包括犹太人胡塞尔。从 1936 年到 1938 年，拉伦茨担任基尔大学法学院院长，1941/1942 年担任法学院副院长，并且担任法学研究所法哲学分部负责人。在基尔时期，他首先是主持民法、民事诉讼法和法哲学的讲座课。此外，他还致力于修订培养方案，使之按照"现实生活领域"安排法学的教学材料。1935 年这种学习改革成为现实。古典的、按照《德国民法典》各编设计的讲座材料划分不再适用，取而代之的是历史和民族、阶级、国家和法律交往等范畴以及合同和不法行为、土地、商品和货币、精神产品和商业以及营业等下位范畴。这样做的背景是努力使法律学说与团体、民族、义务、忠实和荣誉等基本概念相适应。这项改革实施后，拉伦茨于 1936/1937 年写了他的第一部教科书《合同和不法行为》[20]供其同名讲座课使用，这是他在民族社会主义时期为数不多的实体法作品。这个时期他大部分作品都是研究法哲学和法理论问题。作为例子，可以举出其作品如 1935 年的《民族精神和法》，[21]1934 年的《德意志法律革新和法哲学》[22]和 1938 年的《论民族法律思想的内容和方法》。[23]总的来说，1932 年至 1939 年间是拉伦茨创作的一个高产期，这表现在他独立发表的作品、合集中作品和杂志上的作品。到 1945 年时，他所发表的作品数已经超过了 100 部。

在 1938 年，拉伦茨成为民族社会主义德意志讲师联盟的（des NSD-Dozentenbundes）成员。当然，引人注目的是他（在 1937 年）加入希特勒的政党，即民族社会主义德国工人党（NSDAP），相对较晚。在同一年，他还决定与（以民族社会主义为根据的）德国法研究院合作并参与其民族法典起草工作。这种情况下，他在 1940/1941 年参加了"损害赔偿法委员会"（Ausschuss für Schadensersatzrecht）。[24]

自1939年起,拉伦茨就倾向于对民族社会主义持批评立场。仅仅一年后,他就已经准备好权力交替并且不再相信"最终胜利"。[25]这也是为何他1941年拒绝布拉格卡尔大学(die Karls Universität in Prag)聘任邀请的理由之一。他在第三帝国时期最晚的作品,即1943年《道德与法》(Sittlichkeit und Recht)中,终于表现出他开始逐渐抛弃民族社会主义国家并且又回到了保守主义的国家图景。但直到纳粹统治结束,他在行动上都保持中立。之所以出现这种转折,某种程度上也许是因为认识到了将不能实现他和"基尔学派"同事们在基尔就职时想要实现的目标。

2. "基尔学派"

基尔学派成员于1933年提出,应当根据民族法律思想革新法律。[26]将整个学院或者大学置于为科学的意识形态化和政治化而服务的地位,是民族社会主义者的一项实验。[27]为此,他们首先聘任年轻热心并且符合制度要求的教授和讲师到基尔任教,同时让那些过去非常自由主义的教师停职、调职或者退休。诸如瓦尔特·许金(*Walther Schücking*)、维尔纳·魏德迈(*Werner Wedemeyer*)、赫尔曼·坎托罗维奇(*Hermann Kantorowicz*)和格哈特·胡塞尔(*Gerhart Husserl*)等教授被取而代之,格奥尔格·达姆(*Georg Dahm*)、恩斯特·鲁道夫·胡贝尔(*Ernst Rudolph Huber*)、卡尔·米夏埃利斯(*Karl Michaelis*)、弗里德里希·沙夫施泰因(*Friedrich Schaffstein*)、沃尔夫冈·西伯特(Wolfgang Siebert)还有卡尔·拉伦茨则到了基尔。拉伦茨到基尔去,可能是由于受那个时代普遍存在的亢奋和热情的感动,当然,其中也有使他自己的职业更进一步的机会。他属于1933年受聘的第一批人,与达姆、胡贝尔一起构成基尔学派的核心。他们任教的学院,应当是民族社会主义者的"先锋学院",民族社会主义的理念应当自该学院传播到整个德意志帝国。[28]对这所学院的期望是使基尔大学成为将年轻人培养得无条件忠于政权的摇篮,进而使其他大学能够提供政治上可靠的新生力量,从而最终影响那些有影响力但又难以受到影响的法学院。另外,教学生的老师应当完全代表民族社会主义学说并且能够向学生传播这些学说。

1933 年 10 月,拉伦茨在一封信中表明,他完全清楚自己受聘基尔的政治背景并对在基尔工作心存矛盾。他写道,他担心能安心工作的时间越来越少,因为还要考虑政治方面。[29]他这样估计是有道理的。在 1934 年他就直接有涉于此。起因就是他发表在《德意志文化哲学杂志》[30]上的论文"民族精神和法"。民族社会主义者在他超越卡·弗·冯·萨维尼及其学派转向黑格尔并由此成为法理念的导师的努力中看到了对他们的世界观的一种潜在攻击——一种挑衅。因此,拉伦茨接到当时的基尔大学校长通知,人们将无法继续容忍这种行为。民族社会主义学生联合会的领导人甚至威胁,如果拉伦茨继续传播黑格尔哲学就将抵制他的讲座课。[31]然而这是学生们对拉伦茨仅有的一次公开抗议,因为从此以后他的作品就顺应了民族社会主义的世界观。[32]他和他基尔的同事们继续从事民族意义上的法律革新工作。他们为此还创建了"青年法律教师基茨山营地",[33]旨在通过在营地的经验使新的、承载民族社会主义精神的法学取得斗争胜利并推进他们所维护的法律观念。[34]拉伦茨将在那里做的某些报告以书面论文形式出版。

当然,不应当过高估计基尔法学家对民族社会主义者的影响。他们受聘的目标是设计一种新的法律制度并在其中显示其学说。这项计划却从未变成现实,正如民族法典的粗鄙说明中所表现的那样。[35]因为民族社会主义者对巩固和实现这些学说没有兴趣。他们之所以使用基尔法学家们创造的观点和理论,只是为了继续巩固他们的权力地位并且使他们及其行为正当化。"基尔学派"的成员只是由于培训法学家后备人才而对实务产生了持续影响。仅仅几年之后,基尔学派就由于教授们转聘其他大学而消失了。第三帝国结束时,唯拉伦茨一人坚持在基尔,而在这整个期间内他从无任高校教师之外的追求。

3. 代表学说

作为高校教师,他所参与的工作主要是民法和法哲学领域的民族法律革新。在这方面他参加的主要是对可能的革新提出理论——思想上的方案,很少涉及现实日常生活中如何实施这项新思想方案。[36]拉伦茨以民族秩序的共同利益和实际生活事实指导其民法教义。[37]他想抛弃作为民法基础因素的个人自由。[38]他拒绝法律概念的形式化定义。相反,法律所根据的应当是作为其载体的具体共同体同时还应当与其最高规范相联系。[39]因此,“通过改变概念来改变法律”是拉伦茨的座右铭。[40]他创立了关于具体——一般概念的学说,这个学说也受到了黑格尔影响。因为拉伦茨将具体概念的逻辑认为是黑格尔概念学说在法学中的转译和适用。对黑格尔而言,概念是全部生活的原则,因此也是具体情形的原则。[41]他是从概念的法律创生力出发的。在拉伦茨关于具体——一般概念的学说中,这种黑格尔主义概念观发生的影响在于,本质上相互一致的生活现象通过现实的生活事实应当在概念上相互区别并加以概括,而没有淹没在一般概念的抽象性中。为此,他使用的工具不是具有决定性的整体而是类型,因为整体的具体因素存在于类型之中,它包括了与目的相适的进程、在较高级的整体中有决定性的功能和民族的生活秩序。[42]各种类型是具体——一般概念在生活现实中存在的对应物。这些类型组合成真实存在的类型系列,拉伦茨由此得出了具体——一般的概念,这些概念不是在描述,而是在形成。这样,拉伦茨使生活现象和法律制度服务于为民族秩序的共同利益而服务了。

因此,对于个人的法律地位而言具有决定性的就不再是其"为人",[43]而是其"为具体成员"。[44]决定某物的法律关系的是使该物处于与共同体的使命相称的地位。[45]作为例子这里可以举出所有权的概念。根据《德国民法典》的设计,所有权被认为是人对物的全面支配权。[46]拉伦茨看到了其中的过度形式化:它对权利的抽象仅仅是从该概念的法律含义和特性,即从其含义,对其加以认识的。其实,所有权的含义可能只是从其在共同体中负担责任的义务地位和法律地位对其进行界定。因而,所有权就应当理解为"社会为使作为社会中负责任的人的个体履行其道德使命而托付给他的财产"。[47]

拉伦茨如何通过具体——一般概念的学说和由此得出的结束个人化并使个人主义受共同体约束从而为民族社会主义理念服务,在其关于人的权利能力的观点中表现得很清楚。这一点也表现在拉伦茨对个体在社会中的地位的认识上。他甚至到了要求改变《德国民法典》第 1 条并将其置于法律制度首位的地步。按照他的建议应当做如下行文:"只有民族成员才具有权利能力;具有德意志血统的人,是民族成员。"[48]事实上,这与将民族社会主义德国工人党党纲第 4 条的措辞转化成法律规定并无不同,使民族社会主义德国工人党的党纲直接成为了法律纲领。他宣称"外国人"作为客人只享有派生的和限制的权利能力,这种权利能力可以使他们在很多关系中与法律成员平等,但它是经共同体成员同意而授予的,即取决于有权利能力的人。[49]这种主张使拉伦茨在第二次世界大战后的德意志联邦共和国引起争论,很多涉及他在第三帝国的立场。[50]

这种共同体思想在民族社会主义时期继续存在于拉伦茨的国家观中。对他而言,国家是民族的鲜活意志。国家旨在展示民族共同体并且是世界历史使命的民族精神载体的意思机关。[51]这种国家由其成员的道德观念而产生,因此与真实的道德集体并无不同。[52]道德性在这种情形下当然不是绝对并且永远有效的,而是在历史中展示出的精神,它总是以某特定民族作为其发展载体。[53]拉伦茨将作为"通过血缘和土地、文化和历史而形成的民族共同体的意志统一体"[54]的国家及其民族描述为最高法益。他由此得出结论认为,法律也只是为共同体服务的。法律在他的理解中是某种现实,是民族生活中的一种现实权力,生物人是共同体的一部分,作为民族意志的外表受到了民族性的限制。[55]因此,当他提出国家法优先于市民法,私法应当置于公法之下时,也就不令人吃惊了。[56]

4. 拉伦茨是"纳粹"吗?

正是由于这种对国家和个人法律地位的观点和具有民族社会主义色彩的用词选择,60 年来关于拉伦茨在第三帝国中的地位和影响才多次引起论争。这种讨论在他去世不久因为 1987 年他写给拉尔夫·德赖尔(Ralf Dreier)的一封信的出版再次激烈起来。[57]在这封信中,拉伦茨想说清楚他在民族社会主义中的作用。他写道,他自己和宾德尔的其他学生虽然有民族主义的思考,但却不能被认为是民族社会主义者。早在到基尔任职前,他就得到了威廉·阿尔曼(*Wilhelm Ahlmann*)[58]的支持。阿尔曼曾对他提示如下:"因为人们现在对民族社会主义者已经得到权力不可能再改变,就必须努力将他们带到理性的道路上。他们迄今还没有国家和国家理念的适当立场。为帮助他们树立这些内容,应该让他们了解法和国家哲学(注:正如拉伦茨在其关于法和国家哲学的作品中用德意志唯心主义所描述的那样)……采用的方式是通过这种方式能够从中重现并接受它。"拉伦茨应该也是这样考虑的,即正在形成中的国家不仅仅建立在权力思想之上,还应该建立在唯心主义法和国家哲学的伦理基础之上。当最终成为《逻各斯》的编者时,他相信实现这项使命的工具已经到手了。拉伦茨在致德赖尔的信中承认,认为用这种方式就可以影响民族主社会主义者是非常荒唐的,也脱离了现实,他本就不应该接受阿尔曼的建议。

拉伦茨难道完全不是民族社会主义者?他难道只是想限制民族社会主义并使之受一种过于实证的法理念的约束?德赖尔发表他的来信,因为德赖尔相信是这样的。拉伦茨描绘的真实内容的间接证据是拉伦茨写这封信的时刻。他在不久于人世之时"出于信任"写这封信,[59]这是该信内容与真相相符的证据。"出于信任"的东西,不能不真实。此外,基尔学派的其他成员卡尔·米夏埃里斯和弗里德里希·沙夫施泰因也证实了拉伦茨描绘的过程。[60]他的学生如克劳斯—威廉·卡纳里斯、乌韦·迪德里希森或者于尔根·普勒尔斯(*Jürgen Prölss*)等也不相信拉伦茨是纳粹政权的支持者。卡纳里斯提到,拉伦茨在与他的学生们谈话时说,他使纳粹国家受到了法治国原则某些核心内容约束并且对其非法治国的反常行为进行了抵制。[61]科勒是这样为拉伦茨的行为道歉的:他没有及时认识到,当权者并不认为法律是以道德为基础的秩序并且为了他们那受人鄙视的理念而滥用了法律,据说后来这些他都遭遇到了。[62]迪德里希森写到,他不相信他能通过概念而对现实发生影响并使纳粹当权者保持在一定限度内而进行抵抗。[63]作为反对将拉伦茨归入"纳粹"的其他间接证据,可以举出的是他相对较晚才加入民族社会主义德国工人党和他对待犹太人的态度:他毫不厌恶他们并且对待他们与对待其他人一样。

当然,如此积极评价拉伦茨的作品在文献中受到了激烈批评。霍斯特·海因里希·雅科布斯(*Horst Heinrich Jakobs*)就非常怀疑信件所述的真实性。他写了一篇论文以回应发表这封信。他在该文通观了拉伦茨在民族社会主义时期的作品及其内容,相信这些就可以表明拉伦茨是那个政权的支持者。在德赖尔公布这封信之前,贝恩德·吕特尔斯(*Bernd Rüthers*)就在他的《堕落的法律》[64]和《无限解释》[65]两书中用相同方式证明了拉伦茨卷入了民族社会主义。雅科布斯写道,拉伦茨"为那个没有接受充分教育的小团伙及其追随者效劳并且给他们出具了法律和国家理念关系方面的成绩单"。他所服务的政策应当归咎于那些有幸得到了科学知识的人。约瑟夫·科克特(*Joseph Kokert*)还对德赖尔公布的书信的真实内容表示怀疑。[66]德赖尔提出应当信赖的理由经不起推敲,因为早在拉伦茨60年代写给卡尔·迪德里希·埃德曼(*Karl Diedrich Erdmann*)的一封信就有相同内容并且也发表了。此外,科克特还提出,拉伦茨注意到了尤斯图斯·威廉·黑德曼(*Justus Wilhelm Hedemann*)的警告之语,[67]但其行为并没有改变。批评者发现,拉伦茨信中所言与其在纳粹主义时期言行自相矛盾,因此他们宁愿不相信该信的内容。

5. 总结

我们现在要最终评价拉伦茨的角色时,这可能是一个信仰问题,还有待解决。从文献中和拉伦茨自己的那些相互矛盾的观点和陈述看,完全可以将他看作"纳粹",尽管可以相信他会努力将民族社会主义者的行为限定在一定限度内。或许是他在第三帝国主张的一种观点就足以给他打上"纳粹的"印记。其他人可能相信他写给德赖尔的信件中的事实性。应当注意的是,他对民族社会主义者的影响有时会备受争议。例如,科克特就认为,拉伦茨在这一时期出版的作品绝大多数没有起什么作用,对司法判决和民族社会主义德国工人党没有什么影响,因此至少不能称之为第三帝国的"王冠法学家"。[68]

(三)1945年之后

第二次世界大战结束后,拉伦茨仍然待在基尔。当然,由于卷入了民族社会主义,1945年后他最初没有继续在大学工作,1947年夏季学期到1949/1950年冬季学期他被排除在教学活动之外。英国军政府本来应该让他退休。[69]这也是1933年被拉伦茨接替其职位的胡塞尔所追求的结果。胡塞尔在犹太人受迫害时移居美国，现在德国最高司令部临时担任德国的公共事务办公室法律事务部的高级顾问。[70]在1949年2月就有人对拉伦茨的继任人问题进行过咨询，但这项努力最终落空了。杜尔凯特曾经被认为是拉伦茨的继任人，但他拒绝接受该教席的邀请，并暗示在拉伦茨退休领取养老金后可能仍然说不清楚该问题。[71]胡塞尔在政治上平反后的努力也没有结果。人们谴责他不友好的行为，因为他"显然并且完全是因为个人理由导致拉伦茨的免职"。[72]

拉伦茨最终在1949年12月回到基尔大学，1950年重新取得其教席。他在这个夏季主讲了"《德国民法典》总则"讲座课和物权法新生练习课，并且主持了自然法研讨课。1957年他拒绝了明斯特(Münster)大学的聘书。到1960年，拉伦茨一直在基尔任教。这一时期，他出版了第二次世界大战后的首部大作，即以《交易基础和合同履行》[73]为题的专著，它实现了重新理解交易基础现象的突破。关于债法的两册教科书也是这一时期完成的。1960年他接受了慕尼黑大学的聘书，到1971年退休一直在那里。这一时期他又写了关于《德国民法典》总则部分的教科书、《法学方法论》和大量的论文、著作和报告。最著名的是关于《成功的法官造法的标志》(Kennzeichen geglückter richterlicher Rechtsfortbildung)的文章。在这一时期他的教科书和《法学方法论》通过新版不断完善。甚至到退休后他仍然修订这些书和其他作品的新版。第二次世界大战后他的科学工作重点领域因此也就是民法总论和法学方法论了。在60年代，他为了为联邦司法部审查水域损害的损害责任而接受了联邦司法部推动的损害法的现代化。即使退休后，他也定期与他的学生们在他的房子里共同开展哲学阅读。对他来说，与学生之间这种教义对话和方法论对话意味着很多。他对其学生承担了科学责任和人性责任并且给之以信念支持。他不仅仅关注他们在科学上的成长历程，还关注他们个人的家庭环境。拉伦茨在夫人去世后的最后两年深居简出，但对别人来访则非常高兴。[74]拉伦茨于 1993 年 1 月 24 日在慕尼黑旁边的奥尔琴根（Olchingen）去世，享年 89 岁。此前一天，他在从邮箱返回时摔了一跤，然后就再也不省人事。[75]

三、重要作品概况

（一）教科书概述

拉伦茨主要凭借关于《德国民法典》债法编和总则编的教科书就可以确保其身后仍然可以在法学中占有一席之地。卡纳里斯甚至称之为 20 世纪最优秀的法学教科书。[76]这种评价并非全无根据。这些书的地位和影响表现在它频繁更新版次，自出版以来一直是两到三年出一次新版并且经常被最高法院的实务所引用。债法第一册（总则编）已经出了第 14 版，[77]第二册的第一分册和第二分册分别出了第 12 版和第 13 版，[78]《德国民法典》总则编的教科书也出了第 9 版。[79]对此，拉伦茨并未将书出新版限定在简单更新，而是不断加以完善和扩展。他甚至不惜对先前版本所持观点再三斟酌并在必要时予以修订。拉伦茨在教科书上的成就首先应归功于他写作的文风。他的作品文风清晰而且容易理解，用以描述其思想的语言十分清晰。因此他的书具有内在联系，便于阅读和理解，对相关材料有生动介绍。这种流畅的文风标志着拉伦茨完全掌握了材料，很容易就将本来极端复杂但又相互联系的内容的结构以清晰、易于理解和生动的方式描述出来，将复杂的基本思想表述为清晰和便于理解的形式。这种合乎逻辑且可以理解的结构也因为拉伦茨努力使内容本身能够更加便于理解，令读者能够更好地理解其论述。与罗列关于某个问题各种观点的全部文献相比,他更重视独立地对所有问题深入思考并让读者共同思考和学习。因此他对基本制度和问题立场都成功地介绍了相关基础。由于充分掌握材料,拉伦茨成功地将难点置于书中适当位置并删除了确实不重要的内容。此外,教科书方面这些成就还是由于“生活实践的理性和理论所涉及的现实性”之间的一致性。[80]拉伦茨的书不仅仅成为了学生的必要学习读物,而且还成为实务工作者的重要参考书,他在书中综合了司法判决和实践理性。这些书界于简明教程和手册之间。拉伦茨亲笔完成了这些书中的重要内容。直到 1981 年他才将某些章节的修改交给“经过长期考验的助手”。[81]

1.《债法教科书》:总则和分则

拉伦茨在教科书方面取得成功始自于 1953 年出版《债法教科书—第 1 册:总则》。[82]1951 年出版社就曾委托他写一本债法方面的教科书。拉伦茨用作本书基础的材料是他撰写一部大型注释书时对债法部分所收集的材料及其《合同和不法行为》等书。第 1 版可以称作小型科学教科书。[83]其外在结构所根据的是《德国民法典》的结构,与《合同和不法行为》不同。然而这本教科书百分之六十的内容是在讨论《合同和不法行为》中已经讨论过的主题。以生活事实而不是规范为出发点进行论述的这种内在结构在《债法教科书》中也有,它是典型的拉伦茨的做法。由此可以直接进入《德国民法典》之外发展出来的法律考量和法律制度。这里可以举出他关于交易基础消灭的观点为例。关于债法总则的教科书出第 1 版仅仅 3 年后,关于分则的教科书就出版了。[84]这两本书很快就在文献上得到积极反响。被反复提及的是成功而便于理解的论述方式、拉伦茨成功的论述功底及其良好文风。[85]例如,罗尔夫·迪茨(*Rolf Dietz*)在其书评中誉该书第 1 版为过去一年该领域所写作品中最好的书。[86]弗里茨·豪斯(*Fritz Hauß*)称赞了该书第 2 册,因为拉伦茨在这册书中出色地处理了在法律事实考虑方面如何说清楚各种债的关系所具有的经济功能和社会功能,增强了对于典型利益状态和条文相互交错的认识,说明了法律规则所承载的原则并且通过案例和参引使读者对所讨论问题的其他解决方案共同进行了批评性思考。[87]只有尤利乌斯·冯·吉尔克首先表示了批评。[88]其他版本很快相继出版。每个版本都强化了教科书的名气和拉伦茨作为杰出的债法学家的名气。它成为了所有法学学生的标准文献,不久就归入了法学中最有成就的专业书籍并且对司法判决和文献具有了指导性。从第 1 版开始,这本教科书的篇幅就不断扩大。这本书的分则部分到第 12 版时的篇幅差不多翻了一倍,因此从第 13 版起分成两分册出版。

2.《民法总则教科书》

《债法教科书》取得成功后,拉伦茨受托撰写总则教科书[89]也就理所当然了。然而,拉伦茨最初对该建议并不太热情。他担心没有时间用撰写该书所必需的方式投入相关工作。他说,与其写自己不能胜任的书,他更喜欢不写关于总则的书。[90]当然他对这个主意也不是毫无兴趣。相反,他发现这项工作"很有诱惑力"。[91]他感到自己有一种系统论述法律行为学说的迫切愿望。拉伦茨相信,按照当代科学观念的要求,总则部分必须全部重写。他被应掌握材料数量之多和难度之大所吸引。他认为历史的、比较法的、哲学的和文献史的知识都是必要的,并想找出《德国民法典》各具体规范之间的重要线索并说明其分支变化。[92]出版社在 1956 年再次坚持由拉伦茨承担总则部分教科书的工作。出版社称,人们宁愿等上 5 年,也不愿将该项工作委诸他人。[93]最终出版社不得不又等了 11 年,直到 1967 年《德国民法典》总则部分教科书才出版。60 年代中期顺利完成这本书主要有两个原因:一方面是因为拉伦茨受聘到了慕尼黑,另一方面是因为 1965 年维尔纳·弗卢梅(*Werner Flume*)出版了专门讨论了法律行为的鸿篇巨制《民法总则》第2册。这本书研究的主题就是法律行为，而它也正是拉伦茨之所以撰写总则部分教科书的兴趣所在。因此拉伦茨的作品与弗卢梅的作品形成了持续性讨论。迪德里希森对此说，对“两位重量级法学家关于‘正当的’民法”斗争的经历是他担任助手时期“最深刻的印象”。[94]第1版印刷了10000册，仅仅几年即告售罄。该书至今已出了9版，经拉伦茨亲自修订的最后一版是第7版。

该书与其他关于《德国民法典》总则部分的教科书在内容上的区别之处在于其第一部分。这部分详细进行了法哲学分析，拉伦茨在此形成了一种法学理论的结构模式，它通过揭示其前提性原则而使实证法能够更好为人理解并使其结构更加显而易见。从第二部分开始他才集中讨论实证法。当然，拉伦茨在第2版中就放弃了这种将法哲学部分和实证法部分相互区分的做法。取代法哲学基础部分的是在导论中专设一章说明作为《德国民法典》人文基础的伦理人格主义。这本教科书在文献中很快就受到无与伦比的积极评论。沃尔夫冈·蒂勒（*Wolfgang Thiele*）称它将成为科学和教育学方面都能成功的“第一流的重要作品”，是法律行为学说方面在弗卢梅的综合性研究之后第二部具有决定性的伟大作品。[95]哈里·韦斯特曼（*Harry Westermann*）称赞这本书对于学生的价值在于学生们手里有了一本严肃地认为法学是人文科学、借助适当手段能使学生搞清楚的书，他们学习法学就不仅仅能够学到法律的内容，还能充分了解通说。[96]

（二）《法学方法论》

拉伦茨早在7年前就已经详细论述过了总则教科书中所表现的法教义学观点。1960年，他的《法学方法论》（Methodenlehre der Rechtwissenschaft）出了第1版，这是该领域中影响最大的作品之一。第6版，也是最后1版于1991年出版。从1983年起，该书出了学生版并且至今已出了第4版。[97]更有甚者,"普通"版被翻译成了许多语言,其中有葡萄牙语、西班牙语和意大利语,并且使他成为国际上广为人知的"具有世界声誉的学者"。[98]拉伦茨将其方法论系统化地区分为两部分:在第一部分,即历史评论部分,他介绍了萨维尼以来德国的方法论并且对具体人物及其学说表明了其态度。在此,萨维尼具有关键作用,正如与拉伦茨早期文献的认识那样,被作为法律渊源的不是制定法而是民族精神。[99]这一部分因为欠缺对纳粹时期方法论的任何参阅而受到批评。克劳斯·阿多迈特(*Klaus Adomeit*)这样写道,如果拉伦茨不愿意或者不能够使用他们那代人的经验、一项错误并且落空的活动经验,这会令人不快。[100]在学生版中,拉伦茨完全放弃了历史批评部分,并且限定在仅仅描述系统性的第二部分。第6版的第一部分尽可能地未做变动,但第二部分内容则有很大变化。当然,其思维结构得以保留。拉伦茨将其思维过程区分为几个部分:法律规范、法律规范适用于案件事实、实证法律规范的解释、通过法学和司法的法律续造以及概念形成和法学的体系。

从内容方面看,拉伦茨在诸多法学方法中拥护价值法学,他认为法学的使命是实现从实证法和超实证法所能提炼出的价值。尤其引人注意的是,在后来各修订版本中,他越来越强调法律约束的意义。此外,他还越来越远离黑格尔,在第6版中甚至去掉了黑格尔的引文。拉伦茨在其论述中几乎只引用私法教义。因此,他撰写一部全面的方法论的书的目标没有实现。

与其债法教科书不同,《法学方法论》并未在文献中完全获得积极反响。他被指责使用了不精确、弹性极大的概念,甚至可以用任意方式根据意识形态对其进行解释。恩斯特·希尔施(*Ernst Hirsch*)所举例证是对法律制度的理解。拉伦茨用这个概念把现行法当作是经由司法裁判具体化的法律规范以及做出该司法裁判的法律规范的感觉器官。所以,拉伦茨认为法是主观精神和客观精神的辩证统一。希尔施批评认为,这种定义表现了对政治滥用的顺从。[101]海因茨·瓦格纳(*Heinz Wagner*)也批评了这种认识,并从中看出拉伦茨的思想在方法论方面仍沿延续了民族社会主义时期的见解。[102]

另外,《法学方法论》也被赞为是"值得注意的作品",它的语言清晰明白、生动而且引人注目,这就使读者完全能跟得上通常不很简单的思维过程。[103]希尔施也惊讶于其语言的清楚和条理。正是由于这一点,德国权威民法学家的学说及其学派再次重现并且相互对立起来。迪德里希森甚至称它属于"描述思想史的杰作"。[104]他对经由法学和司法裁判的开放的或者隐藏的法的续造的描述,尤其应当重视。不管如何评价该书内容,拉伦茨的《法学方法论》对司法裁判和文献所产生的影响,都是其他相同主题的书籍所无法达到的。对于提升方法论在一般法律意识中的重要性并确保公认规则的位阶,它做出了实质性贡献。拉伦茨的《法学方法论》今天在法学中是关于法学方法论的标准作品。

(三)《正当的法》

与前述作品不同,拉伦茨没有将其《正当的法》这部作品[105]作为教科书或者法律适用实务方面的书。这是他最后一篇比较重要的论文。在该文中,他写下了自己年满76岁时对于"正当的法"的哲学信条,因此,该作品可以被认为是他创作的最后篇章。[106]他在本书中再次涉及先前文章中曾经提到过的或者说作为其基础的前思的很多内容,并且对它们进行了最终总结。这样做是想突出法伦理学基础。在他看来,只有在法学和哲学之间架设一座桥梁才可能实现这一点,因此,他为其论文所确定方法论原则的基础就是在法哲学和实证法之间不断交替地进行详细解释。

他对正当的法的理解以可归因于作为理念效力的基础的某些特定法律原则。当然,按照他的见解,这些原则并不要求发生最终效力,至多只要求现在尽可能有的效力,而这种效力通常发生在完全理解这些原则之后。[107]因此,他认为还可能附加其他法律原则并按照时代要求的方式将众所周知的原则具体化。[108]对此,只要考虑一项或者多项原则的使命即可。这项原则可能意味着一种退步,他希望这种退步"为人性所容忍"。[109]"正当的法"的原则没有改变,改变的只是对它的认识以及通过它在实证法中具体化而得以实现的方式和程度。[110]他将以下原则称为"正当的法":相互尊重的基本原则、个人领域在合同中以自我决定和自我约束为基本思想的原则、等价利益原则和信赖原则。此外,还有刑法中的过错原则,公共领域的下位原则包括参加原则、同等处理原则和比例原则以及诸如权力控制限制、国家机关受法律约束等法治国家原则或者法治国家程序原则等下位原则。这些原则的最终目的应当是促成法律和平。因为确保法律和平所需要的法律,不仅仅作为统治技巧的法律,而是受正当性指引的法律。[111]

拉伦茨通过《正当的法》创作出一部表现他在哲学领域个人发展的作品。不同于此前作品,该书不仅仅受到黑格尔影响,至少同样还受到康德影响。通过对德意志联邦共和国的表白和对纳粹专制以及企图重新确立这种专制的谴责,他进一步抛弃了黑格尔。当然,他仍然坚持国家表现最高价值这种保守的国家形态。《正当的法》是一部由退休教授撰写的作品,拉伦茨正是由于它才得以在其生前再次概括其法哲学观点。

四、拉伦茨对当代司法、学说和文献的影响

(一)概说

拉伦茨对其毕生事业有恰如其分的批评性评价。"我毕生的理

想是写一部黑格尔法哲学评论。我做到了什么？一部很快过时的债法教科书和一部不那么快过时的法学方法论。”[112]不过，这种否定性自我评价几乎完全不妥当。虽然他那些书可能随着时间流逝而过时，但他对司法、学说和立法的影响却使他在德国法学几近于“不朽”。正是这些书才使拉伦茨在其死后仍然继续存在于法律现实中。对于他的书的地位和影响，如何评价都不为过。它们深受学生欢迎。几乎没有哪个学生的民法家庭作业会不引用拉伦茨。直到今天，他的书经过卡纳里斯续写之后仍然属于学习用书中的标准作品。经由学生阅读，拉伦茨对后代律师、法官和其他法学家产生了巨大影响并且找到了进入日常法律生活中的途径。此外，他的书还在实务中产生很大反响。这一点首先表现在它们经常被司法判决引用并且被翻译为很多语言。在方法论领域，没有哪位作者像拉伦茨那样被频繁引用。如果法庭判决中出现了方法论的内容，八成以上是因为法庭采用了拉伦茨的法学方法论作为支撑。援引拉伦茨观点的，不仅有联邦最高法院（BGH），联邦财政法院（BFH）、联邦社会法院（BSG）、联邦宪法法院（BVerfG）、联邦行政法院（BVerwG）、联邦劳动法院（BAG）、不同审级的民事法院的判决书以及向欧盟法院（EuGH）提出的终局申请都参照了拉伦茨的法学方法论。联邦财政法院甚至直接以拉伦茨的法学方法论为基础并且广泛使用了这个方法论宝库中的内容，例如，扩张的文意解释、目的解释、立法者意思的客观化、按照其意思参照适用条文等。

他在实证法中发展出来的那些法律制度在司法实践中也受到欢迎。他在过去50年中对联邦最高法院产生了巨大影响，今天，人们对此已经毫无争议。下文将给出拉伦茨对法学发生影响的几个例子。

(二)举例

1. 基于社会典型行为发生合同关系的学说

在德意志联邦共和国早期,拉伦茨就因其基于社会典型行为发生合同关系的学说对司法产生了重要影响。该学说可以追溯到君特·豪普特(*Günter Haupt*)的事实合同理论。这种学说中“基于社会典型给付义务产生债务”的思想是拉伦茨从社会典型行为作为负担基础的学说发展出来的。[113]该学说认为,在大规模交易情形下,即使没有意思表示也可以通过接受给付而完成缔约。[114]拉伦茨提出该学说后,联邦最高法院结合行为相矛盾的抗议无效(protestatio facto contraia non valet)的学说,引入了基于社会典型行为缔约的学说。[115]某人明示反对受领某给付行为的法律行为性质却又受领该给付,就属于这种情形。它所涉及的情形包括没有买票但乘坐交通工具的情形和明示不愿支付停车费但将车停在停车位的情形。这种观点对50年代的司法裁判产生了决定性影响。当然,今天再也找不到其追随者了。拉伦茨自其总则教科书第7版起也放弃了这种观点。取而代之的是,今天人们认为,某人受领某项给付可以推断出他发出了一项与提供给付之人缔结相应合同的要约。[116]如果给付受领人表示他将不予支付,这就涉及一项难以察觉到的保留,即他不愿负担的不是合同本身,而只是报酬义务。[117]

2. 交易基础学说的新说明

几乎是在基于社会典型行为缔约学说过时的同时,拉伦茨关于交易基础的学说却在法律中得到了确立。交易基础学说最初源自于20年代货币贬值和随之而来的问题。然而,保罗·厄尔特曼(*Paul Oertmann*)当时认为交易基础只是主观的。[118]拉伦茨第一次提出了主观交易基础和客观交易基础的区别。他认为主观交易基础是合同当事人据以缔约的特定共同想法和期待。[119]与之相对,客观交易基础是一种客观上必然存在的或者持续的情况,合同因此才能作为合理的规则而存在。[120]如果作为合同中给付和对待给付前提而存在的关系被破坏,以至于不能再主张对待给付就是可以理解的(等价利益)或者客观上双方合同目的暂时无法实现(合同目的不达),这种情况就消失了。作为法律效果,拉伦茨最初认为合同无效,但他很快就修正了自己的观点,认为只有不可能调整合同时,才发生无效。他赋予合同通过私人自治实现利益交换和补偿的社会功能。[121]合同功能决定着合同效力的范围及其限制。合同不再能够实现其功能时,就应当允许当事人不再坚守"契约应当遵守"(pacta sunt servanda)的原则,因为这已超出了该原则应有之义。[122]

债法现代化改革之前发展出来的交易基础学说被归入《德国民法典》第242条的诚实信用原则之下。因为根据这项原则,在情况发生变化时,当事人只需要根据诚实信用的要求提供给付即可,由此,所负担义务可以变化,甚至可以抛弃全部给付或者以相应形式提供。弗卢梅批评了拉伦茨这种观点,认为通过正确适用《德国民法典》条文也可以找到这个问题的相应解决方案,因此并不需要借助于交易基础丧失的法律制度。适用这项法律制度所导致的结果只能是,人们不再认真对待合同并且也不再努力从合同出发去寻找合适的解决方案。[123]当然,实务中赞同这种批评的人不多。司法裁判中有关案例用的仍然是交易基础丧失制度。立法者在2002年债法现代化时最终承认了审判实务。《德国民法典》第313条新规则中交易基础丧失既包括主观交易基础也包括客观交易基础,并且在法律效果上符合拉伦茨的观点。根据该观点,如果具有可归责性,当事人就可以主张调整合同内容。

3. 补充性合同解释

拉伦茨认为,补充性合同解释优先于交易基础丧失学说,它是一种不同于交易基础丧失的法律工具。[124]拉伦茨将补充性合同解释认为是从合同自身目的关系中发现合同的最终想法。它仍被认为是对《德国民法典》第157条的解释,因为它不得与当事人已经协商一致者相矛盾,也不得与法官所认为的当事人作为合同基础的最终评价相矛盾。[125]当然,适用这种解释的前提是存在规则漏洞。如果当事人所约定规则中没有规定实现作为基础的规则计划所必需的规则,拉伦茨就认为存在漏洞。[126]这样,补充性合同解释使填补基于个别法律行为语境的漏洞成为可能。拉伦茨认为,补充性合同解释只有在法律对该合同没有任何规定或者具体合同不符合立法者所想象的生活类型时才可以适用。[127]补充性合同解释在今天广泛适用于没有相应法定类型规制的现代合同类型。[128]

4. 效力理论

拉伦茨因其法律行为学说,尤其是因其所首倡的效力理论,而对德国法学产生了决定性影响。它被认为是与法律学说中著名的意思说和表示说相对立的模式,并且一度成为通说。在19世纪,仍然是萨维尼式的意思说占上风。该学说认为,意思表示生效,除需有表示外还需有相应意思。[129]与之不同,表示理论则认为,重要的是以表示的应有之义和诚信原则的应有之义为根据。[130]通过效力理论,拉伦茨采取了第三条道路,认为意思表示是一种有效的效力表示,即如果只涉及将指向实现某法律效果的意思予以公告,那么,意思表示就尚未发生法律效果,还需要表意人具有所谓法律上受拘束的意思,才能生效。有效的行为同时也应当是法律行为性质意思表示的效力基础。当然,意思表示的事实构成也不仅仅表现为法律关系的最终形式,客观上还可以表现为一种实现法律效果意思的行为,只要行为人根据具体情况可以并且必须做出这种解释即可。[131]这种观点成了通说,司法裁判原则上也以拉伦茨的学说见解为根据。帝国法院就已经承认,当事人只能按照对方当事人根据诚实信用和交易习惯所能理解的意义主张其表示所具有的意义。[132]联邦最高法院原则上也采效力理论,当然有所限制,它承认了以《德国民法典》第119条、第157条为根据对表示受领人的信赖保护和交易安全,因此,效力中所确定的法律效果,表意人即使没有想到仍应受其拘束,同样应予重视的是,即使表意人不知也应受其拘束。[133]如果仔细考虑就会清楚发现,联邦最高法院的司法裁判大体上也符合拉伦茨的见解,即表意人通过解释其表示而应认其为意思表示时,效力理论就应当受有利于表示受领人的限制。

5. 具有保护第三人效力的合同

对于解决两人没有意思表示但其中一人却可以对另一人基于合同主张请求权问题,拉伦茨也做出了重要贡献。它涉及所谓附保护第三人效力合同。由于相对人应向合同当事人之一提供的给付涉及第三人,该合同使该第三人在实施合同中受损害时享有自己的合同损害赔偿请求权。[134]拉伦茨的功劳在于,他并未将债务人对第三人所负法律行为性质的责任认为是实施了一项真正地有利于第三人的合同,因为第三人自己并没有取得给付请求权。[135]确切地说,它涉及一种法律没有规定但其法律效果一定程度上有利于第三人的不明确的合同类型,对此可以在一定范围内适用《德国民法典》第328条以下条文。联邦最高法院现在也是根据拉伦茨的意见而采用了这种见解。[136]

司法裁判用以说明保护效力的理由,长期以来就是拉伦茨提出的"幸福和痛苦公式",即如果债务人对第三人的幸福和痛苦负共同责任,就可以具有保护效力。[137]当然,新近的判决对此有所改变,认为只要合同债权人承认对第三人有保护利益就可以了。[138]不过,对其法教义理由仍然存有争议。通说赞同拉伦茨的见解,认为,附保护第三人效力合同所根据的是诚实信用,它可以被认为是对实证法中典型合同类型的补充,是法官根据《德国民法典》第 242 条进行的法律续造。[139]而司法裁判在这种情形则进行补充性合同解释,并将假定的当事人意思作为第三人请求权的基础。虽然有时与拉伦茨的见解不同,但司法裁判基本上还是受到拉伦茨影响,仅仅这一点就足以表明他是“附第三人保护效力合同”这种表达方式的创始人,[140]而在今天的法学中,人们已经对这种表达方式达成一致,使用这种表达方式也已经极其自然。

6. 瑕疵结果损害

还有一个概念,今天人们用起来很自然的,它同样是拉伦茨“发明”的,这就是瑕疵结果损害的概念。他用这个概念说明买受人因瑕疵买卖标的物以相当因果关系方式而在诸如健康或者所有权等其他法益上所受的损害。[141]它的名称与附随损害或者超越履行利益等概念相对,获得承认。瑕疵损害结果的概念应当与瑕疵损害的概念相区别。拉伦茨根据受损害财产进行了区别。这种界定在今天很多注释书中都可以发现,例如,最新版《帕兰特民法注释书》。在这部注释书中,魏登考夫(*Weidenkauff*)将瑕疵结果损害描述为通过无瑕疵继续履行不能除去的损害和买受人因继续履行能够除去的瑕疵而在买卖标的物外的其他法益所受的损害。[142]最初是帝国法院开始区分直接损害和间接损害。为解决《德国民法典》旧文本第 463 条第 2 款和第 480 条关于积极侵害合同责任的竞合关系,也有必要进行这种区分。只是经过了拉伦茨,司法裁判才引入了瑕疵损害和瑕疵结果损害这对概念。

五、总结和评价

正如以上诸例所表明的那样,当代德国法学已经不可能缺少拉伦茨的观点了。他无疑应该属于 20 世纪最有影响的德国法学家。

特别是在民法、方法论和法哲学方面的大量作品进一步确保了他的名声。这种成就也只有在拉伦茨将其毕生都贡献给法学时才成为可能。“生命对我来说就是劳动”,[143]拉伦茨曾经这样说自己。这句话也清楚表明,法学工作在其生命中的地位如何之高,拉伦茨如何关注于法学而对其他事物兴趣如何之少。当然,除此之外还有哲学,它影响了拉伦茨的创作并成为其作品的基础。如果不是第三帝国时期在基尔担任教授,今天他在德国的威望应该还会高得多。当然,虽然生平有这个“污点”,仍不能贬损拉伦茨在德国法学史和当代德国法学上的杰出地位和重要意义。

注释

1 关于拉伦茨生平和经历的信息来自于:乌·迪德里希森(*U. Diederichsen*):“法学家画像:四十年来的出版社和作者”(Juristen im Porträt. Verlag und Autoren in 4 Jahrzehnten),载《C. H. 贝克出版社成立225周年祝贺文集》(Festschrift zum 225 jährigen Bestehen des Verlages C. H. Beck),慕尼黑(München),1988年,第495页至第510页;拉·弗拉泽克(*R. Frassek*):“论法的‘民族生活秩序’——卡尔·拉伦茨债法文章中世界观上目标的转变”(Von der ‚völkischen Lebensordnung' zum Recht-Die Umsetzung weltanschaulicher Programmatik in den schuldrechtlichen Schriften von Karl Larenz),博士学位论文,巴登—巴登(Baden-Baden),1996年; 约·科克特(*J. Kokert*):“卡尔·拉伦茨的类型的概念”(Der Begriff des Typus bei Karl Larenz),博士学位论文,柏林(Berlin),1995年;克—威·卡纳里斯(*C.-W. Canaris*)的评价和悼词,载《法学家报》(Juristenzeitung,JZ),1970年,第257页及下页;克—威·卡纳里斯,《法学家报》,1983年,第402页;克—威·卡纳里斯,《法学家报》1993年,第404页至第406页;乌·迪德里希森,《新法学周刊》(Neue Juristische Wochenschrift,NJW),1993年,第902页及下页;埃·洛伦茨(*E. Lorenz*):《保

险法》(Versicherungsrecht,VersR),1993 年,第 420 页;赫·科勒(*H. Köhler*),《保险法》1993,第 420 页及下页;拉·弗拉泽克:“卡尔·拉伦茨(1903—1993)——民族社会主义和战后德国的私法学者”[Karl Larenz (1903 – 1993)-Privatrechtler im Nationalsozialismus und in Nachkriegsdeutschland],载《法律学习》(Juristische Schulung,JuS),1988 年,第 296 页至第 301 页;拉·德赖尔(*R. Dreier*):“卡尔·拉伦茨谈他在第三帝国的立场”(Karl Larenz über seine Haltung im Dritten Reich),载《法学家报》,1993 年,第 454 页至第 457 页;霍·海·雅科布斯(*H. H. Jakobs*):“卡尔·拉伦茨和民族社会主义”(Karl Larenz und der Nationalsozialismus),载《法学家报》,1993 年,第 805 页至第 815 页;于·普勒尔斯(*J. Prölss*):“对雅科布斯关于卡尔·拉伦茨的文章的回应”(Erwiederung aus Jakobs' Beitrag zu Karl Larenz),载《法学家报》,1994 年,第 33 页及下页,霍·海·雅科布斯对此的结束语,《法学家报》,1994 年,第 34 页;约·科克特:“书信,笔下历史——卡尔·拉伦茨和民族社会主义时代”(Briefe, die Geschichte schrieben-Karl Larenz und die Nationalsozialistische Zeit),载《近代法律史杂志》(Zeitschrift für neuere Rechtsgeschichte,ZNR),1996 年,第 23 页至第 43 页。

2 乌·迪德里希森,《新法学周刊》(注 1),第 902 页。

3 卡·拉伦茨:《法律行为的解释方法》(Methode der Auslegung des Rechtsgeschäfts),美因河畔法兰克福(Frankfurt am Main),1930 年。

4 第 1 版,柏林,1931 年。

5 “论法哲学和政策理念史”(Beiträge zur Rechtsphilosophie und zur politischen Ideengeschichte),载卡·拉伦茨主编:《宾德尔祝贺文集》(Festgabe für Julius Binder),柏林,1930 年,第 5 页以下和第 243 页以下。

6 尤·宾德尔、马·布塞、卡·拉伦茨(*J. Binder/M. Busse/K. Larenz*):《黑格尔法哲学导论》(Einführung in Hegels Rechtsphilosophie),柏林,1931 年,第 5 页至第 29 页。

7 载《逻各斯》(国际文化哲学杂志)(Logos, Internationale Zeitschrift für Philosophie der Kultur),1931 年,第 196 页至第 242 页。

8 卡·拉伦茨(*K. Larenz*):《当代的法和国家哲学》(Rechts-und Staatsphilosoph-

ie der Gegenwart),柏林(Berlin),1935 年第 2 版,第 25 页以下。

9 赫·科英(*H. Coing*):《法哲学基础》(Grundzüge der Rechtsphilosophie),柏林(Berlin),1993 年第 5 版,第 72 页以下。

10 卡·拉伦茨(*K. Larenz*):"法哲学的使命"(Die Aufgabe der Rechtsphilosophie),载《逻各斯》(Logos),1938 年,第 209 页至第 214 页(第 214 页)。

11 有·宾德尔(*J. Binder*):"法哲学中的康德主义和黑格尔主义"(Kantianismus und Hegelianismus in der Rechtsphilosophie),载《法和经济哲学档案》(Archiv für Rechts-und Wirtschaftsphilosophie),1927 年,第 251 页至第279 页。

12 有·宾德尔:《法的哲学》(Philosophie des Rechts),柏林,1925 年,第 61 页。

13 《逻各斯》杂志的编者最初是里夏德·克罗纳(*Richard Kroner*)。在民族社会主义种族立法过程中,他不能再单独担任编者的职位,因此,拉伦茨最初成为共同编者之一,当克罗纳完全不能再继续共同担任该职位时,最终他与哲学家和黑格尔主义者赫尔曼·格洛克尔(*Hermann Glocker*)担任了编者的职位。该杂志现改名为《德意志文化哲学杂志》(Zeitschrift für Deutsche Kulturphilosophie)。

14 卡·拉伦茨:"法哲学的使命"(注 10),第 237 页。

15 约·科克特:"卡尔·拉伦茨的类型的概念"(注 1),第 60 页。

16 约·科克特:"卡尔·拉伦茨的类型的概念"(注 1),第 60 页及下页。

17 卡·拉伦茨:《法律行为的解释方法》(注 3),第 6 页。

18 卡·拉伦茨:"德国唯心主义的法哲学和国家哲学及其当代含义"(Rechts- und Staatsphilosophie des deutschen Idealismus und seine Gegenwartsbedeutung),载金·荷尔施泰因、卡·拉伦茨(*G. Holstein/K. Larenz*):《国家哲学》(Staatsphilosophie),慕尼黑(München),1933 年,第 91 页。

19 乌·迪德里希森:"法学家画像:四十年来的出版社和作者"(注 1),第 498 页。

20 卡·拉伦茨:《合同和不法行为》(Vertrag und Unrecht),汉堡(Hamburg),1936 年。

21 卡·拉伦茨:"民族精神和法"(Volksgeist und Recht),载《德意志文化哲学杂志》(Zeitschrift für deutsche Kulturphilosophie),1935 年。

22 卡·拉伦茨:《德意志法律革新和法哲学》(Deutsche Rechtserneuerung und

Rechtsphilosophie),图宾根(Tübingen),1934 年。

23 卡·拉伦茨:《论民族法律思想的内容和方法》(Über Gegenstand und Methode des völkischen Rechtsdenkens),柏林,1938 年。

24 拉·弗拉泽克:“论法的‘民族生活秩序’——卡尔·拉伦茨债法文章中世界观上目标的转变”(注 1),第 33 页及下页。

25 约·科克特:“书信,笔下历史——卡尔·拉伦茨和民族社会主义时代”(注 1),第 35 页及下页。

26 赫·科勒(注 1),第 420 页。

27 约·埃克特(*J. Eckert*):“基尔学派是什么”(Was war die Kieler Schule),弗·于·泽克尔(*F. J. Säcker*)编:《民族社会主义的法和法学说》(Recht und Rechtslehre im Nationalsozialismus),1992 年第 1 版,柏林,第 37 页至第 69 页(第 37 页)。

28 约·埃克特(注 27),第 46 页以下。

29 拉·弗拉泽克,《法律学习》(注 1),第 297 页,这里引用了 1933 年 8 月 25 日卡·拉伦茨致约翰内斯·黑克尔(*Johannes Heckel*)的信。

30 即先前的《逻各斯》,见注 13。

31 世界观教育运动的元首代表阿尔弗雷德·罗森贝格(*Alfred Rosenberg*)宣称黑格尔哲学在某些方面是有害的。

32 至于卡·拉伦茨是否以及如何支持元首国家,下文(四)中将详细介绍。

33 它自 1933 年秋季起在基尔旁边的基茨山(in Kitzberg bei Kiel)举行,“布赫哈根屋”(Haus Buchenhagen)是其常设训练营。这是第三帝国第一个这样类型的机构。

34 贝·吕特尔斯(*B. Rüthers*):“堕落的法律——第三帝国的法律学说和王冠法学家”(Entartetes Recht-Rechtslehren und Kronjuristen im Dritten Reich),1988 年第 2 版,慕尼黑,第 57 页。

35 约·埃克特(注 27),第 66 页。

36 拉·弗拉泽克:“论法的‘民族生活秩序’——卡尔·拉伦茨债法文章中世界观上目标的转变”(注 1),第 52 页。

37 拉·弗拉泽克:《法律学习》(注 1),第 301 页。

38 拉·弗拉泽克:“论法的‘民族生活秩序’——卡尔·拉伦茨债法文章中世界观上目标的转变”(注1),第182页。

39 卡·拉伦茨:“法律上的人和主观权利:论法律基本概念的变迁”(Rechtsperson und subjektives Recht. Zur Wandlung der Rechtsgrundbegriffe),格·达姆、恩·鲁·胡贝尔、卡·拉伦茨、卡·米夏埃利斯、弗·沙夫施泰因、沃·西伯特(*G. Dahm*, *E. R. Huber*, *K. Larenz*, *K. Michaelis*, *F. Schaffstein*, *W. Siebert*):《新法学的基本问题》(Grundfragen der neunen Rechtswissenschaft),柏林,1935年,第225页至第260页(第225页以下)。

40 贝·吕特尔斯(注34),第95页。

41 格·威·弗·黑格尔(*G. W. F. Hegel*):《全集》(Sämtliche Werke),格罗克纳版(Glockner Ausgabe),1964年第8版,斯图加特—巴德—卡恩施塔特(Stuttgart-Bad-Cannstatt),第353页。

42 卡·拉伦茨:《论民族法律思想的内容和方法》(Über Gegenstand und Methode des völkischen Rechtsdenkens),柏林,1938年,第45页。

43 参见《德国民法典》第1条。

44 卡·拉伦茨:《德国法律革新和法哲学》(Deutsche Rechtserneuerung und Rechtsphilosophie),图宾根,1934年,第40页;卡·拉伦茨:“法律上的人和主观权利:论法律基本概念的变迁”(注39),第226页。

45 卡·拉伦茨:《德国法律革新和法哲学》(注44),第40页。

46 马·沃尔夫(*M. Wolff*):《物权法》(Sachenrecht),1926年第6版,图宾根,第144页。

47 卡·拉伦茨:“法哲学的使命”(注10),第231页。

48 卡·拉伦茨:“法律上的人和主观权利:论法律基本概念的变迁”(注39),第241页。

49 卡·拉伦茨:“法律上的人和主观权利:论法律基本概念的变迁”(注39),第241页及下页。

50 贝·吕特尔斯在《堕落的法律》(注34)中的调查得罪了其他人。

51 卡·拉伦茨:《德国法律革新和法哲学》(注44),第8页。

52 卡·拉伦茨:“法哲学的使命”(注10),第223页。

53 卡·拉伦茨:"法哲学的使命"(注10),第224页。

54 卡·拉伦茨:《德国法律革新和法哲学》(注44),第43页。

55 卡·拉伦茨:《德国法律革新和法哲学》(注44),第5页。

56 卡·拉伦茨:《德国法律革新和法哲学》(注44),第9页。

57 拉·德赖尔(注1)。

58 威·阿尔曼在1933年是普鲁士文化部高校司的副负责人(Hilfsreferent in der Hochschulabteilung des preußischen Kultusministeriums)。后来他同情抵抗运动。

59 拉伦茨禁止在其生前发表这封信,只允许在其死后发表它。

60 拉·德赖尔(注1),第455页。

61 克—威·卡纳里斯:《法学家报》,1993年(注1),第405页。

62 赫·科勒:《保险法》1993年(注1),第420页。

63 乌·迪德里希森:《新法学周刊》,1993年(注1),第902页。

64 注31。

65 贝·吕特尔斯:《无限解释——民族社会主义中私法制度的变迁》(Die unbegrenzte Auslegung-zum Wandel der Privatrechtsordnung im Nationalsozialismus),明斯特(Münster),1968年。

66 约·科克特:《近代法律史杂志》,1996年(注1)。

67 尤·威·黑德曼1933年出版了《向一般条款逃逸:法和国家的一种危险》(Die Flucht in die Generalklauseln. Eine Gefahr für Recht und Staat,)一书,通过考察意大利和俄罗斯的情况,警告德国存在发展成为赤裸裸的权力国家或者强权国家的危险;对此,卡·拉伦茨写有书评,参见《综合商法和破产法杂志》(Zeitschrift für das gesamte Handelsrecht und Konkursrecht),1934年,第378页以下。

68 约·科克特:《近代法律史杂志》,1996年(注1),第41页以下。

69 拉·弗拉泽克:《法律学习》,1998年(注1),第300页。

70 拉·弗拉泽克:《法律学习》,1998年(注1),第300页。

71 拉·弗拉泽克:"论法的民族生活秩序——卡尔·拉伦茨债法文章中世界观上目标的转变"(注1),第44页。

72 拉·弗拉泽克:《法律学习》,1998年(注1),第300页。

73 卡·拉伦茨:《交易基础和合同履行》(Geschäftsgrundlage und Vertragserfüllung),

1951 年第 1 版,慕尼黑,1963 年出了第 3 版。

74 赫·科勒:《保险法》,1993 年(注 1),第 421 页。

75 乌·迪德里希森:《新法学周刊》,1993 年(注 1),第 902 页。

76 克—威·卡纳里斯:《法学家报》,1993 年(注 1),第 405 页。

77 第 14 版起拉伦茨去世后由克—威·卡纳里斯继续修订。

78 第 12 版起拉伦茨去世后由克—威·卡纳里斯继续修订。

79 第 7 版起拉伦茨去世后由曼·沃尔夫(*M. Wolf*)继续修订。

80 乌·迪德里希森:"法学家画像:四十年来的出版社和作者"(注 1),第 498 页。

81 乌·迪德里希森:"法学家画像:四十年来的出版社和作者"(注 1),第 502 页。

82 卡·拉伦茨:《债法教科书—第 1 册:总则》(Lehrbuch des Schuldrechts-Band I: Allgemeiner Teil),1953 年第 1 版,慕尼黑;拉伦茨生前最后一版是 1987 年所出第 14 版。

83 拉·弗拉泽克:"论法的'民族生活秩序'——卡尔·拉伦茨债法文章中世界观上目标的转变"(注 1),第 146 页。

84 卡·拉伦茨:《债法教科书—第 2 册:分则》(Lehrbuch des Schuldrecht-Band II: Besonderer Teil),1952 年第 1 版,慕尼黑;到 1981 年第 12 版该书以一册出版。从第 13 版起,该书分为 2 分册。第 1 分册 1986 年拉伦茨去世前还在出版。第 2 分册 1994 年由克—威·卡纳里斯完成。

85 例如,克—威·卡纳里斯,《法学家报》,1993 年(注 1),第 405 页;罗·迪茨(*R. Dietz*)的书评,载《新法学周刊》,1954 年,第 1109 页及下页;赫·克劳泽(*H. Krause*)的书评,载《企业顾问》(Bertiebs-Berater, BB),1957 年,第 191 页;迪·赖尼克(*D. Reinicke*)的书评,载《新法学周刊》,1968 年,第 786 页及下页。

86 罗·迪茨(注 85),第 1109 页。

87 夫·豪斯的书评:《新法学周刊》,1959 年,第 1815 页(1816 页)。

88 尤·冯·吉尔克(*J. von Gierke*):《综合商法和经济法杂志》(Zeitschrift für das gesamte Handels-und Wirtschaftsrecht, ZHR),1955 年,第 126 页至第 129 页,《综合商法和经济法杂志》,1957 年,第 64 页及下页;《综合商法和经济法杂志》,1959 年,第 203 页及下页。

89 卡·拉伦茨:《民法总则教科书》(Allgemeiner Teil des Bürgerlichen Rechts),1967年第1版,慕尼黑;卡·拉伦茨生前最后一版是1989年出版的第7版。

90 乌·迪德里希森:“法学家画像:四十年来的出版社和作者”(注1),第505页。

91 乌·迪德里希森:“法学家画像:四十年来的出版社和作者”(注1),第504页。

92 乌·迪德里希森:“法学家画像:四十年来的出版社和作者”(注1),第504页及下页。

93 乌·迪德里希森:“法学家画像:四十年来的出版社和作者”(注1),第505页。

94 乌·迪德里希森:“法学家画像:四十年来的出版社和作者”(注1),第507页。

95 沃·蒂勒(*W. Thiele*)的书评,载《法学家报》,1969年,第405页至第408页。

96 哈·韦斯特曼(*Harry Westermann*)的书评,载《新法学周刊》,1969年,第1948页至第1950页(第1949页)。

97 拉伦茨去世后,该书从第3版起由克—威·卡纳里斯续写。

98 克—威·卡纳里斯:《法学家报》,1993年(注1),第405页。

99 约·吕克特(*J. Rückert*):“‘健康的民族感受’——萨维尼的遗产”(Das,gesunde Volksempfinden'-eine Erbschaft Savignys),载《萨维尼基金会法律史杂志:日耳曼法部》(Zeitschrift der Savigny Stiftung für Rechtsgeschichte, Germ. Abt.),第103卷(1986年),第199页至第247页(第201页以下)。

100 克·阿多迈特(*K. Adomeit*)的书评,《国家》(Der Staat),1970年,第405页至第407页(第406页)。

101 恩·希尔施(*E. Hirsch*):“论《法学方法论》”(Zu einer,Methodenlehre der Rechtswissenschaft),载《法学家报》,1962年,第329页至第334页(第330页)。

102 海·瓦格纳(*H. Wagner*):“法学方法的连续性:以拉伦茨为例”(Kontinuität in der juristischen Methodenlehre am Beispiel von Karl Larenz),载《民主和法》(Demokratie und Recht,DuR),1980年,第243页至第261页。

103 彼得曼(*Petermann*)在述评中这样说,《司法人员》(Rechtspfleger),1969年,第363页。

104 乌·迪德里希森:“法学家画像:四十年来的出版社和作者”(注1),第496页。

105 卡·拉伦茨:《正当的法——法伦理学基础》(Richtiges Recht-Grundzüge einer Rechtsethik),慕尼黑,1979年。

106 克—威·卡纳里斯:《法学家报》,1983 年(注 1),第 83 页。

107 卡·拉伦茨:《正当的法——法伦理学基础》(注 105),第 183 页。

108 卡·拉伦茨:《正当的法——法伦理学基础》(注 105),第 184 页。

109 卡·拉伦茨:《正当的法——法伦理学基础》(注 105),第 184 页。

110 卡·拉伦茨:《正当的法——法伦理学基础》(注 105),第 185 页。

111 卡·拉伦茨:《正当的法——法伦理学基础》(注 105),第 185 页。

112 克—威·卡纳里斯:《法学家报》,1993 年(注 1),第 405 页。

113 《慕尼黑民法典评论》(Münchener Kommentar zum Bürgerlichen Gesetzbuch),第 2 册:债法总则(Münchener Kommentar zum Bürgerlichen Gesetzbuch, Band 2: Schuldrecht Allgemeiner Teil),2007 年第 5 版,慕尼黑,恩·A. 克拉默(*E. A. Kramer*):《导论》(Einleitung),边码 65。

114 卡·拉伦茨(K. *Larenz*):"通过典型社会行为成立债的关系的理由"(Die Begründung von Schuldverhältnissen durch sozialtypisches Verhalten),载《新法学周刊》,1956 年,第 1898 页至第 1900 页。

115 《联邦最高法院民事裁判集》[Entscheidungen des Bundesgerichtshofes in Zivilsachen (BGHZ)],第 21 卷,第 319 页至第 336 页。

116 《尤·冯·施陶丁格民法典附施行法注释书》(J. von Staudingers Kommentar zum Bürgerlichen Gesetzbuch mit Einführungsgesetzen),第 1 编:总则,第 134 条至第 163 条(总则之四),2003 年柏林新版,赖·博格(*R. Borg*),关于第 145 条至第 156 条的前言,边码 397。

117 《尤·冯·施陶丁格民法典附施行法和相关法注释书:民法的支柱》(J. von Staudingers Kommentar zum Bürgerlichen Gesetzbuch mit Einführungen und Nebengesetzen, Eckpfeiler des Zivilrechts),2008 年柏林新版,戈·席内曼(*G. Schienemann*),第 52 页。

118 保·厄尔特曼(*P. Oertmann*):《交易基础:一个新法学概念》(Die Geschäftsgrundlage ein neuer Rechtsbegriff),莱比锡(Leipzig),1921 年。

119 卡·拉伦茨:《交易基础和合同履行》(注 73),第 184 页。

120 卡·拉伦茨:《交易基础和合同履行》(注 73),第 185 页。

121 卡·拉伦茨:《交易基础和合同履行》(注 73),第 156 页以下。

122 卡·拉伦茨:《交易基础和合同履行》(注 73),第 156 页以下。

123 维·弗卢梅(*W. Flume*):《法律行为和私人自治》(Rechtsgeschäft und Privatautnomie),卡尔斯鲁厄(*Karlsruhe*),1960 年,第 237 页。

124 卡·拉伦茨:《民法总则教科书》(注 89),第 39 节之一。

125 卡·拉伦茨:“补充性合同解释和实定法”(Ergänzende Vertragsauslegung und dispositives Recht),载《新法学周刊》,1963 年,第 737 页至第 741 页。

126 卡·拉伦茨:《民法总则教科书》(注 89),第 29 节之一。

127 卡·拉伦茨:《新法学周刊》,1963 年(注 125),第 140 页及下页。

128 卡·拉伦茨:《民法总则教科书》(注 89),第 28 节,边码 112。

129 《尤·冯·施陶丁格民法典附施行法注释书》,第 1 编:总则,第 90 条之 13,《总则之三和公证法》第 1 条至第 5 条,第 63 条,2004 年新编,R. 辛格(*R. Singer*)执笔,第 116 条至第 144 条,前言,边码 15。

130 《施陶丁格》(注 129),R. 辛格(*R. Singer*)执笔,第 116 条至第 144 条,前言,边码 15。

131 卡·拉伦茨:《法律行为的解释方法》(注 3),第 52 页及下页。

132 《帝国法院民事裁判官方汇编》[Amtliche Sammlung von Entscheidungen des Reichgerichtes in Zivilsachen (im Folgenden: RGZ)][以下简称《帝国法院民事裁判集》(RGZ)],第 67 卷,第 431 页至第 433 页。

133 《联邦最高法院民事裁判集》,第 91 卷,第 321 页至第 328 页(第 324 页)。

134 《尤·冯·施陶丁格民法典附施行法和相关法注释书》,第 1 编,债的关系法,第 328 条至第 359 条(利益第三人合同,解除和撤回)[Buch 2: Recht der Schuldverhältnisse § § 328 – 359 (Vertrag zugunsten Dritter, Rücktritt und Widerruf)],R. 亚格曼(*R. Jagmann*),第 328 条以下的前言,边码 13。

135 卡·拉伦茨:“对 1956 年 4 月 25 日联邦最高法院判决的评论”(Anmerkung zu BGH vom 25.04.1956),载《新法学周刊》,1956 年,第 1193 页至第 1194 页。

136 联邦最高法院:《新法学周刊》,1959 年,第 1676 页至第 1677 页。

137 卡·拉伦茨:《新法学周刊》,1956 年(注 135),第 1193 页及下页。

138 《埃尔曼民法注释书》(Erman Handkommentar zum Bürgerlichen Gesetzbuch),第 12 版,2008 年科隆,汉·彼·韦斯特曼(*H. P. Westermann*),第

328 条,边码 129。

139 卡·拉伦茨:《债法教科书—第 1 册:总则》(注 82),第 17 节之二。

140 《帕兰特民法典及相关法注释书》(Palandt Kommentar zum Bürgerlichen Gesetzbuch mit Nebengesetzen),第 68 版,慕尼黑,2009 年,克·格吕内贝格(*C. Grüneberg*),第 328 条,边码 13。

141 卡·拉伦茨:《债法教科书—第 2 册:分则》(注 84),第 41 节之二之(三)。

142 《帕兰特民法注释书》(注 140),维·魏登考夫(*W. Weidenkauff*),第 437 条,边码 35。

143 克—威·卡纳里斯:《法学家报》,1983 年(注 1),第 402 页。

图书在版编目（CIP）数据

德意志法学之光：巨匠与杰作／（德）米夏埃尔·马丁内克（Michael Martinek）著；田士永译．—北京：法律出版社，2016.9（2017.1 重印）
ISBN 978－7－5197－0015－7

Ⅰ．①德…　Ⅱ．①米…②田…　Ⅲ．①法学家—生平事迹—德国　Ⅳ．①K835.165.19

中国版本图书馆 CIP 数据核字（2016）第 228896 号

德意志法学之光：巨匠与杰作

著　　者　米夏埃尔·马丁内克
译　　者　田士永
特约编辑　夏昊晗
责任编辑　吴　昉
装帧设计　凌点工作室

开本　A5　　印张　9.375　　字数　222 千
版本　2016 年 9 月第 1 版　　印次　2017 年 1 月第 2 次印刷
出版　法律出版社　　编辑统筹　法律教育出版分社
总发行　中国法律图书有限公司　　经销　新华书店
印刷　固安华明印业有限公司　　责任印制　沙　磊

法律出版社／北京市丰台区莲花池西里 7 号（100073）
网址／www.lawpress.com.cn
投稿邮箱／info@lawpress.com.cn　　销售热线／010－63939792/9779
举报维权邮箱／jbwq@lawpress.com.cn　　咨询电话／010－63939796

中国法律图书有限公司／北京市丰台区莲花池西里 7 号（100073）
全国各地中法图分、子公司销售电话：
统一销售客服／400－660－6393
第一法律书店／010－63939781/9782　　西安分公司／029－85330678　　重庆分公司／023－67453036
上海分公司／021－62071010/1636　　深圳分公司／0755－83072995

书号：ISBN 978－7－5197－0015－7　　定价：38.00 元
（如有缺页或倒装，中国法律图书有限公司负责退换）